民主化かイスラム化か——アラブ革命の潮流

アディード・ダウィイシャ 著
鹿島正裕 訳

風行社

THE SECOND ARAB AWAKENING

Revolution, Democracy, and the Islamist Challenge from Tunis to Damascus

by Adeed Dawisha

Japanese translation rights arranged with W. W. Norton & Company, Inc.
through Japan UNI Agency, Inc., Tokyo

私にとって最高の応援団の三人——カレン、ネーディア、エイミール——に本書を捧げる

〔目　次〕

【凡例】

一、原注は巻末にまとめてあり、訳注は本文中に〔　〕として加えてある。引用中で［　］により補ってある言葉は原著者によるもの。

二、アラビア語の人名・地名では、母音が文語ではア、イ、ウしかないが、口語ではエ、オが加わったり、発音が国によって異なることがある。英語による表記は、口語発音によることが多いし、長音は省略される。日本語による表記は、英語による表記から促音まで省略して、できるだけ短くしてあることが多い。本訳書も、基本的に慣例に従っている。アラビア語の短い引用文も、英語表記で長音は省略されているので、日本語表記も基本的にそうしている。

三、アラビア語の冠詞アル（口語ではエル）は、英語表記では省略されることが多く、本訳書もそれに従っている。発音されるときは次の音と融合して変化することがあり、チュニジアの政党エンナハダの場合は、エル＝ナハダの融合した読み方を英語、日本語でも表記に用いている。

日本語版への序文

世界は、あまりにもしばしば言語のバリアーによって不必要に分断され、人々は互いに隔てられている。作家や知識人はつねに、この文化的断片化を克服するためのもっとも効果的な手段は、思想の流れを妨げないことだと考えてきた――それによって世界各地の人々が互いに向き合い、相手から学ぶことができるのだ。イラクで生まれながら、西洋で教育を受けて働いている者として、私はとりわけ文化的交流の重要性に敏感である。

それゆえ私は、『第二のアラブの覚醒』〔本書の原題〕が日本の読者に提供されることが本当にうれしい。しかしそれは、金沢大学名誉教授の鹿島正裕氏が本書を日本語に翻訳することを申し出て、立派な仕事をしなければ実現しなかっただろう。鹿島教授はご自身が国際関係論と中東政治の専門家なので、私はその申し出にとりわけ感激した。心から感謝したい。私はまた、本書を日本で出版する権利のために私のアメリカの出版社W・W・ノートンと交渉した風行社とその社主犬塚満氏にも、お礼を申し上げたい。

序　文

私たちは、もちろんいつでも歴史を振り返り書き直すことができるが（専門家や学者はそうした性向と無縁ではないが）、実のところ、新しい十年紀が始まるまでに私たち中東観察者の大部分は、アラブ世界で何らかの有意義な政治改革が起こるという希望をなくしていた――その世界が、頑丈でびくともしない専制国家の、見たところ突破不能な鉄の壁で囲まれていたからである。これらのアラブの独裁者たちが、その欠点を埋め合わせるような特徴を持つと思われたからではない。彼らが統括していた諸国は、世界でも最悪の部類の失業率を見せていたし、腐敗がはびこっていたし、公共サービスはほとんど、あるいはまったく提供されていなかったし、人口の大きな部分が赤貧状態に放置されていた。しかしこれらの同じ専制的支配者たち、統治の失敗者たちは、政治権力のてこを操作し、それにしがみつく仕事となると驚くべき才能を発揮した。彼らの支配がそれほどに浸透し明白だったので、有意義な変化が近づいていると信じたのはあまりにもロマンチックな人たちだけだった。

そこへ、二〇一〇年一二月、チュニジアの辺鄙な町の貧しい露天商が焼身自殺を試み、あらゆる堅い信念や結論を時代遅れにしてしまった。私自身は、二〇一〇年末と二〇一一年初頭のアラブ世界における驚天動地の事態に魅惑され、とりこにされて、展開しつつある出来事を記録し評価する必要があるとただちに感じた。毎日のように抗議者と盤石の独裁者間の流血の衝突が電波やテレビ画面を埋めるなかで、私は本書のための研究を始めたのである。

私は若く勇敢なデモ参加者たちに共感したが、実は疑いや恐れも抱いていた。五〇〜六〇年前にアラブ世界を席巻した革命が、私の心に引っかかっていたからである。同じように若くて理想主義的な革命家たちによって引き起こされ、観念的な指導者たちに導かれたそれらの爆発は、実に立派な約束、大きな希望を掲げたが、仕舞いには冷酷でまったく醜悪な独裁者たちの一群を生み出してしまい、現在の抗議は彼らに対して向けられたのだ。「第二のアラブの覚醒」が、過去の失敗を理解することで現在を評価しつつ、進展しつつあった。

二〇一一年の秋学期に、私はマイアミ大学の四人の優秀で勤勉な学部生――キャスリーン・デイヴィーズ、ニコラス・ジェンキンズ＝ニアリー、ステイシー・マイトン、ベンジャミン・リチャーズ――に調査を手伝ってもらった。彼らの優れた仕事に感謝する。二〇一二年一月から五月の春学期は、ワシントンDCのウッドロー・ウィルソン研究者国際センター（Woodrow Wilson International Center for Scholars）で過ごした。本書の大部分はそこで書かれた。同センターは、研究と執筆のために理想的な環境を提供したのに加えて、無数の分野や専門にわたる多様なアメリカおよび諸外国の学者との、実に刺激的な知的・政策的会話のための活発な拠点であった。センターの中東プログラム・ディレクターのハレー・エスファンディアリに、私はとりわけお世話になった。私が「公共政策学者」としてセンターに加わることができたのは彼女の努力に負うところが大きかったし、彼女とその効率的かつ勤勉なスタッフのおかげで、私の滞在は生産的なだけでなくたいへん快適なものとなった。またマイケル・ヴァン・デューセンとロブ・リトワクにも、私の採用を助け、センターの食堂で他の同僚とともに愉快な昼食を何度も一緒に取ってくれたことに対して感謝したい。センターでの私の助手、オレン・オースリンは、アラブ世界での急速な展開に私がついて行けるよう大いに助けてくれた。

W・W・ノートン社で私の編集者となったエレーン・サリアノ・メーソンにはたいへんお世話になった。提案を読んだ瞬間から、彼女はこの企画の並外れた支持者となった。彼女は単なる書き手探しの編集者ではなく、字義通りの編集者である。一文一文細心に目を通し、調整し、改善を提案し、議論を引き締めた。彼女のおかげでこれがよりよい本になったのは、まず疑問の余地がない。編集助手のドニーズ・スカーフィも、執筆過程の多くの段階を通じて疲れを知らないごとくに働いて原稿を導いてくれたし、素晴らしい宣伝コピー編集者のアン・エーデルマンや、外国版権担当者のエリザベス・カー（彼女は憶えていないかもしれないが、ノートンで本書を出版できないか、私が最初に打診した相手である）にも感謝する。実は、私はエリザベスの名前を親友のアヴィ・シュレイムから聞いたのだが、彼は長年にわたりつねに支援と賢明な助言の源となっている。

私の妻カレンは、ソ連およびロシア政治に関する多くの本の著者であるが、ウラジミール・プーチンに関する彼女の本を書くための貴重な時間を割いて、初校を几帳面に読んでくれ、私が気づかなかった間違いを指摘してくれた。二人の子供、ネーディアとエイミールは、自分たちも著述に無縁ではないのだが彼らの世代の規範やスタイル*を反映するやり方で、いつも本の進展を気にかけ、励ましてくれて、私が何か良いニュースを伝えると喜んでくれた。この素晴らしい私の家族に、本書を捧げる。

* http://listengirlfriends.wordpress.com and www.chicagonow.com/greatergood

第1章　彼らの不満の冬

　夜が明けて二〇一〇年一二月一七日の朝の光が差し始めたとき、北アフリカのアラブ国チュニジアでは誰も、起きていようとまだ寝ていようと、この日がいつものような平凡で普通の日でなくなるとは思わなかった。シディ・ブージド市は、国の乾燥した中間部にあり、チュニジアの北部および沿海部の文化的・経済的中枢から遠い、無視された周辺部に属するが、そこの人々は起きだして、その日の行事や日課——モスクでの金曜の礼拝、市場の訪問、あるいは町の中心街の散歩——の準備をした。ひどく貧しく希望のない彼らの多くにとっては、町の目ぬき通りを散策することがその日に望みうる最高の「楽しみ」だった。誰も、チュニジアとアラブ世界の他の部分を席巻することになるゆゆしき事件が起きるとは予想できなかった。その事件はまさにシディ・ブージドで、一人のぞっとする自己犠牲行為によって引き起こされるのである。その行為は、アラブの市場にあふれている何千ものしいたげられた、名もない露天商の一人ムハンマド・ブーアジジを、聖像のような英雄とし、彼の名前をチュニジアのみならずアラブおよび国際社会の意識に刻印することになる。

　ムハンマド・ブーアジジが一二月一七日の日課を始めたとき、自分がついにやってしまうことが伝説の種となり、ほかならぬアメリカ合衆国大統領が全アラブ世界に押し寄せた革命の波の扇動者として自分をうやうやしく呼んでくれることになろうとは予想もしなかった(1)。ブーアジジは、事実革命家でも何でもなかった――何の政治的提案も、制度変革についての立派な構想も持たなかった。年老いた両親と弟妹の貧弱な生計を支えることにしか関心を持たない、二六歳の男だった。彼の生活は厳しいもので、毎朝早く起き、荷車を曳いて地元の農家に行き、果物・野菜を積み込んで町の中心までかなりの距離を運び、わずかな利益を得ることを望むのだった。しかしそこに着くと、彼はしょっちゅう地元の警官に悩まされ、いじめられ、侮辱されたが、彼らはしばしば、いつもの賄賂を得ようとしていたのだ。

一二月一七日の金曜日に、ブーアジジは、何かの理由で一歩も引かず、この卑小な圧制への屈服を拒否した。大声での議論となり、彼の荷車は没収された。唯一の生計の手段を奪われた彼は、荷車を取り返そうと午前中熱狂的に努力したが、役所から役所へたらい回しにされて埒があかなかった。最後に彼は知事の公舎に行き、面会を求めたが、守衛は嘲笑って彼をさっさと追い返した。権威主義的統治の人を窒息させる恣意性のもとで、庶民が適切な司法行政や正義を頼みとすることができない状態に、ブーアジジは今回ついに堪忍袋の緒を切った。近くの店に行き、ガソリンを一缶買い、知事の公舎の正門に戻り、油を身体にぶちまけて火を着けた。こうして、彼らの不満の冬が始まった――まずチュニジア人の、次いで他のアラブ人の。

ブーアジジの焼身は、彼の世代に広がった絶望を反映する、恐ろしい声明だった――この世代は、政治的・経済的希望の道がすべて閉ざされていると思っていた。暴政以外の体制のもとで生きたことのない世代だった。ほとんどすぐに、デモ行進が起きるようになった。最初はシディ・ブージドで、そのごまもなくほかの中央部・南部の市や町で。続く日々に、職のないチュニジアの青年たちに大学生や労働組合員、弁護士やほかの専門職業人が加わった。彼らは腐敗の根絶やより良い経済的機会を求めたが、何よりも欲したのは自国の大統領、ザイン・アル＝アビディン・ベン・アリの二三年にわたる独裁の終焉であり、民主的統治をただちに実現することだった。二〇一一年一月四日にブーアジジが病院で亡くなる頃には、国中が公然と反乱を起こしていた。それでも国家は譲歩しようとせず、治安部隊が出動して厳しく取り締まり、ますます増える蜂起大衆に実弾を撃ち込んだ。

ベン・アリとチュニジアの統治エリートは、過去の騒擾にうまく対処してきたから、デモ参加者のエネルギーと見かけの決意はじきに消耗するだろうと、間違いなく期待していた。民衆は疲労し、事件全体に肩をすくめ、ブーアジジの焼身という小さな不快事以前に彼らがしていた仕事に戻るだろうと。もちろん、彼らはひどい計算違いをしていた。ブーアジジが自分に火を着けてからちょうど四週間目の一月一四日金曜日には、首都チュニスが国中から来た人々であふれ、彼らは何十万人にも達して警官や他の治安要員を圧倒し、ベン・アリの辞任と普遍的な政治的権利の要求を繰り返した。その日、今や包囲された大統領は、大方に嫌悪された家族とともに、サウジアラビアへと自国を脱出したが、彼らを受け入れ、人権侵害で訴追したがっている人たちから保護してくれたのは同国だけだった。

チュニジアの反乱がアラブ世界の先頭を切ったが、二〇一一年一月二五日に始まったエジプトの反乱は、もっとも重要だった。二世紀以上にわたって、エジプトはアラブ諸国における知的中心で、文化的王導者、政治的ロール・モデルだった。エジプトにおける政治的展開は、アラブ地域の全域でつねに明白な影響を与えてきたし、今後も与えるだろう。それでエジプトの独裁者ムハンマド・ホスニ・ムバラクは、他の盤石のアラブ諸王・大統領と同様に、チュニジアの出来事をますます懸念しながら見つめていたが、彼らはなお、あの北アフリカの小さく詰まった国とは違ってエジプトは、まとまりのない国民と大規模な治安部隊を擁するから、民主主義と政治参加へのいかなる気まぐれな要求に対しても砦となれるだろうと、かなり自信が持てるように感じていた。

しかしそうはならなかった。実際、解放のウィルスに対して免疫を得られるという甘い希望を抱いていた連中は、エジプトの大統領と他のアラブ指導者たちの方だった。エジプトは倒れることになった——起きてみると、実に急速に。一月二五日に、国中でデモ参加者が街頭に出て、ムバラクの追放を要求し、そのご毎日のようにいっそう数多く声高な抗議が続いた。組織する団体を持たないので、抗議者たちはメッセージや指示の伝達を社会的メディアに頼った。支持の訴え、デモの呼びかけ、特定の場所に集まれという指示、警官の集合地点の情報、これらはすべてフェイスブックやツイッターによって伝達された。冒頭から抗議者たちは、反乱が非暴力的性質を持つよう主張し、蜂起期間を通じてこの約束を実行することに成功した。

抗議者への政権の反応は、同様の自己抑制をあまり見せなかった。軽蔑されていた中央治安部隊は、非武装のデモ隊に一連の攻撃を仕掛け、まもなく雇われ暴力団を差し向けて抗議者たちを殴り、脅し、ときには銃撃させた——この戦術は、過去には選挙において野党に対して用いられ、成果をあげていた。主要な攻撃目標はカイロ中心部のタハリール広場で、そこは瞬くうちに蜂起の個別・最大の見せ場となった。そこでは何千人もが日夜キャンプし、国際メディアの面前でムバラク政権への怒りをぶちまけた。ムバラクの目標は、彼らを広場から追い出し、それによって事態は正常に復したという印象を作り出すことだった。抗議者たちは、広場が革命の象徴になったことをよく認識し、とどまるために必死に戦い、多くの点で革命の賛歌となった掛け声をあげた——ムシュ・ハ・ニムシ、フワ・イムシ（俺たちは去らない、彼が去る）と。広場を空けさせる努力が失敗すると、政権は警官と治安部隊を街路から引き揚げ、ほとんど同時に刑務所を開放し受刑者を逃したので、略奪行為が広がることになった。政権は明らかに、市民に不毛な選択——権威主義下の安定か、自由に伴う混乱か——を突き付けていた。

カイロやエジプトの他の都市の大通りや広場を埋めていたぶつかりあう群衆にとっては、選択は前もって決まっていた。彼らはすでに自由への旅に乗り出していたから、戻ることはもはや選択肢になかった。実際、革命家たちの決意とますます高まる自信は、ムバラクが繰り出し始めた一連の譲歩から見て取れた。彼は最初に政府を罷免し、副大統領と新首相を任命した（副大統領を任命したのは、彼の三〇年の統治において初めてだった）。ついで、二〇一一年九月に予定されている次の大統領選挙に立候補しないと約束した。また彼の党、与党の国民民主党（NDP）が、息子のガマルや政権の他の御曹司たち数名を、党の幹部職から追うのを許した。これらの間も政府が統制するメディアは、イランからアル＝カイダ、イスラエル、アメリカに及ぶ種々雑多な集団による、エジプトに対する秘密の陰謀を語り続けていた。

しかし、ムバラクの最期は近づいていたし、軍の上層部が――軍隊は憎まれた治安・警察部隊にとって替わっており、市民に対する悪行の歴史を持たないおかげでデモ参加者の間で尊敬を得ていた――全事件に対して不変の中立を保つと宣言したとき、彼はそれを悟った。エジプト軍の高級将校たちが、献身的な革命家だったというわけではない。彼らは皆ムバラクに取り立てられ、彼の支持基盤の本質的要素をなし、国家による施しを他の人たちより多く受け取っていた。ただ、最高位の将軍たちは、もし銃撃せよとの命令が下されたときに、中級将校や一般兵士が言うことを聞くと保証できなかったのだ。二月一一日、最初のデモからわずか一八日後に、ムバラクは辞任に同意した。

しかし他のアラブ独裁者たちは、もっと強靭性を示した。ベン・アリやムバラクのように、いつかは対決に終止符を打つことを決める者がいる一方で、他方では、自分の国民を殺すことに無限の寛容さを持つように見える者が、悲しいことにずっと多くいた。チュニジアとエジプトで起きたのに類した広範な民衆蜂起が、バハレーン、リビア、シリア、イエメンでも起きた。しかし、反乱を起こした大衆の側では決意や犠牲の用意に不足はなかったが、どこでもチュニジアやエジプトで起きたような速やかで根本的な変化は見られなかった。

湾岸の小国バハレーンでは、主としてシーア派からなるデモ行進が二月半ばに決行された。人口の多数を占めるシーア派は、ハマド・ビン・イーサー・アル＝ハリーファ王からより大きな政治的権利と政治権力構造へのより広い包摂を要求した。王は、他の政治的エリートの大部分とともに、少数派のスンニー派共同体に属していたのである。王は当初、湾岸諸国ではよく踏襲された成功の道である、カネで問題を解決するやり方を試した。すなわち、バハレーン人の各家族に一〇〇〇バハレーン・ディナール（米ドルで約二六五〇ドル）の財政援助を提供することにした。抗議者たちがそれでは宥められなかったので、彼は次に、多くのシーア派活動家を刑務所から釈放し、さらに閣僚を何人か交代させた。しかし、懐柔を試みる一方で、治安部隊によって強硬手段がとられ、デモ参加者はやりたい放題に殴られ、逮捕された。スンニー派住民による、王を支持する対抗デモも組織された。それにもかかわらず反政府デモ参加者は増加し、彼らの要求はますます声高で大胆なもの――真の立憲君主制、さらにはアル＝ハリーファ王朝の廃絶に至るまでになった。

君主制の正統性を問題にすることは、バハレーンの王のみならずスンニー派住民への脅威であった。彼らは、この反乱を始めからシーア派の宗派的運動とみなしていたのである。デモ参加者たちが一貫して自由、政治体制の改革、議会の強化を要求したからといって、スンニー派の疑惑、否むしろ、すべての事態は海の向こうのシーア派イランによって操作されているという確信は、弱まりはしなかった。アメリカの国防長官ロバート・ゲイツが、イランによる扇動の証拠はないと公けに請け合ったことさえも役に立たなかった。かえって、改革への広範な大衆の要求は、君主制がもはや現状を維持できないことを意味するというゲイツの助言[2]は、王に、デモが続けば続くほど、彼の政府へのアメリカの支持が生ぬるいものになるということを確信させたようだった。バハレーンの統治エリートにとって、譲歩の時は過ぎ、断固たる対応が必要とされた。しかし彼らはまた、バハレーンの治安部隊は、自力ではデモを鎮圧する能力がないことをよく知っていた。

三月一四日、ゲイツがこの国を去って二日後、そして最初のデモ勃発から一か月後、王の要請によって隣国のサウジアラビアとアラブ首長国連邦から軍隊がバハレーンに到着し、遠慮ない好戦性を見せて首都マナマの全公共地区から抗議者たちを排除し、市中央部の彼らの野営地を破壊した。ただちに戒厳令が敷かれ、続いて「政権への陰謀者たち」――それには知識人や政治活動家のみならず、負傷した抗議者を治療するという許しがたい違反行為を犯したとされた医師や看護師も含まれた――が一斉に逮捕され、裁かれた。指導的な野党の新聞『アル＝ワサト』の創刊者の一人は、逮捕され、のちに警察の拘置所で死亡した。この新聞の他の編集者やコラム寄稿者は襲われ、国家に対する犯罪の嫌疑をかけられた[3]。その間に、数十のシーア派モスクが破壊された。シーア派の国会議員たちは、王と抗議者たちを橋渡しするつもりだったが、政府の決意はシーア派住民に対する復讐を意図するに至ったと確信した。五月半ばまでに彼らは皆辞職し、うち二人は、議員の不逮捕特権を失ったのでただちに逮捕された。今やハマド王とその政府は、なお外部の軍隊に支援され、二か月弱前に勃発した謀反の痕跡をすべて拭い去ることに成功した。そしてバラク・オバマ大統領が王に、投獄された野党メンバーを釈放し、政府と野党が対話を行うよう公けに要請した際[4]も、バハレーン当局は著名な人権活動家の自宅を攻撃し、秘密の軍事法廷で裁かれた二人の若いシーア派活動家への死刑宣告を固守するという反応を見せた。

六月一日に、王とサウジアラビアの後援者たちは、革命が息を引き取ったと確信し、非常事態を終了させマナマの中心部から戦車や武装兵士輸送車を引き揚げ、正常化のしるしとした。しかし静けさの支配は幻想にすぎず、むき出しの力で押し付けられたものだった。シーア派共同体を恐怖が呑み込むなかで、ますます多くの若者が逮捕され、ますます多くの仕事が取り上げられ、国家へのシーア派の忠誠は怪しいと確信したスンニー派によって、はるかに多くの人の尊厳や自尊心が踏みにじられた。スンニー派とシーア派を一つの団結し一体化したバハレーン国民として融合させようとして、過去に架けられた宗教的・政治的橋はすべて、この国の暴力の冬の出来事によって、おそらく取り返しがつかないほど傷付いた。

イエメンでは、一九七九年以来国家という船の舵をとってきたアリ・アブドッラー・サレハ大統領が、二〇一一年一月末に自国民の不満を初めて味わっていた。チュニジアとエジプトですでに設定されたパターンに従って、首都サナアの中心的広場を若い抗議者たちが埋め、サレハの退陣を要求した。そしてやはり、ベン・アリとムバラクの例に倣い、サレハはただちにサナアの街路を治安部隊で満たす一方で、若干の見せかけの改革を申し出、二〇一三年に任期が切れたら再選を求めず、息子のアハマドに大統領職を継がせないことを約束した。これらの約束はうつろに響いた。狡猾な大統領が過去にいろいろ約束し、次いで都合よく忘れ去ってしまったことが、人々の記憶に新しかったからである。最後の二〇〇六年九月の大統領選挙の前にも、サレハは候補にならないと何度も宣言していたが、「国民の意向を受け入れる」(5)ためと称して気を変えたのだった。それから五年、腐敗にまみれ、変化や改革に何の意欲も見せないサレハは、国民が彼の言葉を真に受けると期待できるはずがなかった。三〇年以上にわたる傲慢な政治的支配の催眠効果により、おそらくサレハは、若干の譲歩と和解的言葉を、銃や戦車の砲台の照準を当てることで効果的にさせれば、国民は基本的な政治・経済上の権利を要求するなどという厄介な行動を控えるだろうと信じたのだ。

しかし、抗議は収まらなかった――それどころか、規模が拡大し、デモ参加者たちはサレハと彼の政治体制の転覆を要求し続けた。一か月以内に、蜂起はイエメンの他の都市へと広がった。タイズ、アデン、ホデイダで、数十万人の反対派が集会を持った。そのためサレハは、年内に憲法を改正し、権力を大統領から議会に委譲するという計画を発表した。しかしそんなことでは、サレハに出口を示すこと以下では満足しない怒れる群衆を宥められなかったし、彼は明らかに出ていくことを考慮していなかった。

そこで、事態が悪化し始めた。治安部隊は、それまで持っていたかもしれない抑制をかなぐり捨て、デモ参加者たちを故意に、かつ悪意を持って攻撃し始めた。実弾射撃の音が胸が悪くなるような規則性を見せて聞こえ、犠牲者が増え始めた。首都サナアである日、周囲の建物の屋上から狙撃手たちがデモ参加者を銃撃し、五〇名以上が死亡、二五〇名以上が負傷した。犠牲者が増え続けたので、三月末までに、サレハの政治体制における重要人物である政治家、外交官、部族長の多くが、公然と抗議者たちを支持した。そしていっそう重大なことに、鍵となる軍幹部のアリ・モフセン・アル＝アハマル将軍を含む一ダース以上の軍部上級指揮官たちが、彼らの部隊を引き連れて、反対派の大義に同調するに至った。

しかしサレハの予測された退陣は、何週間、いや何か月も待たされた。軍部の分裂は打撃となったが、彼はそれでも生き延びることができた。枢要な共和国防衛隊や中央治安部隊を含む四つの鍵となる治安・軍事部門に、息子と甥たちを司令官として配置しておいたからである。そして大統領宮殿は、部族的紐帯により大統領に忠誠を誓う何千人もの兵士によって防衛されていた。実際、長年イエメンの部族的構造を利用してきたことで、大統領は有利な立場を得ていた。

サレハは、国の複雑な社会的モザイクを操る名人だった。イエメンの人口の四分の三は農村部に住み、多様な部族連合に所属していたが、サレハは鍵となる部族指導者たちを国家機構に取り込んで、彼らの富を増やし地位を固めさせるよう腐心していた。これらの部族長たちは、その部族とともに政権への支持の重要な基盤になって、必要とされればいつでも支援に駆けつけた。それで、都市の青年たちは多数が大統領に反対したし、部族長の幾人かも支持を撤回したが、サレハはなお圧力に抗する、あるいは反対派との交渉が必要になれば有利な条件で取引するのに、十分な支持を得ていたのである。

五月末までに、イエメンの情勢は超現実的な感じがするようになった。幾度となく、サナアの一部で軍のある部分に守られた大規模な反サレハ・デモが起こる一方で、同市の別の一部で同じ軍の別の部分に守られた、同様に大規模なサレハ支持デモが行われた。そしてこの袋小路を脱することは、誰にもできないように思われた――自国への影響波及を恐れる湾岸協力会議（ＧＣＣ）からの仲裁者が、一度ならず交渉による合意を発表したが、一～二日後には大統領宮殿の老練な主人がそれを取り消すのだった。

もう一人の老練で、事実もっと長く続いていた人物は、無慈悲な弾圧の安楽から革命的熱狂の恐るべき現実のなかへ放り込まれることとなった。ムアンマル・カダフィ大佐は、一九六九年以来リビアを、国家が犯す暴力と国の部族的社会の巧みな操作の組合せによって統治してきた。彼と多くの息子たち、注意深く選んだ部族・氏族のメンバー、多数の仲間・取巻き・寄食者たちは、いかなる異議の痕跡にもうまくふたをかぶせてきたので、隣国チュニジアのような事件は自国では起きないと確信していた。

しかし、それが起きたのである。二月半ば、多くのリビアの都市で、広範な抗議活動が勃発した。何千人もが街頭に出て、反カダフィのスローガンを叫び、カダフィ以前の憲法の復活を求めた。警官との衝突が激化するなか、国家的抑圧の象徴である国家治安部に属する多くの建物が攻撃され、放火された。そしてそれは、国の首都でカダフィの本拠であるトリポリでさえ起きた。過去には――つい最近でさえも――国家の統制するメディアが、大佐の動員装置である「一般民衆」委員会が組織した、カダフィへの大衆的支持を示す大規模なデモ行進を、文化的降伏を暴露する恥知らずなどんちゃん騒ぎをして報道したものだ。今や群衆の多くが、かつて政治的服従の古き良き時代に配られた指導者の写真を掲げていたが、ただし今回は彼の顔を大きな「X」で飾っていた。

革命の最大の激しさは、国の東半分、すなわちカダフィの部族的ルーツから一番遠い場所で感じられた。東部最大の都市ベンガジは、西部の諸都市、とりわけトリポリや大佐の出生地シルテと比べて相対的に軽視されていたが、急速に反乱の首都、行政の中心部となった。一〇日と経たないうちに、ベンガジと一群の東部諸都市が反徒の手に落ち、多くの軍部隊が寝返って反カダフィ勢力側に移った。ベンガジを本拠とする「移行国民評議会（TNC）」が樹立され、カダフィの政治体制が最終的に転覆されるまで、政治当局として振る舞うことになった。革命の横溢に満たされた若い抗議者たちは、彼らのほとんどが使い方も知らない武器を持って車やトラックに飛び乗り、カダフィの本拠の西部へと向かった。

しかしカダフィの政権が、疾走するセダンの窓から機関銃を振り回す若者たちを見たとたんに崩壊し始めると仮定するのは、単なる希望的観測だった。大佐は、経済や外交の問題を扱うときは気まぐれで衝動脅迫的だったかもしれないが、弾圧の仕事となると安定的で無慈悲な手腕を発揮した。弾丸を身につけた市民を見て、ひるむような男ではなかった。デモをしている「ゴキブリたち」は、大佐によればすべて「麻薬中毒で変質者」であり、彼らに対して「苦しくとも最後まで戦い殉教する」(6)と、彼と息子たちは繰り返し主張した。カダフィの戦闘的言葉は、友好的部族や西部・南部の恵まれた地域から選ばれた軍部隊の多数派は忠実であり続けるだろうという、彼の信念を反映していた。そして彼は正しかった――三月第一週までに、抗議者たちは多くの都市を掌握し、断固としてトリポリへと行進しつつあるように見えさえしたけれども。

カダフィは、トリポリにおける異議の気配を、個人の権利や人権などという上品なものにはお構いなしにすべて黙らせ、三月六日に反攻を開始し、反徒の手にあった西部の都市のいくつかを素早く取り返した。彼の優勢な火力を利用して、諸都市を轟く大砲の集中砲火や空爆によって文字通り平定し、ついで兵士を送り残っていたいかなる抵抗をも一掃した。三月一五日までに、彼の軍勢はベンガジ途上の最後の反徒側都市であるアジュダビヤで反徒を撃破しえた。ついで彼らは、ベンガジへの行進を開始した。今や非常な苦境におかれた反徒たちは、国際共同体からの支援を求めて叫んでいた。三月一七日にそれが得られ、国連安保理事会はアメリカ、イギリス、フランスの要求により、リビアの一般市民を保護するためリビア空域に飛行禁止区域を設定する決議を採択した。

軍事的責任の大部分はイギリスとフランスが担い、アメリカは兵站と情報面で支援した。まもなく、飛行禁止区域の設定によるリビア市民の保護という概念は幅広く解釈され、カダフィの軍勢のみならず彼の司令・管制センターへの空襲も意味すると解釈されることが明らかとなった。この介入の影響は即座に表れた。カダフィの部隊はベンガジまで数マイル以内に到達し、実際都市部への砲撃を開始していたが、大佐の空軍をすでに無力化していた英仏の戦闘機によって、今や強力な空襲にさらされた。四八時間以内にベンガジへの攻撃は挫折させられ、この事件はひと月前からの内戦における転機となった。

それ以来、事態は独裁者にとって悪化し始め、冬が春から初夏へと移るにつれて、あらゆる兆候は力の均衡が反徒の側に傾いたことを示した。五月には、今やＮＡＴＯの指揮によって行われていたカダフィへの空襲は、独裁者の軍勢と士気に大打撃を与えていた。彼が保持していた司令・管制体制はすべて、恐るべき空爆の休みない続行によって粉砕されてしまった。反徒たちは、ＮＡＴＯ率いる介入のおかげで、また今や戦い方が前ほど無秩序でなくなったので、ついに彼の部隊をミスラタから駆逐することができた。これはリビア第三の都市で、トリポリとシルテの間の戦略的な位置にあり、大佐の軍勢によってほとんどが瓦礫とされていた。ＴＮＣは経済面・治安面の諸問題への対処を開始し、存続可能な政府という印象を与えるやり方をとったので、その結果国際的承認を得つつあった。(7) そして傷口に塩を塗るように、ハーグの国際刑事裁判所の検事は、カダフィと息子たち、そして義弟を戦争犯罪で裁くべく逮捕状を発した。

五月は大佐にとって腐った月となったが、彼はまだノックアウトされていなかった。彼の軍勢はそうとう弱められ、反徒たちがより強力に見えたが、カダフィはなおかなりの支持に頼ることができた。北部の彼の生地シルテから、国の中央部を抜けてはるか南部チャドとの国境付近の部族地帯に至る、部族地域の忠誠を保持していたのである。五月末には、不安定な手詰まり状態がリビアの内戦を特徴づけるように見えたが、賭け事師なら、包囲され、ますます気まぐれで支離滅裂な指導者に金を賭けようとはしなかっただろう。

シリアでは、バシャル・アル＝アサド大統領への支持は、勢いを増す蜂起を何か月も抑えてきたが、それは主に彼自身の少数派アラウィー共同体から来ていた。人口の一二％でしかないアラウィー派は、一九四〇年代に国が独立した頃は貧しく、周辺に追いやられていた。社会的上昇の最善の機会を軍事職に見出して、彼らは軍隊に群がり、一九六〇年代には軍の支配層を押さえるようになっていた。一九六〇年代に頻発したクーデタは、ほとんどアラウィー派将校たちが率いたものだった。一九七〇年にアラウィー派の国防相、ハーフィズ・アル＝アサドが新たなクーデタによって政権に就いた。彼の統治は三〇年に及び、その間にアラウィー共同体は政治的・経済的卓越性を獲得することになった。彼はまた軍と治安分野、とりわけ政権防衛を任される機関や部隊の敏感で枢要な地位のほとんどを、アラウィー派の排他的縄張りとすることを怠らなかった。バシャル・アル＝アサドが父から大統領職を引き継いだときにどんな変革の約束をしたにせよ、それは国の暴力機関へのアラウィー派の支配を弱めることまでは含まなかった。

アサド家とその一族の巨大な権力を認識し、不満を抱くシリア人たちは脅されて政治的平静を保った。しかしバシャル・アル＝アサドは、それを国民が政権に満足していることを示すと解釈したように見え、そのように宣伝した。二〇一一年一月三一日に、ベン・アリが追放されて二週間後、そしてムバラクも転落する一一日前だったが、『ウォール・ストリート・ジャーナル』紙とのインタビューでアサドは自信を見せ、威勢の良ささえ示して、シリアでの蜂起の可能性を問題外と片づけた。彼が質問者たちに講釈して語ったところでは、結局のところシリアの指導部は「国民の信念」に合わせており、それゆえシリアはチュニジアやエジプトで「騒動を引き起こした真空を持たない」のだった。(8) しかしアラブの独裁者たちにとって、彼らの自信が本当のものであれ見せかけのものであれ、ぞっとする現実は、チュニジアとエジプトの出来事が多くのアラブ諸国において広がっていた恐怖の壁を崩しつつあったことで、シリアも例外ではなかった。

三月中旬、シリアの多くの都市で、大規模な抗議活動が勃発し、抗議者たちは自由と自国の政治問題に対するより大きな発言権を求めた。最大でもっとも激しいデモは、南部の都市ダラアで起きた。それに対し、アサドはただちにそこの州知事を罷免した。気の毒な知事は、騒動を鎮圧するのに十分な実力を行使しなかったために首になったのか、それともこれはアサドが群衆の怒りを宥めるために考えた、ある種の譲歩だったのかは明らかでない。数日後、二万人以上の人々が街路に繰り出し、今度はとくにアサドとその従弟のラミ・マフルーフ（シリアでもっとも金持ちでもっとも腐敗した人物の一人と考えられていた）に対する怒りをぶちまけた。統治エリートは、ほとんどアラウィー派からなる優秀な治安部隊を送ることで対応し、彼らのやりたい放題の残虐性は、群衆にこの国はチュニジアやエジプトのようにはならないということを思い出させるためのものだった。[8]

シリアの統治者たちはまた、異議を黙らせる芸と科学においてきわめて貴重な経験を積んだイラン人から教えを受けていた。二〇〇九年の夏、イランの政権は「緑色革命」と呼ばれた同様の大衆蜂起〔大統領選挙が行われた際に、現職のアフマディネジャドの当選が発表されたが、対立候補のムサヴィとカルビの支持者らが、不正が行われたとして抗議運動を展開したもの〕を鎮圧しており、当時使われた戦術の多くがシリア人に伝えられた。ここでの主な教訓は、チュニジアやエジプトの政権のように、情報と知識の伝達を抑えるのを躊躇する誤りを繰り返すなというものだった。それに従いシリア人たちは、全外国人ジャーナリストの活動を禁じ、国営メディアを外部世界への唯一の報道伝達手段とした。同時にイラン人は、抗議者たち自身の間の、また彼らの外部世界とのインターネット、携帯電話、ソーシャル・メディア通信を傍受したり遮断するうえで、二〇〇九年の経験から得た豊かな専門的知識を手渡した。[9] その目的はシリアを密閉封鎖し、アサド一族とその子分たちが、人権の神聖さなどという面倒な観念に関心を持つよそ者のお節介を気にしないで、国民に服従を強制することだった。

それでもアサドはお飾りの譲歩を繰り返したが、それは腹を立てた群衆が何とかこうした無意味なそぶりを受け入れ、それまでの政治的隷属という幸福な状態に速やかに戻るだろうと考えてのことだった。彼は閣僚たちに辞任を求めたが、ついで改革の実績を何も持たない閣僚たちを任命したし、いずれにせよ街頭に並んで靴を磨いている若く教育のない子供たちでさえ、シリアでは閣僚たちがほとんど政治的影響力を持たないことを知っていた。それからアサドは、政権によって積極的反体制派と見られているイスラム主義者たちを宥めるために、女性教師がアル＝ニカーブと呼ばれるヴェールで顔全体を覆うことを認め、イスラム政党とイスラム主義の衛星テレビ・チャンネルの創設を検討すると申し出た。二〇万人の不満を抱えたクルド人に対しては、彼らの新年の祭りを国の祭日にすると約束した。[10] しかし肝心の「自由」の問題に関しては、少しも譲歩しなかった。

この国の国会である「国民議会」で三月末に予定されていた演説は、事前に真の改革が約束され、五〇年近くも施行されている厳しい非常事態令が撤廃されるだろうという噂が流れて、非常に期待された。しかし大統領が、政権への無条件の忠誠を徹底的に審査された者ばかりである議員たちに会った際、彼は改革問題を避けてあきあきする決まり文句やつまらない話ばかりの演説を行った。自分がほとんど毎年のように言ってきたごとく、シリアは「近い国や遠い国からの……巨大な陰謀の的」になっていると宣言した。選挙改革やメディアの自由、政党結成を許すことについて何も触れず、非常事態令に関しては一言も語らなかった。これらが明らかに優先事項でありえなかったのは、彼の最初で最大の仕事は停滞する経済を立て直すことだったからだ。「私たちは、非常事態令がもたらすかもしれない苦痛への対処は、ときに延期することができます。しかし、父親から十分な食事を与えられない子供の苦痛を延期することはできません」と彼は主張して、盛大な拍手を得た。[11]

なるほど感動的な言葉だが、議会のお世辞のどんちゃん騒ぎのさなかで、この親切で配慮ある大統領が熱心に立て直そうとしている機能不全の経済は、いったい誰の責任なのかと考える人は一人もいないようだった。結局のところ、バシャルは一一年間責任を負っていたし、その前には父親のハーフィズが三〇年統治していた——経済を立て直し、苦しむ子供たちの悲惨さに対処するに十分すぎる時間だ。実際彼の心温まる配慮は、もし彼やその家族・取巻きが、彼が立て直そうとしているはずの経済そのものから搾取していなかったなら、信じられたかもしれない。在シリア・アメリカ大使が二〇〇八年一月に送ったマル秘電報がリークされており、そのなかで大使は大統領、義父のファワズ・アル＝アフラス、従弟のラミ・マフルーフ、叔父のムハンマド・マフルーフを巻き込んだ、広範な金融不祥事を詳述していた。その電報のなかで、従弟は「腐敗においてシリアの看板男」と、叔父は怪しい縁故主義と斡旋収賄によって作り出された巨大なビジネス帝国の陰の「頭脳」と、それぞれ言及されていた。[12] しかし議会会合では、このような慣行についての質問は一切なされないのだった。シリアの国会議員たちは、彼らの議席とそれに随伴するあらゆる特権を選挙民にではなく大統領と支配者の徒党に負っているので、国家が統制するメディアの厳しく徹底した監視下では、彼らのなすべき任務は唯一、溺愛している応援団のように行動することだと知っていた。

大統領が議会に登場する前には、首都ダマスカスの街路を数千人が埋め、よく統制のとれたデモ行進によって大統領への忠誠を表明した。アサドはもちろんアラウィー共同体の忠誠とともに、アサド一家の四〇年以上に及ぶ統治を通じて国の政治的・経済的体系に組み込まれたスンニー派共同体の主要メンバーたちの忠誠を当てにできた。そして続く数週間、他の軍隊より良く装備され訓練された、すべてアサド忠誠派によって指揮される超忠誠部隊が中心となって、デモ参加者と対決する責任を担った。実際、デモ参加者と向かい合わされた政府勢力の前面には、大統領警護隊や陸軍の悪名高い第四師団がいた。バシャルの弟でもっと残忍なマーヘルが指揮するそれらは政権の衛兵をなしており、その残酷さの評判はまさに政権へのすさまじい忠実さに見合っていた。

政府に、今や二か月続いている反乱を鎮圧するためにはいかなる手段をも用いる意図があることは、大統領の軽蔑されている従弟ラミ・マフルーフへのインタビューにおいて明確になった。彼は、『ニューヨーク・タイムズ』紙の故アンソニー・シャディードに、「政府の目下の決定は、戦うと決めたことです」と語った。マフルーフが「政府」と言ったのは、実際には拡大アサド家のことだった。「私たちは皆、団結しなければ存続できないと知っています」と、彼は言葉を続けた——「私たちは、それを最期までの戦いと呼んでいます。[抗議者たちは] 私たち（統治者一族）が苦しむときは、自分たちだけが苦しむようにはさせないことを知るべきです。[13]」このあまり婉曲でない威嚇の口調は、統治者一家がその支配にあえて挑戦する者たちに、厳罰を科することを躊躇しないという決意を示していた。

五月末までに一〇〇〇人以上の人が殺され、およそ一万人が逮捕されたと報じられたが、後者の多くは報道によればひどく殴られ、異議を述べると恐ろしいことになると他の人たちに示すため、そのご家に帰された。負傷した抗議者は無理やり病院から連れ出されて軍の営倉に入れられ、さらに多くの場合、家族の者も拘束された。[14]アムネスティー・インターナショナル〔ロンドンに本部のあるNGOで、各国の政治犯の赦免をその国の政府に求める運動を展開している。一九七七年にノーベル平和賞を受賞〕は、治安部隊が「殺すために撃つ」政策を実行していると告発する声明を発した。[15]装甲部隊や重火器、非武装の群衆に直接撃ち込む射撃手の動員は、民衆のいかなる異議の表明も、見たところサディスティックな喜びを持って消し去ろうと決意した政権の、マントラ〔ヒンズー教、密教などの、神秘的威力を持つ呪文のこと〕となった。

アラブの不満の冬、権威主義的政権に対するアラブ人の蜂起の、重大な最初の六か月の記録は、興味深い謎を提示している――エジプトとチュニジアでの革命的展開の辿った道は、なぜ他の四か国で起きた事態とあのようにはっきり違ったのだろうか？　シリア、バハレーン、リビア、イエメンの統治者たちが、エジプトとチュニジアで生じた急速な政権崩壊を避けることができたのは、いかなる要因のおかげなのか？　第一に、致死的な威力を行使することに何の強迫性も感じない仲間と違って、ムバラクとベン・アリが、彼らの国民を大量に殺すことは選択肢にならないと当初から決めていたことは明らかだ。彼らの疑わしさを有利に解釈してやると、この決定は、どちらも大量殺人を犯す度胸がなかったという個人的偏愛を反映したものかもしれない。もっと肝心なことだが、この選択肢に軍の支持を得られないだろうということを、彼らはよく知っていた。両国の将軍たちは、物理的強制に境界線を設定していて、それを越える用意がなかった。どちらの場合も、きわめて急速にこの境界線に達するや、二人の統治者は反逆者たちの要求に屈する以外の選択肢をほとんど持たなかったのだ。

第二に、エジプトとチュニジアの人口の同質性とは対照的に、他の四か国はもろい社会的構造を持っている。共同体の分裂は通常、国家にとってアキレス腱だと考えられているが、実際には危機の際、現状を維持したい者にとって価値ある資産となりうる。こうした人口の脆弱性を意識している政権は、自分自身の共同体を経済的・軍事的に育て、強化し、その集団により、政治権力のテーブルでより多くの座席を求める他の集団からの潜在的攻撃に対して、必要なバリケードを作っておく傾向がある。イラクの故サダム・フセインは、政治・治安上のポストを彼の共同体――首都バグダードの北方地域のスンニー派――のメンバーによって埋めることで、この生残り技術を完成させていた。この措置のおかげで、彼は三五年間権力にとどまったし、外国の軍勢によって失脚させられなければさらに何年も権力を保ち続けただろう。

程度は違っても、シリア、バハレーン、リビア、イエメンについても同じことが言える。シリアのバシャル・アル＝アサド大統領は少数派のアラウィー共同体の出身で、彼と彼の父は、多数派のスンニー派の一部も軍隊や金融その他のビジネス事業の拡大するネットワークに取り込んでいたが、政権の存続は究極的にはアラウィー共同体における家族・氏族構造に依存していた。前述のように、もっとも敏感な治安および軍の部隊、とりわけ大統領警護隊、特別軍、多くの鍵となる装甲部隊はアラウィー派が構成していた。

バハレーンでも類似した政治的統制の戦略が採用されていたが、宗派的バランスは逆転状況にあった。この小さな湾岸の王国においては、王と少数派のスンニー派人口が国の住民の二〇％しか占めていなかったが、多数派のバハレーン人シーア派を支配していた。ここでも、国の治安・軍の部隊でシーア派を見つけるのは容易でなかった。政治権力の領分では、政府における彼ら〔シーア派〕の役割は王のみが決めるのだが、与えられたあまり重要でないポストによって制限されていた。そして、スンニー派の軍事的・政治的権力が危機的状況に追い詰められたとき、王は多数派による異議申立てを弾圧するのに、皆スンニー派信仰の同胞である湾岸の諸王の兄弟愛を当てにできた。(16)

最後に、イエメンとリビアでは、人口における断層や忠誠度は、宗派よりも部族や地方の区別に従っていた。どちらの場合も支配者たちは、国家機関によるえこひいきを受けていた部族や地方の仲間の忠誠に依存することで、何十年も卓越した力を維持できた。政権の防衛と生残りのための任務を委ねられた、鍵となる軍部隊を構成していたのはこうした部族や地方の出身者で、根源的紐帯で結ばれ自分たちの特権的地位を意識していた。それゆえ、高まる大衆の異議や軍事的対決にさえ直面して、サレハとカダフィは、どちらも分裂した社会の統治者であるアサドやハマド・アル＝ハリーファとまったく同じように、もっと断固として戦うことができたのだ。

もう一つの謎は、他のアラブ諸国における革命的熱狂の欠如である。結局のところ、評論家や分析者が「アラブ革命」（そしてやや緩やかに「アラブの春」）を論じた際に、彼らは実際はアラブ世界のわずか三分の一における革命的活動に言及していたのだ。他のアラブ諸国は、言うに足る真の激動を経験しなかったか、若干のデモがすぐ消えてしまっただけで、問題は、これら諸国が革命的トラウマの騒動を回避できたのはどのような要因によるのかということだ。

ガスと石油の生産が主な国内産業をなし、国民所得の大部分を稼いでいる八つのアラブ諸国中、リビア一国だけが、自由と政治的代表制が本質的要求となった革命的騒乱を経験したのは偶然とは言いがたい。これは政治学者、とくに中東の専門家には驚きではなかった。彼らはこれら諸国を「レンティア〔地代生活者〕国家」と名付けており、およそ三〇年にわたって、こうした国は強制的であれ自発的であれ、民主的変革に対しておそらくもっとも抵抗力を持つと論じてきたのである。この見方の最初の主唱者の一人によれば、レンティア国家を定義づける三つの特徴がある。第一に、国家がその歳入の多くを外部からのレント（たとえば石油の販売）に頼ること。第二に、このレント（国の富）の発生が社会のごく一部によって統制されており、多数者はその分配や利用に関わるだけであること。第三に、政府が経済における外部レントの主な受領者であって、その結果として富を国民に分配する際に中心的役割を果たすこと。[17]

政府が統制する歳入が豊富にあるので、これら諸国は市民に対して税金をほとんど、あるいはまったく、課さない。税金を払わなくてよいから、国民は政府に説明責任を求める権利があるとは感じない。[18]それゆえ、「代表なくして課税なし」という重要な観念が欠けている。富が公共部門に集中しているので、国家から独立した活気があり起業家的な中間階級の発展も妨げられている――この階級が歴史的に、たとえば一九世紀のイギリスで、民主的市民生活の基盤を作り出したのだ。[19]さらに過剰な歳入は、統治・政治エリートが、国内治安だけでなく、国家が統制するメディア（テレビ、ラジオ、新聞）に対して不釣合いに多くの金を使うことを許し、そうしたメディアの存在理由は国の統治者をもてはやすことになっている。こうした物理的・文化的暴力の犯人たちは、国民の民主的希求を弱め、最終的には妨害しているのである。最後に、すぐに使える現金が利用できるので、統治者たちは国民の黙従を、とりわけ困難な時期には文字通り買い取ることができるのである。

それはいつも望ましい結果を生むわけではないが、異議を弱めるためにカネをばらまくことには良い実績があり、石油生産国にとってもっとも好まれる善後策とされる傾向がある。チュニジアとエジプトで抗議が結果を生み始めるや、サウジアラビアのアブドッラー王は速やかに、王国の市民に対する三七〇億ドル相当の給与改善、失業手当その他の支給を発表した。クウェートの首長は市民に一人当たり八〇〇〇ドル相当を払い、オマーンのスルタンは最低賃金を月五二〇ドルに引き上げ、職のない者は誰でも月に三七五ドルの給費を申請できるとの勅令を発した。[20] そのご、サウジアラビア部隊がバハレーンに派遣されるとともに、この湾岸の王国に一〇億ドルの援助がなされ、同時にサウジアラビアはオマーンにも一〇億ドルを約束した。

モロッコとヨルダンの二王国も、たしかにいくらかの抗議やデモを経験したが、それらはチュニジアやエジプトの大衆的動乱の持続力にまったく及ばなかった。しかしこれらの場合、現金不足の両王国が大衆蜂起を免れたのは、豊富なカネのおかげではなかった。どちらの国もジェファーソン的民主主義国のモデルにはならないが、それでももっと厳しい権威主義のアラブ諸政権からは区別されるに十分な、政治的自由を認めてきた。ファリード・ザカリヤ〔インド出身のジャーナリスト、国際問題評論家。『フォーリン・アフェアーズ』編集長、『ニューズウィーク』国際版編集長を経て、現在は『タイム』に寄稿している〕は、この違いを正確に指摘している。〔アメリカ等による〕イラク侵攻の前に書いた文章において、彼は「シンガポール、マレーシア、ヨルダン、モロッコのような諸国は、制限された政治的選択肢しか与えていないが、イラク、リビアの独裁政権やヴェネズエラ、ロシア、ガーナのような偏狭な民主主義国よりも、市民の生活、自由、幸福にとって良い環境を提供している」と論じた。[21] モロッコでもヨルダンでも、君主制の諸機関は、伝統的に広範な基礎を持つ大衆的支持を集めてきた。このことが一定の信頼を得やすくさせ、それは真の民主主義国で見出される水準には達しないが、それでもこの地域の他所で起きている持続的激動を両王国が免れることを許したのだ。

ヨルダン人やモロッコ人も二〇一一年の冬に、他のアラブ諸都市で起きていたのと同様の精神で街頭に出て、より大きな自由や大きな政治的変革を要求したが、両君主はただちにいくつかのジェスチャーを示すとともに、意味ある政治改革を約束することで対処した。ヨルダンのアブドッラー王は、政府を更迭し、新しい内閣を任命して選挙過程への政府の介入を減らすことと、野党懐柔のためのジェスチャーとして、農村・部族地域に非常に有利になっていた選挙区を改めることを命じた。ムハンマド六世は、さらに具体的な反応を示した。モロッコ憲法の徹底的見直しを求めたのだが、その提案のなかには政府の立法・司法部門の独立推進、中央から地方への権限の委譲、政党と市民社会組織の役割の強化、首相をこれまでのように王が任命するのでなく、議会選挙で勝った政党に選ばせること等を含んでいた[22]。ついで王は広範な基盤を持つ委員会を任命し、六月までに手続きの勧告を出すよう求め、それを九月に国民投票に付すことにした。それが批准されたら、改革を実施すると彼は約束した。

両国では、初夏までにこれらの改革が単なるお飾りで、潜在的に爆発しかねない革命的状況を鎮めるための約束にすぎないのか、それとも実際に立法されるだろうかという論争が巻き起こった。もし本当だったら、改革は明白な政治的変革を導き、平和的な政治変容を実現するだろう。それでもどちらの場合も、君王制と国民の間の信頼度が高いので、ヨルダン王とモロッコ王の譲歩と約束は革命の炎を消すことができた――他の指導者たちの同様の努力は失敗したが。

イラクとレバノンは、政治指導者がその地位について一〇年未満であり、何十年も個人や家族、父と息子の組合せによって統治されてきたアラブ諸国の騒動を避けられた[23]。二〇〇三年以降のイラクでは、ヌーリ・アル＝マリキ首相が、国際的監視員たちが自由で公正だったとみなした二〇〇五年と二〇一〇年の両選挙で勝利した連合の候補者として、その地位に就いた。そのためいくつか起こったデモは、その怒りの焦点を、王に政府が電力の規則的供給や機能する排水施設といった基本的サービスを提供できていないことに向けた。政治的要求はあったとしてもわずかで、いずれにせよ首相は、二期目を超えて務める気がないと公言して機先を制した。

レバノンも、二〇一一年にほとんどデモを経験しなかったし、あったとしても思想的方向性や政治的目的を欠いていたので無意味だった。成熟した民主主義国と取り違えるべきではないが、レバノンはそれでも、とりわけ二〇〇五年にシリアの占領軍が撤退させられてから〔一九七五年に内戦が勃発したあと、かつてこの地域を領域としていたシリアが軍事介入し、アラブ平和維持軍として駐留を続けレバノン内政に干渉していたが、独立性を強めようとしたハリリ首相が辞めさせられ、さらに暗殺されたため、シリアへの国際的非難が強まって撤兵に追い込まれた〕、二回選挙を実施し、その結果をすべての競合政党が承認した国である。この国の無数の民族・宗派集団間のバランスを取ろうとする「宗派に基づく政治制度」は、うまくいっても厄介であり、悪くすると機能しないのは事実である。シーア派のヒズボラ〔アラビア語で「神の党」〕集団は、キリスト教徒やスンニー派の勢力に対する野党の立場にあり、アメリカ政府によって「テロリスト集団」のラベルを貼られているが、政治過程に実際に過度の、たいていは有害な影響を及ぼしている。しかしあらゆる混乱、手詰まり、その結果としての政治的固定性にもかかわらず、レバノンはアラブ諸体制のなかで、もっとも偏狭さのない国にとどまるだろう――多くの活動的な政党や政治集団を擁し、力強い市民社会と独立した新聞を誇りとし、選挙による民主主義の規則を一般に順守する国として。ヒズボラが勝利すると思われていた二〇〇九年の選挙の結果が発表され、この戦闘的集団が西洋の支援する連合の後塵を拝したことが明らかになったとき、ヒズボラの戦闘的集団の指導者ハッサン・ナスラッラー師は、テレビに登場した際見るからに動揺していたが、それでも潔く結果を受け入れ、政敵を祝福したものである。

さまざまな理由で大きな政治的激動を経験しなかったアラブ諸国もあったが、チュニジアのムハンマド・ブーアジジが最初の革命の火花に点火してから半年以上たった二〇一一年の夏には、アラブの不満の冬は変態を遂げており、革命的状況は国によってそうとう異なった。バハレーンの蜂起は断固として、かつ成功裏に鎮圧され、イエメン、リビア、シリアは戦争の神々の不安定な手中にあった。しかしチュニジアとエジプトでは、古い権威主義的構造を廃止し、ついに少なくともこの二国ではより良い、そう排他的でない未来への希望を実現する準備が始められていた。

抗議者やデモ参加者の間では、強固な民主的制度を樹立すればより良い、そう排他的でない未来がもたらされ、その結果に至る旅は、既存のアラブの政治秩序を破壊することから始まるという合意が、広く共有されていた。しかしその旅が不可避的に民主主義という約束の地に到達するということは、けっして決着済みの結論ではなかった――この見方は、アラブ人自身の歴史的経験によって証明されている。結局のところ、アラブ人が立ち上がって確固たる政治秩序を変革したのは、今回が初めてではなかったのだ。

二〇一一～一二年のアラブの不満の約六〇年前にも、自決の新時代を創り出そうとした革命的激動が、アラブ世界を席巻した。話の要点は、どちらの場合も同じだった――不正と腐敗の直接的経験、それを何とかしようという決意、そして歴史年表を書き直させることになる一連の行動である。一九五〇年代・一九六〇年代の革命運動が生み出した物語は、多くの賞賛すべき業績を語ったが、民主主義にはほとんど言及しなかった。これらの革命の扇動者たちが、代議制政府に関するいかなる思想を心中に持っていたにせよ、それはすぐに色あせ、帝国主義からの自由と民族的誇りを回復するという、もっと緊急かつ重要に思われた目標によって排除されてしまった。この最初のアラブの覚醒を指導する運命にあった男が、エジプト人のガマル・アブド・アル＝ナセルだった。

第Ⅰ部　最初のアラブの覚醒——一九五〇年代と一九六〇年代

第2章　民族主義の諸革命

一九四八年初夏、ガマル・アブド・アル＝ナセル少佐は、およそ一万人のエジプト兵士とパレスチナに向かい、最近建国を宣言したユダヤ国家イスラエルを他のアラブ六国とともに打倒し、その土地をアラブ人住民に返そうという希望を抱いていた。この三〇歳のエジプト人将校にとって、パレスチナでの経験は幸せなものにはならなかった。エジプト遠征軍は混乱していて指揮もまずく、最初は何度か成功したが、短い休戦のあと、多大な人的・物的被害を出す大きな敗北を喫した。エジプト兵はしばしば弾薬やスペア・パーツを欠いていたのに、厳重に防備されたイスラエルの陣地を攻撃するようひっきりなしに命じられた。ナセルはまもなく、お粗末な軍事的成果は軍司令部のへまだけでなく、カイロの上層部に広がっている腐敗のせいだと気付いた。エジプトの君主制に寄り添っている政治指導者たちと彼らの財界の仲間たちは、エジプト兵を欠陥のある野砲や手榴弾、第一次大戦以前のライフル銃で武装させることで、巨額の利益を得ていた(1)。ナセルはすぐに、エジプトの兵士が殺されている間に、銃後では誰かが闇市でぼろ儲けしているのだと推測した。

何か月かの戦闘の後、ナセルは自分と部下の小部隊が、イスラエルの軍勢に四方を包囲されていることに気付いた。しかし、空軍や大砲による激しい爆撃に支援されたイスラエル軍の一連の強力な攻撃も、このエジプト人部隊を陣地から動かすことができず、何度降伏を要求しても峻拒された。実際、ナセルは配下の人員すべて――料理人も入れて合計約一〇〇人――を用いて反撃を試み、彼の防衛線への直接的圧力を除こうとさえした。この若い少佐は、一九四九年に停戦合意が成り、最初のアラブ・イスラエル戦争がユダヤ国家に有利な形で終わるそのときまで陣地を守った。エジプト人は苦しい敗北を喫したが、ナセルは戦争の英雄の一人としてエジプトに帰った。

のちに彼は、彼と同志たちがパレスチナで戦っていたとき、彼らの見る夢はエジプトのことばかりで、彼らの心は「オオカミに委ねてきた私たちの遠い国の上空をさまよっていた」と書き残した。パレスチナで彼と部下たちが耐え忍んだ包囲が、彼にとってエジプトで起きていたことの隠喩となった。彼の回想によれば、パレスチナで経験したことは、「エジプトで起きていたことのミニチュア図だった……敵や困難に包囲され……〔エジプトの〕運命は貪欲や陰謀や欲望のおもちゃとされ、武器もなしに砲火のもとに置き去りにされていた。」倒れた友人の今はの言葉が彼の耳を離れなかった――「真の戦場は、エジプトにある。」[2]ナセルにとって、彼の愛する国は奈落に転落しつつあり、彼はそれを何とかすることを自己の使命としたのである。

パレスチナでの敗走から三年後、ナセルはエジプトで広範囲にわたる革命的変革を先導するとともに、アラブ世界の他の部分でも同様の革命を引き起こした。当初、ナセルやクーデタの指導者たちは、エジプトにのみ関心を持ち、劣化している政治・経済秩序を改革し、国民を外国人の窒息させる魔手から解放することを誓っていた。彼らのまなざしは、愛するエジプトの国境を越え他のアラブ諸国へと向かうことはほとんどなかった。ナセルが地域の社会的・政治的悪弊に思い悩むとき、本質的にはエジプトのことを考えていた。彼が外国の干渉と闘う方法を求めるとき、関心は主にエジプトに向けられていた。他のアラブ人が思い浮かぶのは、もっぱらエジプトに救済をもたらすのを助ける方法においてだった。そこにエジプトが位置する、より大きな地理的環境を共有する諸国との外交関係の慣例的流れを除けば、カイロの未熟な革命家たちの政策はエジプトに中心を置いていた――国内の腐敗を根絶し、より平等主義的な社会的・経済的政策を実施し、彼らが継続されたイギリス植民地主義とみなすスエズ運河のイギリスによる占領に対処することに。

しかし、冷戦の激化が示す当時の世界的状況ゆえに、新しいエジプトの統治者たちは、彼らの観念的境界をエジプトの地理的国境に限ることは、かえってエジプトの安寧を損なうと認識するようになった。エジプト革命からアラブ革命へ、エジプト民族主義からアラブ民族主義への移行は、一九五三年五月にアメリカの国務長官ジョン・フォスター・ダレスがカイロを訪問したときから始まった。ダレスは、彼が差し迫る共産主義の脅威と言い表したものに対する西側の防衛同盟への支持を集めようとして、アラブの諸首都を旅していた。エジプトを若返らせるという恐るべき課題に直面していたナセルにとって、国際紛争に巻き込まれることなどもっとも望ましくなかった。そしてエジプト人にとっては、構想全体が矛盾しているように見えた――エジプトが自国を占領している国であるイギリスと同盟し、この地域で植民地を持ったことのない大国であり、その軍勢は、ナセルが辛辣に強調したように、五〇〇〇マイルも離れているソ連に対抗するとは。(3) エジプトの丁重だが断固とした反応により、ダレスは他に支持を求めるべきことを確信した。

そして彼はそうした――一九五五年二月、彼はイラクの指導者たちに北大西洋条約機構（NATO）の現加盟国トルコと安全保障条約を結ぶよう説得することができたが、彼らが治めていた国は伝統的にアラブ世界の指導権争いでエジプトの主な競争者とみなされており、不動の反共・親西側国として非の打ちどころのない資格を持っていた。その条約はバグダード条約と呼ばれたが、より広く加盟国を集めるための第一歩と意図された。ただちに、他のアラブ諸国に参加が呼びかけられた。

ナセルは窮地に追い込まれたと感じた――彼が頑強に反対する条約に参加するか、自国を地域内で孤立させるか、さもなければ彼の方から攻勢に出て、エジプトをアラブの地域政治の周辺に追いやろうとする努力の機先を制し、西側との同盟に自国の保護を求めるアラブ指導者たちに戦いを挑むか、であった。まさにこの時点で、ナセルはエジプトのまなざしを自己から、今やエジプトの自然な政治的領分だとナセルが主張するアラブ諸国全体へと向ける、重大な決定を下した。そして無謀な跳躍により、自分自身と自国にアラブの指導者という責任を担わせたのである。これは、途方もない主張というわけではなかった。その人口の規模、優れた文化的成果、そしてアラブ世界のアジア側と北アフリカ側をつなぐ橋という地理的位置のおかげで、エジプトはアラブ世界の政治的・文化的中心であったし、それはナセルの強敵たちも認める事実だった。サウジアラビアのファイサル王は、さまざまな機会にこの地域の反ナセル主義勢力のかなめとなったが、あるとき彼の父、現代サウジアラビアの建国者アブド・アル＝アジーズ王が、子供たちに一つの助言を与えたと打ち明けた――「彼は私たちに、エジプトの役割に注意せよ、なぜならエジプトなしには、アラブ人は歴史を通じて無価値だったろうから、と言いました」と。(4) こうした心情は、アラブ世界を通じて画一的に抱かれており、エジプトがアラブ政治に断固として参入するという方針転換をそれだけ容易にした。

エジプトの突然の自己発見、いや自己の再生を、ナセルは他のアラブ革命を引き起こすことを狙った革命だったと称揚した。今からは、エジプトは国家の境界や外交的上品さに囚われず、メッセージをあらゆる地域のアラブ人に直接届けるだろう。ナセルの相談相手で、当時もっとも影響力のあるアラブ人ジャーナリストだったムハンマド・ハサネイン・ヘイカルは、エジプトの新しい地域内優先順位を次のように明示した――

我々は、国家としてのエジプトと、革命としてのエジプトを区別すべきだ。たとえ国家として、エジプトが諸政府との取引で国境を認めたとしても、革命としてのエジプトは、こうした国境を前に躊躇して止まってはならず、統一されたアラブの未来を求める革命的使命に取り組むため、国境を越えて「民衆に」メッセージを届けるべきである。(5)

革命的な反西洋的アラブ民族主義、すなわちすべてのアラブ人の言語的一体性と歴史的継続性への信仰、そしていかなる邪魔物、とりわけ西洋の裏切りにも抗して、アラブ人の有機的な一体化を実現する決意が、今やエジプトを、そのアイデンティティを、また政治的信条や他のアラブ人との関係を決めるに至った。そしてこの革命的猛攻撃の前面には、カリスマ的なナセルが立っていた。

ナセルは非常に背が高く、魅力的な人柄を持ち、熱情的な雄弁家で、公開演説をすれば見事な弁舌でいつもの長い演説の間中聴衆を魅惑し、夢中になって聴き惚れさせるのだった。ナセルと彼の革命的復活のメッセージは、どこでもアラブ人の間で受け入れられた。彼はアラビア語を創造的に操る特技を持っていて、しかもこの言語は固有の詩的韻律やリズムが、聴衆から望まれる感情的反応を引き出すのにぴったりの、理想的な媒体だった。古典的アラビア語を見事に駆使できたが、聞き手の意識に彼自身の「気取らない」普通の男としてのイメージを刻み込むためには、口語を散りばめることを厭わなかった。彼の多くの演説で繰り返し語られ、人々の心のなかでナセルの修辞と結び付いた一語があるとすれば、それはカラメ、すなわち「尊厳」だった。植民地主義者の手により言いがたい恥辱を受けた何百万人ものエジプト人やアラブ人にとって、カラメはたしかに心に響いたのである。

経済的不満を持ち、腐敗し自己満足した指導部に見捨てられたと感じ、土着の政治権力が多く外国人に委譲されて恥辱を受けたので、アラブ人大衆は、彼らの救済と奪われた尊厳の回復を約束するこの新しい預言者の歩みに、つき従う用意があった。主として都市の住民、学生、専門職業人が、まもなくナセルの急進的民族主義思想の擁護者となり、革命的アラブ民族主義に奉仕するためには彼の言いつけを何でもする歩兵となった。この抑えの利かない献身は、詩的言葉で表現され、瞬く間にアラブ世界中の何百万人というナセルの弟子や熱愛者が口ずさむようになった――

ミナル・ハリジュ・アル＝サアイル　反抗的な湾岸から
イラル・ムヒート・アル＝ハディル　とどろく大海まで
ラバイカ・アブド・アル＝ナセル　アブド・アル＝ナセル、貴方のために

ナセルと彼の革命的メッセージにあえて挑戦したアラブの指導者は、命がけだった。ほかならぬヨルダンのフセイン王が、ナセルを相手にした結果を生々しく描写している。一九五五年一二月に、イギリスの要人がヨルダンを訪問したとき何が起きたかを述べているのだが、この訪問をナセルは、ヨルダンがバグダード条約に加入する前触れだとして激しく攻め立てた――

警告もなしに、エジプト人たちはヨルダンに対する激しい宣伝の集中砲火を開始した。数時間以内に、宣伝で感覚がぼやけた人々はアラブ世界の新しい「神秘」であるナセルに同調し、アンマンは暴動によって引き裂かれた。……大混乱［になった］。わが国ではそれまで見たこともないような暴動が……国中を掻き乱した。放火者の群れが、政府の庁舎、民間住宅、外国人の資産を焼き払い始めた。私は［軍隊を］呼び出すしか方法がなく、彼らは催涙ガスと決意を持って力には力で対抗した。国中に一〇日間の外出禁止令を発した。(6)

そしてもし、悩めるアラブ指導者たちが最悪の時期は過ぎたと考えたなら、一九五六年の夏と秋はそのような希望的観測をすべて消し去った。一九五六年七月、西洋はエジプトのアスワン地方でナイル川に大きなダムを建設するための融資を拒否したが、このダムはナセルによって新しい、ダイナミックで工業化されたエジプトの象徴として吹聴されていたものだ。激怒したエジプトの指導者は、イギリスとフランスが保有するスエズ運河会社の国有化を発表した。植民地主義の後退の時代ゆえに、ナセルは抑制された反応を希望したかもしれない。しかしイギリス人やフランス人は、新米に打ち負かされる気は全然なかったし、彼の政策は彼らの見るところ危険なほど好戦的で、約二〇年前のドイツのヒトラーの政策を想起させた。彼らは運河に対する主権を放棄することに強固に反対しただけでなく、これは裏切り者のエジプト人を政権から追放し、そうすることで彼らの揺らぐ帝国の領地における権威と威信を再建する黄金の機会だと考えた。イスラエルと共謀し、両国は一九五六年一一月にエジプトを一緒に攻撃した〔正確には、イスラエルのエジプト侵攻後、イギリスとフランスはスエズ運河を守るためと称して介入した〕。彼らは速やかな軍事的成功をおさめたが、攻撃の勢いを維持できなかった——とりわけ、アメリカがこの事態全体を不快とし、世界中が非難の合唱をし、ソ連が報復を警告していたなかでは。作戦は、全イギリス・フランス軍部隊の不名誉な撤退によって終結したが、それはエジプト人・アラブ人にとって奇跡以外の何物でもなかった。いかなる不思議な力、いかなるバラカ、つまり恩寵を、全能の神は彼らの若い指導者にお与えになり、強大なイギリスとフランスに対するこのような驚嘆すべき勝利を得させられたのかと、アラブ大衆は問うた。スエズに対する攻撃の失敗は、ナセルおよび革命的アラブ民族主義を打倒するどころか、実際はアラブ世界におけるナセルの名声のみならず、彼が先頭に立っている運動の革命的潜在能力を急速に高めるのに貢献するという結果をもたらした。

一五か月もたたないうちに、政治的・イデオロギー的争いに引き裂かれていたシリアが内破しそうになった。軍部は、唯一の救済はナセル指導下のエジプトとの合併にあると決意し、彼らはそれがシリア国民の熱狂的支持を得られるだろうと知っていた。それでシリアの将校たちはカイロに飛び、両国の即時合併を要求した。ナセルがついに受け入るや、彼らはシリアの首都ダマスカスに戻り、政治指導部にナセルとの交渉について報告した。多くの政治家は抵抗したし、何人かは相談を受けなかったことに怒った。将校たちは政治家たちに、彼らの道は二つしかなく、一つはカイロに通じるもの、他の一つはシリアのもっとも悪名高い監獄に通じるものだと冷やかに告げたが[7]、これはそのごの事態の前兆となる動きだった。政治家たちはただちに、カイロに通じる王道を選んだ。一九五八年二月一日、アラブ連合（ＵＡＲ）が誕生した。

シリア国民はこの知らせを聞いて驚きにあっけにとられ、すぐさま制御不能の熱狂に転じた[8]。全土で自発的祝いが行われ、ダマスカスはアレッポ、ハマ、ホムス、ラティキヤほかの都市や地域から来た群衆に攻め込まれ、首都のあらゆる道路・広場が彼らによって埋め尽くされた。喜びを抑えられず、彼らは歌い、愛国的式辞を聴き、有名なフォークダンスのダブカを踊り、即興の詩歌・韻文を作って皆がそれに唱和した。繰り返し歌われた次のものは、この新しい統一体の力を激賞した――

ワフダト・ミスル・ワ・スーリヤ　エジプトとシリアの統一は
ジスル・アル＝ウフダ・アル＝アラビーヤ　アラブ統一への橋だ
シャウカ・ビ・アイン・アル＝ラジュイーヤ　反動の目のなかのとげだ
ズィド・アル＝イスティアマル・ワ・　帝国主義とその軍事同盟に
アハラフ・アル＝アスカリーヤ　反対するものだ

シリアの公衆の有頂天ぶりを聞いて、ナセルは予告なしにダマスカスを訪れ、政府の迎賓館に向かった。彼の到着のニュースが広まるや、何十万人ものシリア人がナセルの一時宿泊所前の広場に集まった。ナセルとエジプト代表団は大統領迎賓館に一週間滞在し、その間に外でキャンプしていた賛美する群衆に向けて何百もの演説が行われた。ナセルの側近の一員だったアンワル・アル＝サダト〔のちに副大統領になり、ナセル急死後大統領となる〕は、自伝で次のように書いている――

私は、本当にこの週を描写できないと感じる。それは不断の興奮状態のようだった。昼も夜もとぎれなく［演説］が流され……群衆は満足を知らず、ますます熱狂していくように見えた。何を言っても歓迎され、賞賛され、祝われた。人々は唱和し、叫び、もっともっとと求めた。その週を通して群衆は迎賓館を包囲していた。彼らは外の広い広場でキャンプし、野外で食べ、飲み、寝ていた。(9)

自発的な喜びの表明は、シリアに限られなかった。アラブ世界のどこでもお祝いがなされ、人々は自宅で、街頭で、また職場で、あたかも彼ら一人一人に何か非常に個人的なことが起きたかのように、お互いに祝福しあった。この浮き立つような日々には、誰もがこの重大事件、最高の業績は、植民地主義と帝国主義の勢力に対する革命的アラブ民族主義の最終的勝利への道の第一歩に過ぎないと信じていた。

数か月後、民族主義者の世代は、「西洋帝国主義」の心臓にもう一つの釘を、いやむしろ杭を、打ち込んだ。一九五八年七月一四日、イラクの陸軍はもっとも親西洋的なアラブ政府を転覆する流血のクーデタを実行した。それに続く緊張した時間・日々に、賭博師は同じことがヨルダンとレバノンでも起きるとの予想にカネを賭けた。結局そうならなかったのは、両国政府の力や国内的人気を証明するものではなく、イギリスとアメリカの政府がただちに支援を差し伸べたことのおかげである。ロンドンとワシントンは、革命的アラブ民族主義の見たところ阻止しがたい力を認識し、バグダードのゆゆしき事態を受けてこの二つの親西洋的なアラブ諸国は、自力ではどちらも生き延びられないと判断した。イラク革命の一日後の七月一五日、アメリカ人たちはレバノンの首都ベイルートに部隊を送り込み、二日後ロンドンもヨルダン王を支えるためにアンマンにイギリス軍を派遣して続いた。二大国の速やかな対応により、包囲された両国は革命を寄せつけず、扇情的状態を落ち着かせるための時間を稼ぎ、政治状況を徐々に正常化させることができた。

一九五〇年代、一九六〇年代を通じて最初のアラブの覚醒は、民族主義の革命的言説や政策に満ちていて、多くの後退に苦しんだとはいえこの地域の支配的政治勢力であった。後退の第一は、イラクの革命的将校たちが決着済みの結論と思われたこと、すなわちアラブ連合への加入をしたがらなかったことだ。実際、革命後数か月以内に共産主義者の影響下に入ったイラクは、再びエジプトと民族主義者ナセルの辛辣な強敵になった。しかし、アラブ統一の熱心な信奉者たちにとってもっとも胸つぶれる出来事は、UARの解体であった。一九五八年のエジプトとシリアの熱狂的な統一から三年後、シリア軍の将校の一団が軍事クーデタを実行し、シリアをUARから脱退させた。翌年、イエメンで古風な君主制に対する軍事クーデタが起き、若い革命的将校たちを支えるためにエジプト軍を派遣することが必要になった。ナセルはこの軍事的冒険が速やかに成功すると予想したのだったが、結局五年以上も続く長期で消耗な介入となった。追放された王が、保守的で好戦的なイエメンの諸部族を速やかに彼の大義のもとに結集させ、新政府に対して情け容赦のない血みどろの戦争を仕掛けたのである。クーデタの指導者たちは、自力では生き残れずにより多くのエジプトの支援を求め続け、結局ナセルの関与は、クーデタ開始時点の兵士数百人から四年後の六万人以上へと跳ね上がった。手詰まりになった紛争は、エジプトの経済、ナセルの名声、そして民族主義的世代の願望に対して大変な害を与えた。

しかしこれらすべての後退は、一九六七年六月にイスラエルの手によってエジプトとアラブ人が蒙った、高くつき屈辱的な敗北に比べれば何でもなかった。わずか六日間で、イスラエルは整列したアラブ諸国の軍隊を大敗させた。そしてその過程で、エジプト人からはガザ地区を含むシナイ半島を、シリア人からはゴラン高原を、ヨルダン人からはヨルダン川西岸地帯全体を獲得した。アラブ人やムスリム一般にとってもっとも困るのは、東エルサレムを失ったことだった。

しかし、革命的アラブ民族主義の力は非常なものだったので、これらすべての不幸にもかかわらず、一九六〇年代を通じてこの地域で支配的な政治的勢力であり続けた。一九六〇年代末に、主権を持つ一四のアラブ国家中の八国――中軸をなす諸国家エジプト、イラク、シリアを含む――は、その政治体制・政策を民族主義的・革命的と認めていた。ヨルダン、モロッコ、サウジアラビアのような現状維持派で、政府が革命的アラブ民族主義の見方を共有しない諸国家は、不断に守勢におかれ情け容赦のない非難に面食らっていた。

最初のアラブ覚醒の二〇年間に、一群の若い理想主義的指導者が軍事クーデタや革命によって権力を奪った。ナセルの足跡をたどって、これら改革志向の若者たちは、外部者からの独立と急進的な社会・経済改革という民族主義的理想への忠誠を誓った。革命的目標を持つこれらの指導者たちが、あらゆることに見解が一致したというわけではない――多くの公然たる論争があったし、そのかなりのものは辛辣だった。しかし民族主義的信条を奉じることで、彼らは実際に信念と願望を共有する一つの協同団体をなした。そして、彼らのうちときにはエジプトと合意しなかった者も、一九五〇年代にナセルが火を着けた当初の革命的スパークがなければ彼らはその地位におらず、彼らの国は社会的・政治的変容を遂げなかっただろうことをよく知っていた。

もし人が当時を振り返り、この三〇代の群像の実績を評価するならば、やがて多くのものが達成されたと結論するに違いない。新しい経済政策は優先順位の根本的変更をもたらし、それは社会に大きな影響を与えた。全体として社会主義的経済思想に依拠した新経済政策が、非常に成功したというわけではない――ほとんどの場合、それらは大きな赤字、準備金の減少、弱い通貨、外国援助への依存増大を導いた。これら諸国の経済を多様化するために当初取り組まれた努力は、経済的弱さと停滞によって妨げられた。その結果すべての国が、過去同様一つか二つの産物に依存し続けた。それゆえ経済実績だけで言えば、民族主義的革命家たちを「旧体制（アンシャン・レジーム）」から区別するものはほとんどなかった。

明白な差異は、経済資源の分配において生じた。ナセルによって開始され、他の改革主義指導者たちが皆従った行為の目的は、惨めに貧しい多数派と醜悪なほど豊かな少数派の間の巨大な溝に橋を架けることだった。この領域においてこそ成功が、いくつかはたいへん見事に達成された。土地なし農民は不潔な状態で暮らし、不在地主のお情けによってその貧弱な生計を立てていたが、小さな面積の土地をもらい、数世紀来初めて自己の生計を管理する機会を与えられた。たとえばエジプトでは、五〇万エーカー以上が政府によって収用されておよそ一二万人の土地なし農民に分配されたし、[10] イラクでは約三〇〇〇人の個人が国の耕地の半分以上を所有していたが、[11] 大土地所有の大規模な再分配が実行され、それによって結局三〇〇万エーカー以上が三〇万人以上の農民に分配された。そして主人である地主への隷従を逃れてぞっとする状況で都市に定住した農民のために、電気と水道を備えた何千もの住宅が建設され無料で分配された。[12] シリア、リビア、スーダン、アルジェリアでも農地改革の同様の努力が、激しさや成功の度合いに違いはあるがなされた。

社会の恵まれない人々の経済状態を改善しようとするこれらの努力と並んで、生活の質の改善がなされた。教育が適例である。すべての国で、新しい指導者たちは教育を受ける権利を広げ、施設を増加・改善し、成績を高めるために巨額の投資をした。たとえばエジプトの革命的政府は、一九五〇年代後半のある時点で、毎週二校の割合で新しい学校を開き、一九五三年から一九六七年の間に生徒の総数は二〇〇万人以下から五五〇万人以上になった。[13] 同様に、一九五八年のイラク革命後の二〇年間に、初等教育と中等教育の生徒数は五〇万人以下から三五〇万人に増加した。[14] さらに、こうした改善はエジプトとイラクに特有のことではなく、この革命的時代には他の国でも一般に起きたのだった。

おそらく、アラブ民族主義のこの革命的時代のより重要でより特徴的なものは、アラブ人の心象風景に起きた根本的変化である。長年の植民地支配はアラブ人に損害を与え、ヨーロッパと西洋に対する劣等性という圧倒的な感覚を持たせていた。アラブ人の目には、西洋の目もくらむ科学的・文化的業績はその人々を半神の地位へと高め、彼らは長年の植民地的・帝国主義的服従の時代にアラブの街頭を、傲慢な権利の感覚を持って歩いていたように見えた。そして西洋諸国・諸帝国の軍事力は、普通のアラブ人の心に恐怖と従順さを植付け、彼らにとって西洋の支配は挑戦しがたく、その地位は手を触れがたいと思われた。

しかしそれは、若い革命的改革者たちが強力な西洋に挑戦し、その命令を無視し利益を決然と侵すことで、劇的かつ恒久的に変化した。アラブ人は、彼らの指導者が西洋に対して多量の非難と侮辱をぶつけ、ありうる結果を何ら心配していないように見えるのを、誇らしい喜びの混ざった驚きを持って見守った。たとえば、アメリカ人が、非友好的なエジプトの政策は合衆国によるエジプトへの食糧供給に影響しかねないと示唆した際、ナセルは何千人を前にした一大演説で、怒りの反撃をした――

私は、私たちの行動を承認しない者たちに、地中海に行ってその水を飲むよう、そしてもしそれでも足りないなら紅海も試しなさいと言っています……私たちは、図々しくも私たちを侮辱するものは誰でも、舌を切ってやります……私たちは圧力を甘受しないし、屈辱を容認しません。私たちは、尊厳を犠牲にできない国民なのです。[15]

西洋人の耳には、この言葉は狭量で幼稚にさえ聞こえるかもしれない。しかしアラブ人の耳には、これらは解放と民族的自己主張の言葉であり、強力なアメリカ人に対して挑戦し侮辱し、アラブ人の精神に対する帝国主義の圧迫から最終的に離脱したことを象徴していた。

この反抗的な態度は、そのごの年月に他の革命的指導者たちから見習われたが、彼らは過去のアラブの王や大統領と違って西洋の利益に従おうとせず、西洋の力を前に縮こまろうとしなかった。それは新しいアラブ人を形成し、彼らを植民地支配と帝国主義の領地に対する闘争のさなかから抜け出させ、自己の未来の主人とならせる決意をした民族主義的世代であった。彼らがこれを達成できたことは、最初のアラブ覚醒の永続的業績として位置付けられなければならない。

しかし、勝利と成功は短命で一九五〇年代から一九六〇年代に限られ、急進的アラブ民族主義が扇動したこの時代の諸革命は成就されずに終わった。それらはアラブ人に政治的独立を与え、彼らの自尊心を高め、貧困者の運命を改善した。しかしそれらは、革命運動を導いた若い改革派指導者たちによって勝ち取られた政治的正統性を受け継ぎ、その擁護者となる政治制度を創出しなかった。この時代は人々に多くのものを与えたが、政治過程において彼らの利益を代表し発言権を与えるような制度を与えなかった。「自由」を与えなかったのである。

自由は、革命の必然的要因、あるいは結果なのだろうか？　この問いへの解答は、「革命」という術語をどう定義するかにかかっている。革命の研究は、一つの学術産業である。それは多くの書物、学術論文、博士論文を産み出してきた。しかしこれまでのところ、ハンナ・アーレント〔一九〇六—一九七五年、ドイツ出身の哲学者・思想家。マールブルク大学でハイデッガーと出会い、一時恋愛関係にあった。ユダヤ系であったためにナチスに追われてフランス、ついでアメリカに亡命。『全体主義の起源』等の多数の著書によって知られる〕のアメリカ革命とフランス革命に関する修正主義的論評が、議論の卓越性と思想の独創性において抜きん出ている。アーレントの威厳ある分析は「革命」の定義、というより概念化を与えるが、それはたいへん面白いと同時に説得力がある。

アーレントにとって革命の概念は、「歴史の進路が突然新たに始まり、まったく新しい物語、それまで一度も知られたり語られたりしたことのない物語が展開されようとしているという観念と、分かちがたく結び付いている。」彼女は続いて、この物語は抑圧的統治や外国による支配からの「解放」の物語だと強調するが、この物語の目的、彼女の言う「筋（plot）」は、「自由」の観念だと固く信じている。この二つの術語は同じように聞こえるかもしれないが、同じではない。「解放は自由の条件かもしれないが、けっして自動的に自由を導くものではないのだ。[16]」実際解放は自由の真逆に導くかもしれず、それが起きるのは、筋が違っていて自由でない何か他の物であるか、物語が展開するにつれて突然どこかで筋が変わるからだ。これこそフランス革命に起きたことではないだろうか？　あの革命の指導的人物の一人で、立法会議の事務局長だったニコラ・ド・コンドルセは、「革命という言葉は、自由を目的とする革命にのみ適用可能である」と宣言した。[17]実際、それこそフランス革命がその子供たちに約束したものだが、まもなくロベスピエールとジャコバン派のもとで、革命はまさにその子供たちに襲いかかり、テロの波を引き起こして自由の思想を死に追いやってしまった。ロベスピエールはのちに、革命が彼をもむさぼる直前に、「我々は、自由を確立すべき瞬間を逃したために……滅びるだろう」と嘆いた。[18]

自由と解放の区別は、この物語を語る上でも重要である――なぜなら、もし解放にだけ焦点を当てるなら、最初のアラブの覚醒、一九五〇―一九六〇年代の革命的時代は、その潜在能力と使命を実現した革命だったと特徴付けうるからだ。しかしアーレントの定義を使えば、あの革命的時代と、二〇一〇年一二月にムハンマド・ブーアジジが焼身したことで発火した現代の革命に、自由が果たした役割を探求しなければ分析は完了しない。

最初のアラブ覚醒の革命的時期を脱構築すると、民族主義者の世代が作り出しつつあった素晴らしき新世界においては、自由は全然目立たなかったことに気付く。一九五〇年代と一九六〇年代の若いアラブ革命家たちが抱いた民族主義は、自由の思想をよくて忘れているか、悪い場合は敵視していた。彼らは、民主的制度を軽視する政治観に影響されていた。民主主義の役割、自由に選挙された議会の可能性、政党形成の展望、あるいはメディアと政府の統制を切り離すこと等を少しでも示唆すると、ただちに意味がない、さらには時代の必要や関心にそぐわないとさえ言われて退けられた。

民主主義思想に対するこうした尊大な傾向は、驚くべきことではない。結局のところ、革命的アラブ民族主義は、一九世紀のドイツの文化的民族主義の思想を反映していたのだ。一八世紀末に二〇〇〇以上のドイツ語を話す国家に分かれていたため、ドイツの民族主義思想家たちはドイツ民族を統一することに取り付かれていた。それが至高の目的、聖なる行為とされたので、個人の必要や権利は民族の意思に包摂されなければならなかった。自由という観念は邪魔者で、民族の意思に反するときは抑圧すべきだった。こうした考えにより、著名なドイツの歴史家ハインリヒ・フォン・トライチュケは、一八七一年にアルザスのドイツ語話者人口を、その多数派は政治的にフランスに残りたがったにもかかわらず併合したことを正当化した。トライチュケは身の毛のよだつ口調で述べている――「我々は、彼らの意思に反してさえも、彼らを自分自身に返してやることを望むのだ」と。[19] この権威主義的で恥ずかしげもなく強制する傾向は、一八〇六年にナポレオンの手でプロシャが敗れた後に強まった。「自由」という言葉はなるほど復活したが、ただしその目的と意味は「個人の」自由を確保することではなく、「外国人統治者を追放し、国家の独立を得ること……西欧の諸国民が再生を求めて努力した際は、彼らは主として個人の自由に関心を持ったのだが、[ドイツ]においては再生の要求は、しばしば集団の団結と力に集中した。」[20]

この知的遺産の上に、アラブ民族主義の思想は発展した。アラブ民族主義者はアラブ民族の強制的な融合、国内外の敵に対する防衛を主張したが、個人の自由や人格の自由については、民族の意思に完全に従属すべきだという以外、ほとんど言うべきことを持たなかった。多量の書物を書いてアラブ民族主義の最大の理論家とみなされたサティ・アル＝フスリ〔一八八二―一九六八年、イエメン生まれの作家・教育者。イスタンブールで教育を受け、師範学校長となったが、一九一四年よりシリアやイラクに住み、教育行政を担当したり高等師範学校長を務めた。一九四七年よりエジプトでアラブ連盟の文化部に勤め、アラブ民族主義を鼓吹する著作活動を行った〕は、次のように述べた――

自由は、それ自身が目的ではなく、より高い生活のための手段である……国益はときには人に生命を犠牲にすることを要求しうるが、そこから当然に、場合によってはその自由を犠牲にすることを要求せざるを得ない……それゆえ、私は躊躇せずに言う――何よりも一番に、愛国主義と民族主義を……自由よりさえ、と。(21)

したがって、革命的民族主義がその栄光の日々を通じて権威主義の海のなかで活動したのは、何か不運な事情があったからではない。実際、民主主義の欠如に責任があったのは、全面的でなくとも少なくとも部分的には、アラブ民族主義が定義され展開された、その仕方であった。

理論の領域を超えて、民主主義を考慮しない実践的理由もあった。一九五〇年代と一九六〇年代の革命家たちは、西洋が中世の暗黒のなかでしおたれていた時代に、アラブ人が輝く文明の擁護者であったという栄光の過去を基盤として、アラブ民族主義を威厳ある未来を建設するための媒体とみなした。前途の課題は、言いがたい困難や障害に満ちていた。アラブ世界のそここで、なお外部の大国が重きをなしていた――イギリス人は湾岸諸国やアデン〔現在の南部イエメン〕を支配し、フランス人はアルジェリアで汚い戦争を戦っていた。またアラブ世界内部に政治的分裂があり、民族主義者はそれが外部者によって人工的に作り出されたものと信じていたが、時の経過とともに正統性を持つようになった。こうした混乱は、保守的なサウジアラビアやヨルダンのような国を、エジプトやシリアのような革命的国家に対抗させる通常の断層のためだけではなかった。民族主義者がもっと落胆させられたのは、急進的・革命的陣営の内部で、主として異なる国益のために敵意が生じたことだった。多くの場合に、非の打ちどころのない革命的実績を持つ国家が、アラブ民族の福祉を犠牲にして自国の利益を追求した――たとえばイラクが一九五八年にUAR加入を避けたり、シリアが一九六一年にUARから脱退したように。さらにまた、アラブ世界に行き渡った多くの共同体間の分裂、アラブ諸国の広範な地域に見られる民族的・宗派的境界線――レバノンのムスリムとキリスト教徒、シリアのアラウィー派とスンニー派、イラクや湾岸におけるシーア派とスンニー派、スーダンにおけるアラブ人とアフリカ人、北アフリカにおけるアラブ人とベルベル人の間の――によってこじらされた、部族主義のたたりがあった。

これは実際巨大な闘争であり、最初のアラブの覚醒が船出したときその歩兵たちは、不実な帝国主義者たちによって永続化されたと固く信じたこれらの堅固で厳しい挑戦を意識するあまり、民主主義やその厄介な制度に対しては当然ながらほとんど忍耐心を持たなかった。反対の見解を聴いたり、逆の見方を論じたりする、どんな必要があったろうか？　それは混乱の元、革命闘争の進路をそらすものではなかろうか？　すべてのアラブ人は、その社会を根本的に改革し、西洋の支配と闘うという一つの聖なる努力において団結しているのではないか？それに反する立場など、どうしてありうるのか？

この知的興奮のただなかにそびえ立つカリスマ的なナセルが登場し、西洋を異常に不誠実な「他者」、アラブ人の不滅の強敵、その進歩を断固として邪魔する者と中傷した。ナセルは、エジプトの君主制のもとで行われていた西洋式多党制度が、特権、腐敗、制度的弱さにまみれていたために、まったく魅力を感じなかった。自由民主主義は、ナセルの新秩序においては居場所がなかった。彼はそれを提供しなかったし、軽蔑していた。一九六三年にシリア、イラクの指導者たちと会合し、そのアラブ三か国による何らかの形の統一の可能性を論じあった際、彼は政治的多元主義の観念を嘲笑い、西洋のペテンの一つだと退けた。「権力の分立などでっち上げでしかないと思う。実際にはそんなものは存在しない……」と彼は述べた[22]。彼は高度に集中された、断固として中央集権を進める政治指導部が、権力の手綱を絶対的に握るべきだと主張した。

この点で、ナセルが民衆とずれていたわけではないと理解することが重要だ。彼は、激励し熱狂的に支持する群衆に、自分の考えを無理やり押し付ける必要はなかった。この革命、悪魔払い、西洋の大国と対決しその鼻を焼け付くアラブの砂にこすり付ける目のくらむような日々、民族主義的世代は権力の集中の必要を信じていた。ナセルを支持してアラブ各国の首都の街路にあふれた数十万人は、結果を、しかも速やかな結果を要求しており、民主主義のあきあきさせる議論好き、物事を適切に決めるために時間をかけることに対する忍耐を、誰もほとんど持たなかった。それゆえ人々は民主主義を欲しなかったし、ましてや要求しなかった。

民衆の西洋嫌いと西洋がこの地域に帝国主義的野心を持つという認識が、西洋の政策のみならずその制度への敵意をもたらしたことが、民主主義の運命を閉ざした。革命時代に先駆けて、多くの親西洋的アラブ諸国ではイギリスやフランスをモデルに議会制度を採用していた。その制度は、西洋の自由民主主義の基準にまったく達しなかったのは確かである。しかし結局のところ、これらの体制は、そのごに革命的民族主義者たちによって導入されたものと比べて開放的かつ文明的だった。それらのアキレス腱は、西洋がすべての悪を代表していた歴史的時点において西洋と結び付けられたことだった。この直観的感情的アレルギーに照らせば、この民族主義的世代が西洋の民主主義制度を、西洋の覇権を維持するための道具として恐れたのはそう驚くべきことではない。

西洋社会では、競合的諸政党が機能する民主主義の本質的要素として受け入れられている。しかしこの見解を、最初のアラブ覚醒の民族主義的世代はほとんど共有しなかった。この時代の革命的民族主義者たちは、単に政党を無用だと退けるだけでなく、その概念そのものの正統性を奪おうと努めた。たとえば、一九五八年に親西洋的イラク王政の終焉を祝った暴動・デモ参加者が、好んで叫んだスローガンの一つは、「アル＝カウミーヤ・アル＝アラビーヤ・トゥフニ・アル＝アハザブ・アル＝ガルビーヤ」（「アラブ民族主義は西洋の政党を滅ぼす」）だった。政党は有害で、帝国主義者の言いつけを行い、欲深な外部の大国のスパイになり、アラブの隊列に分裂の種をまき、革命の行進を妨げるとみなされた。日刊紙『エジプシャン・ガゼット』の編集者から、何かエジプトにおける多党制度の計画をお持ちかと聞かれたとき、ナセルは、もし政党を許せば、アメリカのＣＩＡのエージェントとなる政党や、イギリスの情報機関ＭＩ６に雇われるものや、ソ連のＫＧＢのために働くものができるだろうと言い返した。(23) ナセルは同様に、封建主義者や政商たちは、「アンシャン・レジーム」の統治時代にしたのと同じ仕方で政党や他の民主主義制度を操り、食い物にするだろうと論じた。そして新しい革命的エリートは、古き悪しき時代への後退は許さないと決意していた。ナセルは大勢が共有したこの感情を、一九五七年にインド人ジャーナリストに対して次のように表明している――

あなたに質問していいですか、民主主義とは何ですか？　私たちは、一九二三年から一九五三年までの時期に民主主義制度を持つとされました。しかしこの民主主義は、わが民衆にとって何かよいものだったでしょうか？　いいですか、地主たちが……わが国民を統治しました。彼らはこの種の民主主義を、封建制度の利益にとって手ごろな道具として利用しました。封建主義者たちは、農民を駆り集めて投票所へ運んだ「ものです」。そこで農民は、主人の指示通りに投票しました。［それに対して］私は……農民や労働者を解放し、彼らが「はい」と「いいえ」を言えるよう、何を言っても生活や日々のパンに困らないようにしたいのです。私の考えでは、これが自由と民主主義の基盤なのです。(24)

その結果は多党制度の廃止であり、それに替わる一連の一元的政治制度の導入だった。第一に、一九五三年に、ナセルは「解放運動」を創設し、一九五六年にはそれを「国民連合」に置き換えた。一九六一年のアラブ連合の解体を、ナセルはシリアの封建主義者と資本家のせいにし、ソ連への依存が強まったこととあいまって、親分の共産党をモデルにした「アラブ社会主義連合（ＡＳＵ）」を創出するに至った。この党の機能は純粋に、政治指導部への大衆的支持を動員することだった。ナセルの親しい友人で影響力のあるジャーナリストのムハンマド・ハサネイン・ヘイカルは、ごまかしたり隠そうとは一切せずに、ＡＳＵの目的はただ一つ、共和国を資本家、封建主義者、外国分子から守ることだと確認した。(25) 他の出現しつつあったアラブ革命国家の指導者たちは、自己の政治組織を組織しようと決めたときＡＳＵを見習った。一九七〇年までに、一九六〇年代にアラブの政治舞台になだれ込んだ若い革命指導者たちによって、他のアラブ諸国に多数のＡＳＵもどきが作り出された――アブド・アル＝サラム・アレフのイラクとムアンマル・カダフィのリビアの「アラブ社会主義連合」、ジャーファル・ヌメイリのスーダンの「スーダン社会主義連合」、ファアリ・ブーメディエンのアルジェリアとルバイー・アリの南イエメンの「民族解放戦線」、ハーフィズ・アル＝アサドのシリアとサダム・フセインのイラクの「バアス党」である。

これらすべての単一政党体制は、最初のアラブ覚醒のイデオロギー的傾向を象徴しているが、政治的口論、時間を浪費する政治的討論や、国民の利益より自己の利益を考慮することで生まれる不健康な紛争を避けるためのものだと想定された。指導者たちは革命時代の聖なる目標、すなわち帝国主義者を打倒し、西洋に追いつき、経済的活性化をもたらし、社会的・文化的進歩を実現することを、速やかにかつ効率的に達成するにはこの露骨な権威主義が必要なのだと論じた。そして、こうした目標を達成するという約束のために、新しく若い革命の指導者たちは、民族主義的群衆の黙認を得て自由を犠牲にしたのだった。

第3章　それらが生み出した独裁者たち

民族主義的時代を振り返れば、アラブの革命的指導者たちはハンナ・アーレントの、自由が革命の重要な要素をなすという主張を、嘲笑を持って退けたろうと容易に想像できる。何よりもまず、アーレントの断言は最初のアラブ覚醒の指導者たちの革命的資格を否定するからだ。それだけでなく、指導者たちも民衆も、民主的な思想や構造の役割を考慮することに最少の注意も払わなかったからだ。多くの哲学的論文、知的討論、政策に関する協議において、アラブ人の公共の言説で「自由」はほとんどまったく位置を占めなかったし、革命の概念の一要素とは、ましてや不可欠の構成要素とは、考えられていなかった。指導者たちも民衆も同様に、考え、取り組み、達成すべきずっと差し迫った目標があると信じていたのだ。

しかし、より高度とされる何かの革命的目的が達成されるまで民主的制度の導入を延期することは、たとえ本当に信じられていたとしても、権威主義的慣行や態度を制度化するリスクを負っていた。そして実際に、結局そうなってしまった。過去の献身的かつ観念的な若い指導者たち、そしてその後継者たちは、自己撞着的・自己宣伝的な大物へと変貌し、政治改革にはほとんど、ましてや彼らの国民の福祉と政治的権利にはまったく、関心を無くしてしまった。公共善に尽くすこと以外の何物にも関心を持たない新種の指導部になるとさんざん約束したけれども、実際には結局のところ権力とそれに伴う無数の物質的特権による道徳的腐敗の餌食となってしまった。権力を手放すことも、共有することとさえもしなかった。真の信念と確信から生まれた民主主義へのイデオロギー的アレルギーとして始まったものが、時の経過とともに、絶対的権力の行使に伴う多くの陶酔的魅力にできるだけ長くしがみつくための、単なる口実になってしまったのである。

野党や選挙のような民主的制度がないので、指導者たちは権力を保持し、全体として実行できない陳腐な約束を毎年し続けた。パレスチナ人の権利の回復、明白な経済的進歩の達成、西洋的な生活水準らしきものの実現、さらにはほかならぬ政治秩序の自由化——すべてこれらの目標は、角を回ればすぐの所に来ているはずだった。しかしその角は、ポチョムキンの村〔貧しい実態や不利となる実態を訪問者の目から隠すために作られた、見せかけだけの施設などのことを指す。ロシア帝国の軍人ポチョムキン将軍が、皇帝の行幸のために「偽物の村」を作ったという故事に由来する〕に似て、現実よりも指導者たちの幻想と意図的なうそつき癖のなかにこそ存在した。

世界銀行によれば今日、湾岸の小さな石油産出首長国を除くと、アラブ諸国は世界で一人当たりGDPがもっとも少ない部類に属する。トランスペアランシー・インターナショナル〔ベルリンに本部のあるNGOで、世界各国の政府、企業、社会の腐敗を追及し透明性の高い社会を実現しようとしている〕は、アラブ地域に対して、世界でもっとも腐敗した多くの政権を持つというありがたくない名誉を授けた。そしてフリーダム・ハウス〔アメリカに本拠のあるNGOで、世界各国の民主主義、政治的自由、市民的権利について毎年調査し評価を公表している〕の二〇一〇年の世界の自由調査によれば、アフブの中核的一七国中一四が自由でなく、残る三国も部分的に自由なだけである。地域としては、アラブ世界は政治的権利と市民的自由において世界の他のどの地域よりも劣っていた。二〇一〇〜二〇一一年の革命勃発の激発以前は、現代アラブ世界はどこでも失望と軽蔑を持って、そして頭を悲しく振りながら眺められていた。この地域のさかんに中傷された帝国主義的支配は、土着の略奪的政権とその指導者たちによる全体主義的暴政によって置き換えられていた。

これらの政権や指導者たちは権力の唯一の裁決者であろうと決意して、その地位への対抗者がなく、その思想や政策を争われることがないようにする目的で憲法を設計し、選挙法を整えた。そのために、彼らは投票箱をふさいで、野党が彼らの権威に対してもっとも微小な挑戦すら行えないようにした。メディアに猿ぐつわをはめ政治的統制の道具にし、司法を政権の武器にした。始めは理想主義的だったが、時とともに世界でもっとも腐敗した体制のいくつかを創り出した[1]。おそらくすべてのなかでもっとも批判されるべき逸脱は、元来は共通の敵に対する戦いに力を合わせるものとして褒めちぎられた一党制を制度化したことだ。それどころか、一党制は国民を動員する道具となり、遍在する指導者の意思と思い付きに従って市民を羊のように扱い、イデオロギー的領域のはしからはしへと駆り立てた。そして他のあらゆる方法が失敗すると、この当事者は疑いを知らない市民に対して治安機関の情け容赦ない怒りを解き放つのだった。

最初のアラブの覚醒は、始めは約束に満ち、民衆の大きな支持と善意を受けていたが、結局統治者やエリートの、自己の無制限の権力支配力を侵食するかもしれない代議制度を建設しようとするいかなる努力も妨げるという、意図的行為によって窒息死させられたのだ。

その前面に立ったのは、サダム・フセインのイラクとハーフィズおよびバシャル・アル＝アサドのシリアで、彼らは皆バアス党〔正式にはアラブ社会主義復興党、バアスとはアラビア語で復興の意。アラブ民族の統一を目指し、一九四七年にダマスカスで第一回の公式党大会を開いた〕の党員だった。バアスは、一九三〇年代にパリで勉強中に強い友情を結んだ二人のシリア人青年ミシェル・アフラクとサラーハ・ビタールによって創設された。当時支配的だったファシスト・イデオロギーに影響されて、アフラクとビタールは全アフブ人を単一の民族国家に統一するという急進的綱領を掲げた。党の創設者たちは、既存の国家を解体するのは容易ではないと認識していたので、この使命を達成するための正当な手段として暴力を是認することが、党のイデオロギーの枢要な一要素とされた。それゆえ、一九六〇年代にイラクとシリアでこの党が政権に就いたのは、投票箱を通じてではなく軍事クーデタによってであった。権力を保有している間中、この党はけっして暴力への嗜好をなくすことがなく、その支持者は苦痛を与える見込みにけっしてたじろぐことがなかった。

実際野蛮さこそが、イラクにおけるサダム・フセインのもとでの杓子定規な権威主義の特質だった。[2] 結局何十万人も殺害することになるこの人物は、一九六八年七月の軍事クーデタがバアス党の名において権力を強奪したあと、初めて政治的脚光を浴びるに至った。フセインは当初は献身的な党員で、個人の権利についてはまったく不熱心だったが、それでもそうとうな社会経済的改革や改善を実施した。一九七〇年代には一連の野心的な開発計画に着手して、国の一人当たりGDPの並外れた増加——一九七二年の三八二ドルから一九七九年の二七二六ドルへ——を実現させた。これらの計画は、貧富の格差を少なくすることを意図して作成された。彼は貧困階級向けに、貧困家庭用の現代住宅を多数建設する事業や、無料の医療サービス、無料の教育等多様な政府の発案をもたらした。実際、一〇年と経たない間に高校・大学の学生数は二倍になった。

イラクがあれほど短い間にあれほどの成果をあげられたのは、万能の男が絶対的指揮権を振るっていたことに多くを負っている。フセインが腐敗と無能に情け容赦ない不満を抱いたことで、一九七〇年代のイラクは経済発展のモデル、繁栄した安息地となった。七〇年代の終わりには多くのイラク人が、こうした成功は、もしイラクがあらゆる政策をときには無限に、細かく吟味し議論する民主主義制度を持っていたら、あれほどの速度と効率で成し遂げられなかっただろうと信じるに至った。

しかし、イラク人がたとえ権威主義的統治による多くの提供物に満足し始めていたとしても、彼らはまもなくその快適ゾーンから叩き出されることになった。イラクの安んじて疑いを知らない市民は、すぐに自分たちと自国が破滅的な下降線をたどっているのに気付いた。そしてその結末は、公的議論と討論が許され、サダム・フセインが対立する見解に耳を傾ける気持ちを持っていたなら避けられえたのだ。

成功の一〇年は、一九八〇年九月にフセインがイラン侵攻を決めたとき、金切り声をあげて停止した。フセインが数週間の冒険だと予測したものは、八年間延々と続いて衰弱させる膠着的戦争となった。そして紛争が混乱した終結を迎えたときには、イラクは五〇万人以上の犠牲者を出していた。経済はボロボロになっていた――戦争が始まったときイラクは外貨準備を三五〇億ドル以上持っていたのに、累積対外債務が一〇〇〇億ドル以上となっていた。ついで二年も経たないうちに、今度はクウェート侵攻によって、フセインはいっそう大きな軍事的災厄さえも引き起こした。国際的連合軍によってイラクは惨敗を喫し、さらに国連による厳しい経済制裁が続いたことは、この国の究極的破滅への道における第二の駅となった。

こうした国民的災難とともに、フセインは国内政治の統制のための構造や手段を根本的に変えた。一九八〇年代に、バアス党党員の多数を輩出したイラクの中産階級に戦争が犠牲を押し付けていた間、フセインは党を権力構造のいかなる意味ある地位からも押し出していった。そのかわりに、彼の家族と氏族のメンバーが所有する強制的・略奪的な政治建造物を築き、彼個人に忠誠を誓う部族要員から構成した軍の部隊に支持させ、全イラク人の意識に宿るよう意図された個人崇拝を創り出し、断固として売り込むことによって堅固にした。文化情報省が下書きした本や記事の洪水が、フセインの比類ない知恵と天才を褒めちぎった。映画は、彼の革命的功績と逆境に直面しての勇気を激賞した。道端の巨大な看板から彼が人々を見下ろしていたし、歌や詩が彼を謳った。フセインが権力の唯一の裁決者であり、正義の絶対的施与者であり、すべての真の市民の忠誠をただ一人受ける指導者だとみなされることが肝要だった。

フセインの体制のまさに基盤をなしたのが、恐怖が君臨する制度であった。情報機関が激増し、秘密警察員やスパイの数が急増し、武装民兵が通りを徘徊した。国家政策から少しでも外れると、何年も恐るべき監禁と言うに堪えない残虐行為を受ける結果になった。ただ政権についての無害な冗談を面白がったと見られただけで、人々は家から連れ去られ、投獄され拷問された。学校の教員は、クラスでの彼らの発言が、フセインが何の気なしにつぶやいたことにでも反しはしまいかとつねに戦々恐々としていた。そして無謀な少数者が不可蝕の指導者に対抗する動きを試みたなら、国家のサディスティックな激怒が、犯人だけでなくその家族、氏族、村にまで降りかかるのだった。一九八〇年代末、フセインはイラクのクルド人住民に対してジェノサイド的攻撃を仕掛け、この恐ろしい残虐行為は一九九一年のクウェート戦争でイラクが敗れた際、今度は国のシーア派共同体をも巻き込んで無頓着に繰り返された。

同時に、文化的生産を担当している国家機関は、サダム・フセインの賛美と誇大宣伝にのみその関心を注いだ。国家が後援した本や記事が、フセインの指導の巧みさを称賛した。そして書かれた言葉を超えて、フセインの取巻き連中は古代メソポタミアの輝く文明から始めて、バグダードに本拠をおいた著名なイスラム帝国を経て現代イラクに至る、継続的な文化的・政治的系譜を描き始めた。イラクの二〇世紀の歴史において最悪の二〇年間である一九八〇年代・九〇年代には、フセインが単にメソポタミア・イスラム史上の有名人の一人としてではなく、彼らのなかでも間違いなく最高の人物として言及されるのを見るのが当たり前になっていた。

二一世紀の初めには、サダム・フセインとその家族が統治する国は、衰退する経済と脆弱な社会構造を持ち、恐怖によって彼らに服従するようになっていた。希望も展望もなく、厳しい国際的制裁下におかれ、国民の多数は長年の抑圧的統治から学んで反発を隠しつつ、何十万人ものイラクの子供たちが病気や栄養不良で死亡する一方で、フセインが無頓着に壮大な宮殿を次々に建てるのを見守っていたに違いない。その大部分は競争相手もなく、彼は三五年間権力に就いていたが、埋合わせになる美点を一つも持たない遺産を残して終わることになった。フセインが、最初の頃は多くの業績を上げたことを思い出す人はほとんどいないだろう——彼が二〇〇三年に追放されたとき、スターリンとその政治的統制手段の熱狂的讃美者であったこの男の怪物性[3]を証明する、彼の統治の残酷さと冷淡さこそが永続的に記憶されることになった。

フセインがバアス主義のスターリンだとすれば、シリアのハーフィズ・アル＝アサドはブレジネフ〔ソ連の政治家。一九六四年にフルシチョフを追放して共産党第一書記になり、一九七七年から死去する八二年までは最高会議幹部会議長を兼任した〕だった——フセインのような鉄面皮のやりすぎはないが陰気で外部世界に対して閉鎖的であり、必要な場合には残酷で略奪的になった。アサドは、シリアの少数派で人口の一二％を占めるに過ぎないアラウィー宗派の一員だった。社会経済的見地からはアラウィー派は明らかに二等階級で、宗教的には多数派のスンニー派から異端と見られていた。一九四〇年代・五〇年代を通じて、アラウィー派は軍隊に社会的上昇の最善・最速の道を見出していた。宗派的アイデンティティによってシリアの多数派住民から分離される傾向を克服しようとして、彼らはバアス党に群がり、アラブ民族主義の使命に対する強い忠誠を誓った。今や彼らは、アラウィー派としてのルーツによってではなく共有するアラブ人としてのアイデンティティによって認められ、他の国民と対等な地位に立つことができた。一九六〇年代初めには、アラブ連合の崩壊後若いアラウィー派将校たちは、多くがバアス党員だったが、軍の微妙なポストを多く握り、まもなく一九六〇年代を通じて頻発した軍事クーデタの積極的・中心的参加者となった。アサドは生涯にわたるバアス党員で、一九七〇年にバアス主義政権の国防相になった。その地位に満足せず、また政権の極左政治への漂流に反対し、彼は一一月に軍事クーデタを率いて成功させた。それは公的に「矯正運動」と呼ばれ、それ以来二〇〇〇年に彼が死ぬまでの三〇年に及ぶ、絶対主義的統治の幕開けとなった。

権力掌握後アサドの最初の関心は、大統領が他のすべての機関を支配することを合法化するような国家憲法を作成することだった。そこでは選挙された議会は無力で、大統領を応援し承認印を押すだけの公共広場とされた。大統領職に加えて、アサドはバアス党書記長の職権も得て、国のもっとも強力な二つの政治機関を自己のものとした。政治過程と権力のてこを今や掌中に確保して、彼はバアス党を動員の主要な道具として使い、それはタコ状の組織のようにシリア社会のあらゆるレベルを通じて触手を伸ばした。彼による政治的支配で数年のうちに、バアス党の他の指導者で当初は自分をアサドの同僚とみなし、政策決定過程にしっかり参加していた者たちは、彼を誰もが認める指導者で枢要な政策決定者として受け入れることになった。そして彼らの役割と地位は徐々に、いつも彼の発言を支持し彼を賛美する用意のある、熱狂的帰依者のそれへと格下げされた。一九七五年四月の第六回バアス党大会のあと、次の公式声明が国の公的メディアや電波上で繰り返し宣伝された——

大会は、ハーフィズ・アル＝アサド同志の指導による矯正運動を支持することを宣言する。……対アラブ、そして国際政策に関しては、大会は、ハーフィズ・アル＝アサド同志の指導による政策の正当性を確認する……大会は、ハーフィズ・アル＝アサド同志のパレスチナ問題に対する責任ある、そして勇敢な態度を記録にとどめる……そしてわが党およびわが国民の行進の指導者、ハーフィズ・アル＝アサド同志のもとに集っている大衆に挨拶を送る(4)。

アサドへの敬意は明らかに、一九七三年一〇月に彼がエジプトのアンワル・サダトとともにイスラエルを攻撃すると決めたことで固められた。その短い戦争はユダヤ国家の軍事的勝利に終わったが、にもかかわらずアサドは、一九六七年六月戦争のあとアラブ人が無敵だとみなし始めていたイスラエル人に対して攻撃を仕掛ける根性を持っているとして、かなりの名声を勝ち得た。アサドはシリア人の、彼らの国はアラブ民族主義の計画の中核を占め、国中の看板に描かれたようにカルブ・アル＝ウルバ・アル＝ナビード、すなわち「アラブ主義の鼓動する心臓」なのだという信念を、踏み台にした。シリアがアラブ世界の中心だという誇りの感情は、アサドが力強く盛り立てたものだが、シリア国民によって心から大事にされ、もちろん彼らの大統領のおかげだとされた。

経済的・社会的成果もあった。公共部門と民間部門の共働的バランスを生み出そうと努力して、アサドは一九七〇年代の明白な経済ブームを実現した。彼はアラブ民族主義の外交政策を、湾岸の保守的な石油成金国家が脅威とみなさないような仕方で管理し、自国にかなりの外国援助をもたらした。多くの社会的進歩が続いた——現代的灌漑制度がシリアの広大な農地に導入され、新しい道路が開かれる一方で既存の道路は拡充され、医療・教育サービスが田舎へと拡大され——それらは伝統的に、ダマスカスやアレッポのような主要な都市中心と比べて痛ましいほど遅れをとっていた——、農民に豊富な融資が提供された。教育の拡大は、アサドの最初の一〇年の目印となった。彼の政府は学校を建設し、教員を輩出し、親たちに子供への教育を求めさせるよう積極的に促す、野心的計画に取り組んだ。アサドの最初の一〇年に、シリアの中等教育機関の生徒数は二一万五〇〇〇人以下から五五万人以上へと二倍以上に増えた[5]。非識字人口は約六〇％であったが、教師を地方に派遣して無くそうと試みた。三・七％という高い年間出生率が劇的な成功を妨げたが、こうした努力はいくらかの改善をもたらした――一〇年以内に、非識字人口は五〇％以下に低下したのである。概していえばアサドの成果は失敗を上回り、あるイスラエルの学者が証言したように、アサドの統治の初期においてシリアは、「アラブ世界でもっとも安定した政権となり、［そして］社会経済的革命においてエジプトより印象的な進歩を遂げた[6]」のである。アサドの最初の一〇年は、どんなに想像力を働かせても失敗とは呼べなかった。

しかし最終的には、いつものように政治過程への国民の監視を無くすことを目指した権力の意図的集中は、こうした外交政策や社会経済的成果を台無しにしてしまった。軍部の一員の出身で、アサドは彼の権威主義的政治構造を固めるのに軍隊が重要なことは言われるまでもなかった。自分自身軍の陰謀家だったから、軍人たちの忠誠を確保しようと決意していた。それで彼は、自分の宗派的ルーツに逃げ込んだ。アラウィー派の将校たちを軍隊と他の治安機関のもっとも微妙な司令部に取り立て、特権を惜しみなく与えて彼らの福利を政権の安寧と結び付けた。さらに自分の家族と氏族のメンバーに、正規の軍隊と並行して行動する特殊部隊を指揮させた。こうした部隊の一番著名なのは、大統領の弟リファート・アル＝アサドが指揮する「防衛団」だったが、これらの主要任務はアサドの政治体制を防衛することだった。

そして政権の防衛が必要なとき、彼の忠実な部隊は激しく反応した。一九八一年二月、保守的なスンニー派の都市ハマで、イスラム主義者たちが工作した蜂起が瞬くうちに広がって、市の大部分が彼らの支配下に入った。

その過程で、多くのシリア人兵士やバアス党員が殺された。アサドは、彼のもっとも忠実な部隊の一万二〇〇〇人以上をその都市に送って対応した。その大部分はアラウィー派だったが、いくらかは献身的な党幹部で、皆反乱をいかなる犠牲を払っても鎮圧せよとの命令を受けていた。以下の文は、著名なイギリスの作家・ジャーナリストのパトリック・シールが、ハーフィズ・アル＝アサドの概して同情的な伝記のなかでもっとも巧みに描いたものだ——

潮がゆっくりと政府に有利に転じるにつれて、ゲリラたちは［市の］古い地域に退却した。［ここでは］通りの迷路の奥深く住んでいる普通の民衆が、主な犠牲者となった……あまりにもしばしば、彼らは自分の家の廃墟に埋められてしまったのだ。激しい砲撃の後、［政府の］奇襲部隊や党の不正規兵が戦車に守られて突入し、何エーカーにも広がる泥と編み枝細工でできた家々、その繋がった屋根や中庭がゲリラの居場所だったのだが、それらを制圧した。長引いた掃討作戦のなかで多くの民間人が殺戮され、地域全体が取り壊され、無数の残虐行為が報告されたが、その多くは政府が町の支配を回復してからのことだった。家族全員が家から連れ出されて撃たれた。……一か月近くの戦いで、歴史的な市中心部の三分の一が破壊された。(7)

民衆が政権の権威に挑戦するこのような状況においては、アサドの軍および部族のルーツがバアス党の暴力的イデオロギーと組み合わさって、強い復讐の醸造酒を作り出した。あるとき党の創立者ミシェル・アフラクは、残酷さの効用を激賞した。「我々が［他の人に］残酷なときは、その残酷さは彼らを自分自身が知らない真の自我に引き戻すためだということを、我々は知っている」(8)と、アフラクは無頓着に説明した。それゆえ党は、強制の使用を正当化する理念的綱領を提供し、国民の間で政権への支持を動員するための効果的行為者ともなる点で有用であった。それでアサドは、生残りのためには主にアラウィー派共同体内の自分の家族と氏族に頼ったものの、党の支配層のメンバーに相談を持ちかけ、特権をばらまき続けた。党指導者たちの方でも、大統領と彼の政府への同調と絶対的な忠誠を生み出すのに成功すればするほど、彼らも権力の中心とその効能に近づけることを期待した。

このような全面的な政治統制の環境においては、特権は政治的中心への近さによってのみ決定されるので、腐敗が蔓延するのは必然的だった。シリアの多くの進歩や達成についてのあらゆる政治的レトリックを、国家の統制するメディアがいくら売り込んでも、政府の役人や党の熱愛者、そして軍の高官が織りなす腐敗の網の増殖を覆い隠すことはできなかったし、最悪の罪人はアサド自身の家族と氏族のメンバーであるように見えた。アサドが死んだ二〇〇〇年のシリアは、一九八二年にブレジネフが死亡する直前のソ連の状況とあまり違わず、目的と方向を見失い、もはやかつてのような革命的熱狂に満ちておらず、長年の窒息させるような権威主義的政治秩序によってその創造的エネルギーを消されてしまった国だった。

ハーフィズ・アル＝アサドは二〇〇〇年六月に死ぬが、この老人はスムースな継承を確保するために非常に努力していた。彼の息子のバシャルが世襲の準備をされていたが、その動きは多くの観察者を、シリアは共和国なのか君主国なのかと疑問に思わせた。しかし一つの障害、事実大きな障害があった。シリアの憲法は、共和国大統領は少なくとも四〇歳に達していなければならないと述べており、若いバシャルは父が亡くなったとき三四歳だった。そのごの展開は、これも結局大した障害でないことを示した。洞察力ある国民議会議員たちは、瞬く間に憲法を修正しバシャルを受け入れられるよう法定年齢制限を引き下げたのだ。そしてバアス党は一五年間休眠していた大会を開き、速やかにバシャルを党指導部に選出した。父の死後一か月以内にバシャル・アル＝アサドは、国民投票において票の九七・二％を獲得し（彼が唯一の候補だった）、国の大統領となった。二〇〇七年には再度の国民投票によって大統領任期をさらに七年伸ばしたが、今回は票の九七・七％を集めて前回の数値を上回った。こうしたパーセンテージに驚くべきではない。暴君たちにとって、バシャルの数値は普通のものだからだ。

事実就任一年目には、バシャルは大きな善意を持って迎えられた。彼はロンドンでの訓練任期を経験した眼科医だったし、英語と仏語を話せ、現代的で進歩的な態度を示したので、シリア人にとって彼の父の狭量な正統性からの歓迎すべき断絶を期待させたからだ。まもなく彼が、シリア人を両親にイギリスで生まれ高い教育を受けた専門職業人の女性と結婚したことで、期待はさらに高まった。考えをはっきり述べ写真写りが素晴らしい彼女とその夫は、新しくより自由主義的な時代の始まりを表していた。

大統領就任後数か月経った頃、新大統領は国民の願いに応えるべく政治的自由化の計画に着手した。それはまもなく、チェコスロバキアの政治制度に対する共産主義の支配を自由化した一九六八年の「プラハの春」に類する「ダマスカスの春」と呼ばれた。アサドはより大きな透明性と自由が必要だと語り、多くの政治犯を釈放し公開のフォーラムで市民が討論することを鼓舞して、遍在する治安部隊は介入しないと約束した。人々がついに、自由主義の新環境は本物で、政治的反対派を見つけるための罠ではないと確信すると、知識人、専門家、そして一般人が群れをなして参加し、多くの懸念を表明するとともにより開かれた社会を求める嘆願書や青写真を提出した。政治権力の仲間から外れている人たち、政治参加の機会を持たない非バアス党員たちは、新しい政党を創立し独立した新聞を刊行し、そして市民社会組織を結成した。シリアのもっとも悪名高い刑務所は閉鎖され、経済部門では、政府は民間銀行を合法化し、貿易や外資投下への制限を緩和した。これらの改革と約束の目くるめく日々、多くのシリア人は、新しく若い大統領のもとで彼らの国はとうとう真に重大で歓迎すべき変化の間際にあると信じるに至った。

しかしダマスカスの春は、以前のチェコスロバキアの春と同じ運命に苦しむこととなった。一九六八年のプラハの春の命を消したのはロシア人だったが、ダマスカスで改革運動が幼児期に死んだことに責任を負ったのはシリア固有の統治エリートだった。バシャル・アル＝アサド自身が改革の結果を恐れ始めたのか、古参の統治エリートが彼に速やかに正気を取り戻すようにさせたのか、それともアラウィー派共同体が特権や安全さえも失うことを恐れたのか、いずれにせよ改革時代は数か月しか続かなかった。ついで国家は筋力を発揮してすべての討論フォーラムを閉鎖し、バアス以外の政党についてのいかなる空想的考えも禁止し、民主主義について語ったり開かれた社会を求めても大丈夫だと思ってしまった人たちを逮捕した。二〇〇一年秋にはシリアは、若い大統領も皆も、ハーフィズ・アル＝アサドがその息子に残した閉鎖的社会にすっかり、しかも熱意を持って、戻ってしまった。

二〇一一年三月の広範な暴動やデモの勃発に先立つ、バシャルによる統治の一〇年は、徹底した警察国家の慣行と普通結び付けられている種類の、略奪的権威主義によって特徴づけられた。バシャルのシリアは、治安機関の網を通じて恐怖の沈黙に押し込められており、その網は危機の際には親族が支配し、超忠実なアラウィー派将校が指揮するエリート軍部隊と協力した。アサドはときに政治的開放性への約束を繰り返したけれども、彼の統治は人権や政治的権利の完全な無視によって知られた。この点に関して、二〇一〇年七月にヒューマン・ライツ・ウォッチが発表した三五ページの報告書は、バシャル政権の最初の一〇年の批判的告発となっている。政府の主張と裏腹に、報告書は「シリアの治安機関は、逮捕状なしに人々を拘留し続け、しばしば彼らの所在を数週間、ときには数か月明らかにすることを拒否し、通常拷問を行っている」[9]と述べた。大統領（とときにはその夫人）が改革を約束し続けたが、現実には一一年以上の統治において、父親の厳しく抑圧的な遺産が存続し栄えていた。

リビアでは、ムアンマル・カダフィ大佐の統治は、残酷さや抑圧性では引けを取らなかったが、カダフィの奇矯な人柄や多くの場合に気まぐれな政策によっていくらかカムフラージュされていた。四〇年以上に及ぶ支配期間において、彼はアラブ専制支配者の仲間のうちで文字通りの「危ない大砲」で、そういう者として他のアラブ諸国でしばしばアル＝マジュヌーン、つまり「気違い」と呼ばれていた。それでも、二〇一一年までは彼の統治への挑戦はほとんどなく、その理由は国家の強制機関の広範で恐るべき存在に加えて、カダフィが自国の部族的・地域的分裂を巧妙に利用し友好的地域から部族的・氏族的忠誠を創り出したからだった。忠誠と引き換えに、彼はそれら地域に特権と贈与で報い、それによってその忠誠の持続性を確保した。

カダフィはナセルを偶像視して育ったので、権力を奪うや彼の英雄の足跡を忠実にたどった。リビア領内のアメリカやイギリスの基地の撤廃と、そのリビア主権下への返還を要求した。外国人所有の事業を接収し、その所有者にリビアを離れること以外の選択肢を残さなかった。民間部門を攻撃し、目に入ったほとんどすべてを国有化し、国中に学校や診療所を建て、一党制の政治体制を作って国のエネルギーを経済的・社会的発展の意図的追求へと結び付けようとした。教育はとりわけ恩恵を受け、たとえば高校の数は一九七一年の二〇三から一九八〇年には一一三五に増えた。[10]権力掌握後一〇年で、カダフィは一人当たり所得が五倍増したと自慢できた。[11]そして認知度の面では、カダフィの統治の最初の一〇年で、アラブ世界のまったく周辺部に存したこの国を彼がアラブ政治の中心・主流へと動かすことができたのは疑いようがない。

しかし独裁者たちは、一般に同様の行動パターンをとる傾向がある。彼らは自己の成功に酔い、ある時点で結局自己の無謬性を信じるようになるのだ。カダフィの場合、誇大妄想に向かう彼の旅のきわめて初期、一九七〇年代半ばのどこかでそれが始まった。ある時点で、大佐は自分を独創的思想家と評価し始め、リビアのみならず世界全体に生活の送り方を知らせ規制することを目指す、理論的作品集を生み出そうと取り組んだ。その結果が『緑の書』で、それは彼が宣告するところの「第三の普遍的理論」――西洋の民主主義・資本主義のモデルと共産主義の単一政党による統治と社会主義にとって替わるものとされた――の政治的・経済的・社会的基礎をなす三つの論文からなっていた。謙虚でときに子供っぽい哲学的論理で、憲法、議会、政党は独裁の危険な道具だと述べて伝説的となった本書は、次のような記憶すべき珠玉の言葉を含んでいた――「婦人は女性的であり、男は男性的である。婦人科医によると、婦人は男と違って、毎月生理がある。」[12]

彼の「第三の普遍的理論」の政治的・国際主義的処方によって鼓舞され、カダフィはリビアを一連の不可解な思想的発案や外交政策上のへまな冒険に飛び込ませ、それらの結果すべての政治制度が唯一の国家指導者の落着きのない魂によって人質とされる状態となった。カダフィは、ナセルによる原型を模したリビアの唯一の政党、アラブ社会主義連合が、とりわけ「大衆を教育し動員する」ことができないと見るや、失望してさっさと廃止してしまった。制度的真空を埋めるために、彼は至る所に人民委員会を作るよう命令した。カダフィの新しい民主主義の中核的制度案として提出され、これらの委員会は各地域のために政策を作り監督し、新組織である「一般人民議会」の年次大会に代表を送り、この議会が国家政策を審議することになった。ついでカダフィは自らあらゆる形式的な地位を手放し、革命的同志という社会的人格には、これこそより相応しい措置であると述べて人々を驚かせた。

新しいカダフィ・ブランドは、彼の創り出した革命が明らかに国内になお残存する反動的諸傾向によってけっして堕落させられないようにするための、この完全な革命家による努力であると宣伝された。そしておまけに、「人民の権力」を実行することに熱中していない者には誰にでも反対すると、彼は誓った。それを目的に、本質的に自分が作った政治体制における「反対派の指導者」と自称し、そしてこの反対派は「大衆の時代」を実現することを課題として整列させられた、革命委員会というカプセルに閉じ込められた。[13] それが実際に意味したのは、これらの委員会が、「革命の敵」とみなされた真の反対派の一掃を含め、多かれ少なかれ不快な多様な手段を意のままに用いるのに白紙委任を得たことだと分かった。その間、大佐は自己の個人的警護のために、すべて女性からなるエリート護衛隊を設けた。彼女たちはアル＝ラヒバト・アル＝サウリーヤ、つまり「革命的尼僧」と呼ばれた。カダフィによって選ばれ、武器と武術の訓練を受け、純潔の誓いを立てなければならなかった。

カダフィによる制度的変更・革新の略奪的で気ままな側面は、彼を権力にとどめるという目的には全体としてたしかに役立ったが、それを除くと、組織再編は彼のムード次第でしょっちゅう変更されたため、政治的混乱と行政的混沌を生み出した。政治的抑圧と首尾一貫しない社会主義的布告の厳格な強制の結果、一九八八年には一人当たりGDPが五年前よりほとんど四二％低下することになった。そしてこうした革命の失敗は、一般的に諸委員会の革命的資格の不足のためとされたが、事実は全面的にカダフィのせいだった――大衆による統治への献身をさんざん吹聴したにもかかわらず、大佐が自己の政治権力独占をけっして放棄しなかったからである。

カダフィの気まぐれな国内政策と見合って、いやそれを上回りさえしたのは、彼の外交政策の不安定さだった。彼の多くの対外的冒険の多くは真に破滅的だったが、それらを振り返ってみると、見分けられる唯一の動機は、カダフィの革命的とされた評判を維持することだった。彼はウガンダ、シエラレオネからチャド、ダルフール〔スーダン西部）までの諸地域で、革命家の振りをした殺し屋、強姦者、邪悪な者の寄せ集め集団を資金面・補給面で支援した。ある分析者の言葉によると、カダフィは「彼の指導に敬意を表する用意があり、［そして］彼をアフリカの解放陣営のCEOとみなすようになった者は誰でも支援した。」数年前にウガンダ人が大統領職の任期を討論したとき、大佐は国民的討論に自ら口を挟み、「革命家は引退しない」と宣告した。[14]そして見たところ侵略者も引退しないようだ――カダフィによる、南の隣国チャドへの破局的な介入の冒険がその証拠だ。

カダフィが権力を得た頃、チャドでは内戦が激しかった。一年以内にカダフィは争いに介入し、一方を支持して北部チャドの細長い土地を併合した。チャドに子分の政府をおこうと決意してカダフィは介入を続け、時の経過とともに派兵を増やした。一九七九年一二月に、多数のソ連製戦車を先頭に数千人のリビア兵士がチャドの首都ンジャメナに進攻し、この出来事をカダフィはアラブ、アフリカ、第三世界での彼の評判を固めるために吹聴した。しかしこの目に余る介入とそれがもたらした人的犠牲は、他のアフリカ諸国、とりわけフランスと強い関係を持つ西アフリカの国々を警戒させ、そのため結局カダフィは兵を引き揚げることになった。国際的規範を軽蔑し（彼の言葉によれば、結局のところ彼はもはや国家元首ではなく、自由奔放な革命指導者なのだ）、気まぐれな空想に囚われてカダフィは既得の成功に満足せず、まもなくチャドの混戦に再び加わり、今回は屈辱的結果を招いた。チャドの不正規兵との一連の戦闘で、はるかに良く武装し、カダフィの「第三の普遍的理論」の革命的精神を吹き込まれているはずのリビア軍兵士は、惨敗を喫して結局チャド全土から追い出されてしまったのである。

もし国際社会が、一〇年以上に及び多くの人命を犠牲にした無意味な戦争が、カダフィにこれ以上冒険をさせないようにするだろうと期待したなら、その楽観主義は的を大きく外していたことがまもなく分かった。カダフィはヨーロッパにおける、そして全世界のアメリカ関連施設に対する一連のテロ攻撃を支援し、それは結果として一九八六年に、リビアの首都トリポリのカダフィの本拠に対するアメリカによる空爆をもたらした。大佐はとうぜんアメリカの作戦に怒ったが、リビア国民の反応が、よくて無関心だったことにいっそう怒った。明らかに、彼はこれを無視することができなかった。一九八八年に、彼の手下がスコットランドのロカービー上空でパンナムの一〇三便を爆破した。同様の運命が翌年フランスの飛行便を襲ったが、それはフランスがチャドの対カダフィ戦争を支援したからだった。一つのテロ作戦は国連による重い制裁をもたらし、カダフィの恣意的で突飛な政策によりすでに被害を受けていた経済に対して、一九九〇年代半ばには目に見えて有害な影響を与えていた。それで二一世紀の初頭には、リビアは年に一％以下の経済成長しかできず、ＧＤＰは低下し、貿易は損なわれ、「アラブの隣国からさえも不名誉と孤立を蒙っているという感覚が高まって[15]」苦しんでいた。

それでも、カダフィは心配していなかった。経験豊かな独裁者として、彼はどうすれば無事に地位を守れるかを知っていた。国庫に対する支配権を用いて社会の選ばれた部分、お気に入りの地域の人たちに特権を授けることにより、戦略的支持基盤を作った。彼はまた、反乱の可能性を最小限にするために軍隊の指揮と統制を操作し、さらには政権防衛に排他的責任を負う特別部隊を創設し、自己の家族に指揮させた。そして二〇一一年初めに、リビアの隣国チュニジアで革命が独裁体制を打倒した際、カダフィはそれが職場における普通の一日であるかのような反応を見せ、西洋の裏切りについての使い古された決まり文句に逃げ込んだ。彼はチュニジア大統領の失脚に「心を痛め」、その痛みはチュニジア国民に、「その息子たちが毎日死んで［いる］」ことに向けられた。チュニジア人たちに、ウィキリークス〔匿名により政府、企業、宗教などに関する機密情報を公開するウェブサイトの一つ。チュニジア大統領に関するアメリカ大使の批判的報告等を入手・公開した〕に騙されるな、それは「嘘つきの大使たちが、混乱を引き起こそうとして書いた情報」を公開したのだと警告した。[16]カダフィはチュニジアの苦痛を感じたのかもしれないが、その市民の災難はたいして伝染性があると思わなかった。彼の主たる関心は、革命にではなく政権の世襲にあった——彼の多くの息子のうち、誰が権力のレバーを受け継ぐかを決めることである。ところがアラブの不満の冬はカダフィと彼の国を、彼が予見せず用意もしていなかった革命に放り込んだ。

もっと用意がなかったのはチュニジアのザイン・アル＝アビディン・ベン・アリで、デモが勃発してからサウジアラビアに逃げ出すまで数週間しかもたなかった。まったくの野獣性という尺度では、ベン・アリはイラクのフセイン、シリアのアサド、リビアのカダフィといった連中とは比較にならず、たぶんそれが、なぜ彼は自国の革命家たちに対してアサドやカダフィがやったように、あるいはフセインが二〇〇三年にはじき出されていなければやったであろうように、立ち上がらなかったのかの理由である。これはベン・アリの統治が権威主義以外の何かであったと言いたいのではなく、単に彼は無差別の流血という仕事となると歴史的遺産も制度的経験も持たず、またシリアやリビアの独裁的兄弟たちのような無責任な態度を持たなかったということである。

ベン・アリは一九八七年に、一九五六年の独立獲得以来チュニジアを統治してきたハビーブ・ブルギバを無血クーデタによって追放し、権力を得た。ブルギバは自分を「終身大統領」にしていたが、彼が支配する普通の一党体制によって国を統治した。強い親西洋的傾向を持つ近代化推進派で、多くの進歩的な社会経済改革を導入した。これはとくにジェンダー問題について言える。チュニジアの身分関係法は早くも一九五六年に制定され、重婚制度を廃止し、女性の婚姻に最少年齢を定め、離婚を両性の権利とした（イスラム法では、夫にしか離婚を申し出る権利を認めていない）。彼はまた婦人に選挙権を与え、あらゆるレベルで教育を受けることができるようにした。実際、彼が権力から追われた頃には、チュニジアはアラブ世界でもっとも社会的に進んだ国の一つとみなされていた。

ベン・アリはブルギバの秘蔵っ子で、平の身分から警察を所管する内務大臣に登用され、ついで首相とされた。一九八七年にベン・アリは打って出て、八四歳のブルギバが耄碌し始めており、したがって国を効果的に運営できないと攻撃した。彼が治安部隊にコネを持つため、この奪権に対して公衆からの反対はほとんどなかった。チュニジア人は治安部隊に敵対することが別に好きではなかったし、いずれにせよ三〇年以上一元的統治を受けて統治者以外の声を聞くこともなく、責任者から降りてきた命令を自然に受け入れるようになっていたのである。

ベン・アリは、当初は「終身大統領」の称号を廃止し大統領職を二期までに制限したり、多党制を約束するなど若干の「民主的」ジェスチャーを見せたが、ほとんど二五年にわたり彼の政治体制の主たる特色は、引き続き大統領による政治の強い統制を特徴とすることになった。たしかに多くの政党が認可されさまざまな選挙に参加したが、大統領の党「立憲民主連合（RCD）」は一度も議会の統制を手放さなかった。二〇〇九年に行われた、この国の革命前最後の議会選挙では、RCDがこの立法機関の一八九議席中一五二議席を占めた。そしてベン・アリは、彼の大統領任期を五年で二期までとし、この努力を盛大な公的ファンファーレにより宣伝したが、事実は議会に憲法における資格要件を修正し続けさせるだけで五回の選挙を勝ち続けたのだった。そしてこれらの選挙を九〇～九五％の得票で勝ったのだが、これはアラブの専制的支配者の間では平均的数字で、彼らは国民が自分たちをいかに愛しているかを世界に、またお互いに見せつけようと永遠に決意しているのだ。

ベン・アリは議会だけでなく、憲法により独立性を認められた司法機関をも統制した。判事たちは大統領と取巻きたち――公的地位を何も持たない者まで――の命令に従うよう期待された。政治的有力者とつながっている者からの一言は、その問題に関する有力者の立場を表し、裁判所はそのヒントを受け取ることが期待された。他の組織――政党や市民社会団体、さらには非常に残念なことにメディアも――同様に、司法機関は全体として政権の一つの腕として働いた。そして若干の向う見ずな人たちが異議の声を上げるや、彼らは年功や地位に関係なく職を奪われるのだった。二〇〇一年にある上級裁判官が大統領に公開書簡を書き、国家が不断に介入してきて判事たちは「政治当局によって彼らに命令された判決を出す」よう強制されていると文句を述べた(17)。瞬くうちにこの男は中傷キャンペーンの的となり、その結果裁判官職を失った。

二一世紀の最初の一〇年間に、ベン・アリ政権を永続的に特徴付けたものがあるとすれば、間断なく鼻を衝く腐敗であった。二〇代のチュニジア人の三人に一人が職を持たないこの国で、大統領とその妻に主として家族を通じたつながりによって結び付いた一握りの人々に、とてつもない富が集中された。政権の慣行に詳しいビジネスマンたちは、私腹を肥やす高官たちからなる政府が、国の富を私的利用のために奪うのに熱心な様を描写した。彼らは、全部で約五〇名の人たちが国の経済活動の約六〇％に責任を負っていたと推測した。もしこのような規模の腐敗は目に余り、ほとんどありえないと思うなら、二〇〇八年夏に当時の駐チュニジア米大使だったロバート・ゴデクがワシントンに送った秘密電報を子細に吟味すれば、消えずにあったいかなる疑念も晴れるのではなかろうか。

大使は、ベン・アリと妻のレイラ・トラベルシおよびその縁者に対する痛烈な告発を、彼らを「疑似マフィア」と呼ぶことから始め、彼らは自己の富をいや増すために「腕力や体制の破廉恥な濫用」を行使するのに何の良心の呵責も感じなかったとする。たとえば、レイラの兄弟ベルハッサン・トラベルシは、略奪的で腐敗したたくらみを用いて、以下のように大使が詳説する広範な資産を持つに至った――「一航空会社、いくつかのホテル、チュニジアの二つの民間ラジオ放送局中の一、乗用車組立て工場群、フォードの販売権、一不動産開発会社、そしてリストはまだまだ続く。」明らかに、怠慢な監視が「銀行部門を好機の素晴らしい目標となし、『ファースト・ファミリー』のたくらみに関する多くの物語が語られている。」その一つはベン・アリの義理の息子に関するもので、彼は国営銀行が民営化される直前にその銀行の支配的利権を獲得し、民営化後ただちにそれを売って巨額の利益を得たのだった。そしてファースト・レディーの一兄弟が、チュニジアの二四の行政区の一つの知事から、彼の遊園地に保険を掛けることを要求する法律の順守を求められた際、彼は怒って知事の執務室に突入し老事務官を殴り倒したという。例によって、この明らかに不適当な知事への処罰が日をおかずなされた――さっさと職を追われたのである。電報はさらに多くのページにわたって、「ファミリー」のメンバーとその子分たちが、自分たちが法律に縛られないと知っているので臆面もなく違法行為を犯した他の多くの例をあげている。[18]ベン・アリの疑似マフィア家族は、西洋やその他すべての友人だったが、ひとたび民衆の報復から逃れようと決意したら、受け入れてくれる西洋の国を一つも見つけられなかった――西洋化され、世俗的で、金持ちの彼らは、結局サウジアラビアの厳しくピューリタン的な境遇におかれることになった。

一人のアラブ独裁者の追放は、地域でより大きな重要性を持つエジプトでまもなく再現されることになった。結局のところ、最初のアラブの覚醒の革命的な勃発に火を着けた最初の扇動の種は、ガマル・アブド・アル＝ナセルのカリスマ的指導の下で行進する、アラブ世界の伝統的指導国エジプトにおいて蒔かれたのだった。しかしナセルの革命は、ある意味で中途半端だった――たしかに多くの前進を促したが、民主的思想や制度は意図的に寄せ付けず、一党制を作り出しそれが他のアラブ革命において模倣されることになった。一九七〇年一〇月に死去したとき、ナセルはエジプトにおける後継者に強固な権威主義体制を残した。

ナセルの後継者アンワル・サダトは、全然民主主義者ではなかったがアメリカのパトロンを喜ばせる必要があった。彼はエジプトを、徐々に社会主義とソ連から、より自由な市場に基づく経済とアメリカの方へ導こうとした。エジプトがアメリカからの融資と兵器にいっそう依存するようになったので、サダトは彼の新しい後援者の性向にいっそう合わせて政治的譲歩を行う必要があった。それで彼はアメリカの感受性に取り入って、ナセルのアラブ社会主義連合を解散し、彼自身の政党「国民民主党（NDP）」を創設して他の政党が政治論争に加わるのを許した。しかし彼の主導権は、けっして民主主義の理想への深い傾倒から生まれたものではなかった。新しい政党の群れのなかにトラブルメーカーがいないように、彼は新党の申請を審査し、認可後もそれらの政党の活動を監督し規制する委員会を設置し、ほとんどNDPのメンバーによって構成させた。野党は破壊的な政治行動にふけることが許されなかったが、「破壊的」とは基本的に政権を批判するという意味だった。しかし政治的自由化へのこのようなわずかな努力でさえも、サダトの権威主義的本能に反していた。一九七九年にイスラエルとの講和条約に調印し、それによってアメリカの政策決定者たちの手を縛るや、彼の統治はさらにいっそう恣意的になった。彼の治安部隊が一五〇〇人以上の政治家や活動家を急襲し、監獄に放り込んでから一か月後、一九八一年一〇月にサダトは暗殺された。

当時サダトの副大統領だったムハンマド・ホスニ・ムバラクがエジプトの新大統領、そしてNDPの議長となった。権力に就くや、彼は漸進的だが現実的な民主的改革を約束し、サダトの監獄につながれていた政治家、活動家、知識人のほとんどをただちに釈放させた。検閲の行き過ぎが抑えられ、ジャーナリストやレポーターたちは、政治家を批判しても獄舎の壁を見つめることになる恐れは言うまでもなく、職を失う見込みを考慮しなくてもよくなった。活動的で騒がしい専門職組合を含め、非政府組織が急速に増加し、大統領は市民に対する力の行使について歓迎すべきアレルギーを見せた。一九八七年の選挙でNDPの議席の割合が大きく減った際にさえ、ムバラクはこの敗北を冷静に受け入れた。

しかし、それは長くは続かなかった。ムバラクが指揮権を長く握るにつれて、権力やそれに伴う多くの魅力的なものを放棄するのがより困難になった。そして、専制度指標で後れをとったら仲間のアラブ独裁者たちの間で名誉が得られるかのようでもなかった。一九八七年の選挙から二〇一一年の追放まで、ムバラクは最高の目標、すなわち絶対的権力の手綱にしがみ続けることを頑強に追求した。

しかし権力にとどまるためには、ムバラクがエジプト国民に授けたいくつかの自由を犠牲にしなければならなかった。一九九〇年代に、ムバラクは素早く断固とした「脱自由化」過程に取り組んだ。行政命令や軍事法廷を使い、恐れられ非常に憎まれている治安部隊にますます依存しながら、ムバラクはアラブ独裁者の社交クラブにおける他のより安泰なメンバーですでに一杯の、仮借ない強制というお馴染みの道をたどった。適法手続には少しもお構いなしに、野党活動家を逮捕するのにエジプトの長年の非常事態令をせっせと、かつ意図的に活用した。今や選挙は公然と操作され、野党支持者はいじめられ虐待された。新聞は、彼の統治の初期に与えられたわずかばかりの自由な息吹を文字通り窒息させられ、市民社会組織は、定義により国家から独立して活動すべきものであるのに、政府の統制下におかれた。一九九〇年代の初期と中期に、イスラム主義者がさまざまな労組や弁護士、医師、技師、薬剤師を代表する専門職組合の指導部選挙で勝利した際は、政権は素早くこれらの組織を政府が任命する司法委員会の管理下においた。

ムバラクは一九八一～二〇一一年にわたって在任し、エジプトの大統領として最長記録を作った。彼と彼の党NDPは、あらゆる選挙や国民投票において圧倒的（ムバラクの場合は巨大な）多数で勝利した。二〇〇五年まで、エジプトは大統領選出に二段階制度を用いていた――国会である「国民議会」が候補者を選び、国民投票を行うものだ。ムバラクは議会の圧倒的多数によって指名され、ついで国民投票で九四～九九％の票を集めていた。二〇〇五年の公開投票では、対立候補がいて彼はのちに生意気だとして投獄されたが、ムバラクは八九％の票を取り、これは彼にとっては激怒すべき低さであったはずだ。同様の目をむくようなパーセンテージはNDPの手には届かなかったが、それでも一九八一年から二〇一〇年の間のさまざまな選挙におけるこの党の成績は一流以上であり、大事な点はNDPが大統領の決定を自動的に承認させるために三分の二以上の多数を必要としたということである。そしてムバラクの三〇年に及ぶ大統領在職中、すべての国会選挙で党はこの目的を達成した。

今ではもちろん、これらの心温まる数字は国民の大統領とその党に対する献身を確証するものではまずなく、ムバラクと彼の取巻きが民主主義的なゲームのルールを軽蔑していたことの公然たる表明であったと理解されよう。どの選挙も甚だしく操作されていた――ムバラクのひどく嫌われた治安機関が、多様な暴漢や悪漢の助けを借りて野党政治家やその支持者に対し脅迫、殴打、でっち上げの容疑による恣意的逮捕をあえてした。それから完全な心の平和を得るために、彼らは開票所で、すでに詰まった投票箱を作り出した。この体制が一〇〇％信頼できないとみなされた稀な場合には、ムバラクの国家機関が軽い事故に対処するため関与した。二〇〇五年の選挙が、それまでのいかなる選挙よりも低いNDPの議席率をもたらし（わずか六八％）、イスラム主義の同調者として知られる候補が八八名も国民議会に当選した（それでも議席の一九％に過ぎない）ので、ムバラクとNDPはこの結果を重要で懸念される後退とみなし、その責任は選挙が司法機関によって監督され、判事たちが明らかに、国家の選挙過程に介入する自らに割り当てた権利を侵害したことにあるとした。それで二〇〇七年には、投票箱の監視は司法機関から取り上げられて地方政府の官吏の手中に委ねられ、NDPが支配する委員会が選挙の公正さを確保する最終的責任を与えられた。[19] 二〇一〇年の選挙でNDPが最高の結果を達成し、八一％という途方もない議席を得たのは少しも不思議でない。

すでに三〇年の大統領在任を誇っていたのに、ムバラクはもう六年の任期を目指して二〇一一年に予定された選挙を楽しみにしていた。[20] 彼が無期限に権力にとどまろうとする決意は、カイロの街角で語られる多くのジョークの主題となった。その一つによると、側近のある者がムバラクに、エジプト国民にお別れの演説をされるべき時ではないかと聞いた。ムバラクは訳が分からないという顔をして尋ねた――「え？ 彼らはどこへ行くんだ？」[21] 結局のところ、アラブの専制的支配者クラブの他のメンバーが使った同じリフレーンを歌って、ムバラクは自分をエジプトの民衆に「国民の父」、彼が定義する良い行為には報酬を与え、悪い行動――それは本質的には政権に反対することとされる――は罰する（必要な場合は厳しく）力を持つ父親として売り込んでいた。二〇一〇年末には、ムバラクは彼の恩知らずな子供たちが立ち上がり、彼が押し付けた家父長政治の抑圧的足かせを捨てるかもしれないとは、夢にも思っていなかった。

ムバラクの統治は、ムハンマド・ブーアジジの焼身によって開始された大衆蜂起の勃発に至る前の、アラブ世界を悩ませていた暴政の縮図だった。腐敗し非効率的な政権による権威主義的統治の哀れな国家、その中心に一人の男が覇権を持って存在し、自己の権力へのいかなる制約も許さない――これはすべて、事実一九五〇年代と一九六〇年代のアラブ諸革命の所産であった。

第一のアラブの覚醒の、当初の高い希望から二一世紀の権威主義的なアラブ政治秩序の麻痺への変容は、時間をかけて、いくつかの場合には多くの政権や人物にわたって生じた。しかし失敗の種は初期に、ナセルが独立と社会経済的公正さを達成しようとする確固たる使命のために、自由という政治的理想を避けたときに蒔かれた。アラブ人にとっての悲劇は、カリスマ的ナセルを継いだのは平凡な軍人の混成チームで、彼らはナセルにはあった社会的正義と尊厳への関心を欠きながら、彼の権威主義的指示を暴力的で抑圧的な統治──そこでは民衆の支持は必要とされず、求められもしなかった──へと洗練させることには、熟練以上の技量を発揮したことである。

第一のアラブの覚醒の約束は、当初あれほど威勢がよかったが一九六〇年代末には色あせていた。その後退はナセルが、他のより緊急かつ重要だと噂される政治目標の祭壇の前で、民主主義を生贄にすると決めたときに始まった。そして、アラブ人の政治的語彙から「自由」が消えたその歴史的時点において、ハンナ・アーレントの雄弁な言葉を使えば、革命がその基本的筋を失ったのである(22)。

最初のアラブ諸革命の立派とは言えない運命は──それらが専制的支配者による統治の出現を許した仕方は──、第二のアラブの覚醒を扇動し実現した人たちに有益な教訓を与えよう。二〇一一年冬を特徴付けた蜂起や反乱が、既存の政治秩序の廃止と民主主義の制度化を主たる目標に掲げたのは、偶然とはとても言えなかった。アラブ諸都市の街路や広場を埋めた男女は、第一のアラブの覚醒の経験から学んでいた──彼らの革命は、民主的制度の確立なしには成就しないと理解していたのである。そして実際、二〇一一年の夏とそのご、反乱に伴う語りは変化しつつあった。アラブの不満の冬の間は、革命家たちの主な関心事は専制的支配者の追放だった。夏までには、彼らは議論の幅を広げ──いくつかの国では他国よりいっそう鋭く──効果的な民主的移行に最適な機構を含めるようになった。革命的混乱を経験しなかった国でさえも、指導者が壁に書かれた文字を読みえた場合

〔旧約聖書のなかで語られる、エルサレムの寺院で手が現れて壁に予言を書いたという逸話による〕は、民主的改革の挑戦を受けて立った。すべての議論が知識豊かなものではなかったし、すべての行為者が真の民主主義者でもなかった。そして反対勢力は、なお強力だった。しかし民主主義に関する討論〔憲法の起草、政党の結成、適切な選挙制度の設計等〕は、拡大・激化し続けた。そしてこの素晴らしい新世界の諸要素を熟慮する道を先導した二国こそ、チュニジアとエジプトだった。

第Ⅱ部　第二のアラブの覚醒――二〇一〇年一二月～

第4章　民主化の道を驀進中？——チュニジアとエジプト

二〇一一年冬の巨大なアラブの不満には、目的と手法に注目すべき一致があってその縮図をなしていた。若い男女が、彼らの地域を他と区別させる特徴・政治的目印となった全般的で窒息させる権威主義の廃絶そのものを要求して、ほとんど自発的に大衆蜂起に立ち上がったのだ。権力の座にあった者たちは、この頃には正統性はたとえあったとしても乏しくなっていたが、火力は大量に保持し、さまざまな程度に暴力を用いて対応した。日が経ち、遍在する国家治安体制によって市民の心に植え付けられた恐怖のサイクルが崩れるや、他の人が加わり、抗議活動は単に量的にだけでなく年齢、宗教、性を超えて拡大した。そしてこのすべてにおいて、反乱の手法と目的はほとんど変わらなかった——普通の市民が毎日のように彼らの都市の街頭や広場に繰り出し、国家とその強制機関に立ち向かい、権威主義政権の解体と意味のある民主的変革の導入を要求したのだ。

アラブ諸革命の起源は、地域全体を通じて意味深長な統一性を見せたが、続く数か月間におけるそれらの展開はそうとうに違いがあった。アラブの不満の冬が二〇一一年の夏から秋へと移るにつれて、反乱の運命は、とりわけ民主主義の達成に関しては、可能な結果の広範な領域すべてに広がった——チュニジアやエジプトの場合のように自由で公正な選挙に取り組んだ一方の極から、バハレーンのように反乱が成功裏に鎮圧された他方の極まで。それらの中間で、〔リビアの〕武装蜂起はヨーロッパやアメリカの空軍の強力な支援を受け、悪意あるムアンマル・カダフィとその家族を政権から追おうとして何か月も闘争したが、一〇月も後半になるまで成功しなかった。そしてシリアとイエメンでは、内戦が二〇一一年を超えて継続した。土着の蜂起が起きなかった他の国ではいく人かの指導者は、もっとも顕著にはモロッコで、またそれほどでもないがヨルダンにおいて、政治改革を約束し実行したが、イラクなど他の指導者たちは、たくさん約束したけれどほとんど実施しなかった。

真の革命は、それがもたらす民主的変革によってのみ測られるというハンナ・アーレントの主張に従えば、二〇一一年後半とそのごに目撃されたように、アーレントの要求を満たす方向にいくらか進んだと言いえるのはわずか二国ということだった。チュニジアとエジプトは、大衆的抗議の激動を最初に経験した二国だったし、それぞれの専制的支配者を捨て去った最初の二国であり、自由で公正な選挙に向けた道を切り開いた最初の二国だった。もちろん、民主主義は単に選挙だけでは足りない――市民的自由、少数民族の権利を含む人権の保障、法の支配、表現と団結の自由はすべて、民主的生活の構成要素である。しかし公正で自由な選挙の実施は、何十年にわたって「選挙の透明性」という言葉が侮蔑的な専制的支配者たちの間で物笑いの種とされていた地域においては、まさに枢要で時代を画する出来事だった。

チュニジアでは、ひとたびベン・アリの政治秩序が解体され権力獲得の興奮が冷め始めるや、それに続いて大統領選挙と議会選挙のどちらを先にすべきかを中心とする国民的討論が起こった。しかし一国、とりわけ現代の歴史が強力な大統領たちによって支配されていたチュニジアのような国にとっては、他の民主的機関が整わないうちに大統領を選挙することはまったくふさわしくないと速やかに決定された。多様な政治勢力はまた、市民の権利が明記される新憲法案の起草が国の最優先事項だということに合意した。しかし、憲法が民主主義者によって起草されることを確保するためには選挙が必要だった。尊敬される無所属および野党の人物から構成される暫定政府が、ただちに立憲議会の選出を二〇一一年七月二四日に行うこととし、その議会はベン・アリ後のチュニジアのための憲法を起草して、一年後に行われる総選挙まで統治する政府を形成するものとされた。暫定政府は、選挙を準備するために独立的な選挙委員会を設置する法律を定めた。そしてベン・アリによる、チュニジアの主要なイスラム主義政党「エンナハダ（復活）」に対する禁止令を無効とし、それは広範な支持を得た。

選挙委員会は一四人の法律家と活動家からなり、当初は国を七月二四日の選挙に間に合わせようと楽観的なわごとを発していた。しかし瞬くうちに、半世紀以上にわたって真の選挙を行ってこなかった国で、公正で自由な選挙を準備することの大変さが委員会のメンバーたちを圧倒し始めた。五月に、委員会の議長は課題が実行不可能であると認め、選挙日を一〇月末に延期するよう求めた——その説明によれば、なお膨大な数の身分証明書を更新しなければならないし、同様に多くの住所を確認しなければならないし、有権者の正確な登録を確実にしなければならなかった。委員会はまた、選挙名簿の準備でも大幅に遅れていたが、それは政党と候補者がおびただしい数に及んだからだ。暫定政府のメンバー間の激しい討論とエンナハダ党の当初の反対を経て、選挙は一〇月二三日まで延期されることに合意がなった。

ひとたび日程が決まるや、選挙の準備が真剣に開始された。国は二七の選挙区に分けられ、海外に住むチュニジア人のために六区域が追加された。各区域はその人口密度によって議席を受け取り、構想された国民議会は全体で二一七議席を持つとされた。議席は政党拘束名簿式比例代表制（ＰＬＰＲ）と呼ばれる選挙制度に従って割り当てられるが、そこでは有権者は個人にというより政党に投票し、政党は各選挙区で得た票に応じて議席を受け取るのである。この制度は、とくに唯一の政党が絶対多数を獲得し権力を独占することを妨げるよう工夫されている。実際、この制度はほとんどつねに連立政府をもたらし、可能な最大限の代表制を確保している。PLPRはまた、小政党や少数民族の政党を助けるものだ。議会で婦人が公平に代表されることを確実にするため、各政党は名簿に男性と女性を交替で載せることを要求された。有権者の登録運動が開始され、無業の大学卒業者四〇〇〇人が雇われて二七の全選挙区へ派遣された。(1) 八月第一週までに、八〇〇万人と推測される有権者の半分以上が登録された。

選挙前の時期の驚きは、選挙を争うべく登録した政党数の多さであった。選挙民は、一一〇以上の政党というあまりにも気前の良い選択肢を与えられた――それらは共産主義者からイスラム主義者までイデオロギー的範囲のすべてに渡り、両者の間の広範な政治的諸傾向を見せた。これらの政党のほとんどは、一人の男性を中心に小地域で支持者を持つだけの取るに足りないもので、ほんのいくつかが一〇月の選挙で一議席を割り込ませられただけだった。しかし新議会にまったく代表されない一政党があり、それはベン・アリの立憲民主連合(RCD)で、ベン・アリの独裁の全期間に渡ってチュニジアを統治していたものだ。「アンシャン・レジーム」崩壊後まもなく出された政令が、RCDとそれに関わった個人すべてを政治生活から排除したのだった。

イスラム主義のエンナハダ党は、ひとたび暫定政府によって合法化されるや、ただちにフロントランナーの地位に就いた。ベン・アリによって禁止された後、それは地下で活動し、国中、とくに貧困地域や農村地域で支持者の広範なネットワークを築いた。その秘密の組織構造は、ベン・アリ時代に根気強く形成され、選挙運動が開始されるや非常に役立った。貧困階級の間での支持は確信していたので、その努力の多くは世俗的で自由主義的な中産階級を誘惑しようと試みることに集中された。明らかにされた党のマニフェストにおいては、穏健、いや近代主義とさえ言える方針を打ち出し、その目標にはほとんど誰も反対できなかった――個人の自由、よい統治、そして腐敗との闘い[2]、つまり過激なイスラムを恐れる必要は皆無とのこと。しかしそのメンバーの幾人かの不用意な発言、とりわけ身分関係法問題や重婚問題のような婦人にとって重要な権利に関するものは、多くの女性を不安にし、この党の自由主義への傾倒はどれほど真摯なのか疑問とさせた[3]。否定的反響の恐れを認識し、党の上層部はいかなる疑念の残存も一掃すべく素早く断固として行動した。選挙運動期間中、エンナハダの長年の指導者ラシード・ガンヌーシはいつもの道を外れて、エンナハダが投票で勝利したら結婚、離婚、相続に関するチュニジアの進歩的な法律が攻撃されるだろうという世俗主義者や婦人の警戒を和らげようとした[4]。彼の党の穏健さをさらに強調しようとして、ガンヌーシは繰り返し、自分はイランの聖職者の政権を少しも賞賛せず、エンナハダが見習いたいモデルはトルコの、イスラム主義だが近代主義である政権党、「公正開発党」であると念を押した。

ガンヌーシの保証は、選挙準備段階でエンナハダの主要な世俗的ライバルと見られていた「進歩民主党（PDP）」の指導者たちには耳を傾けてもらえなかった。同党はメディアの巧みな利用で如才ない西洋風のキャンペーンを行い、イスラム主義政党に対するもっとも有力な世俗的対抗政党として自己を売り込むために、ベン・アリ政権に対する活発な野党だったという遺産と争う余地のない進歩的な実績を利用した。他のすべての政党のなかで、PDPこそはエンナハダに対して辛辣な言葉により打撃を与えることを忌避しない政党だった。こうした攻撃の先頭に立ったのがマヤ・ジュリビで、党の書記長でありこの国で最初の女性党首であった。彼女はガンヌーシを、票を得るために近代主義者の服装を身にまとったイスラム主義の急進派として描写した。おまけに同党の他の一指導者は、首尾よく選出されたなら、PDPはエンナハダに対して「寛大ではいないだろう」と約束した[5]。PDPのキャンペーンは、イスラム主義政党に関する強迫観念らしきものが支配し、その過程で他の関心事を覆い隠した。キャンペーンの間に、選挙民はますますPDPを単一争点政党と認識するようになった。

他の世俗派は、PDPの強引な反イスラム主義の立場から距離をとった。中道左派政党の「共和国のための会議（CPR）」は、エンナハダと連立することに不安はないと当初から宣言していた。モンセフ・マルズーキという著名で非常に尊敬されている人権擁護者に率いられ、この政党は世俗的な中間層の票をPDPと争う主な相手と見られた。市民的自由の維持が、同党の主な綱領だった。マルズーキは、チュニジアの法律を世界人権宣言の規定にしっかり対応させる立法の確立を訴えた。こうした目標がマルズーキのような名声を持つ人物によって発せられ、約束されたことにより、同党はチュニジアの有権者間に信用を得た。

もう一つの世俗的政党で、やはりエンナハダのイスラム主義的性格への攻撃を控えたのは「アッタカトル（フォーラム）」、またの名で「労働と自由のための民主的フォーラム」だった。これも中道左派政党で、労働者擁護傾向の目立つ綱領を持ち、医者でベン・アリ時代を通じて老練な野党政治家だったムスタファ・ビン・ジャーファルによって率いられていた。同党は、伝統的に知識人や都会の教育ある青年を惹きつけており、そのため社会的メディア上の活発なプラットフォームを持っていたが、それは反腐敗の目標に焦点を当てていた。そしてそれは単なるキャンペーン用の工夫ではないと強調するために、同党指導部は、党の予算や党員情報を公開することで透明性への献身を示した。ベン・アリの家族や取巻きの腐敗に動揺している国で、アッタカトルのメッセージはチュニジアの有権者間に大きな反響を見出し、同党は選挙前の数週間に多数の支持者を獲得できた。

キャンペーンの最終盤までまじめに取り上げられなかった一政党は「アル＝アリーダ（請願）」、つまり「自由、正義と開発のための民衆の請願」という長い名称のものだった。同党は、ムハンマド・ハムディというチュニジア人の億万長者で、二五年以上ロンドンで亡命生活を送っていた人物が創ったものだ。チュニジアに足を着けず、彼は全運動を自分の所有する衛星テレビ局「アル＝ムスタキッラ（独立派）」を通じて指揮した。他党指導者たちからは変人とみなされ、ベン・アリ政権との疑わしい関係を怪しまれながらも、ハムディは一つの際立った利点を持っていた――国の疲弊した後背地の出身であることを指摘し、そこの粗野な方言を話し、それによって他党の指導者のような海岸地帯の政治的知識人たちから自分を切り離すことができたのである。彼はまた、イスラム主義的価値とヨーロッパ的な社会民主主義の理想を組み合わせたポピュリスト的仮面を打ち出した。国民皆健康保険、すべての職無し市民への失業手当、六五歳以上の全員への無料乗車、そして不公平に扱われた人たちのための「慈善箱」（コーランと預言者ムハンマドの教えに基づくもの）設置を約束した。この広範な事業を賄うために、彼は金持ちに課税し、おまけに国家予算に自分のカネ二〇億ディナール（約一〇億ユーロ）を注ぎ込むと約束した(6)。他党はハムディの諸提案をあざ笑い、数がまったく合わないと主張したが、のちに選挙結果が示したようにハムディの社会的正義のメッセージは、効果の疑わしさや細部の不明瞭さにもかかわらず、チュニジアの貧困者や失業者の多くの共感を得た。

選挙委員会は、二〇一一年一〇月一日に始まり選挙の二日前の一〇月二一日に終わる選挙運動を計画していた。チュニジアの選挙民は、およそ一万一〇〇〇人の候補が一四二八の名簿――政党名簿が七八七、無所属名簿が五八七、連合名簿が五四――に配列されたのに対処しなければならなかった。投票者の長蛇の列が早朝から形成され、所によっては数百ヤードに及んだが、抗議のつぶやきはほとんど聞かれなかった。それどころか、投票者の間には彼らが行っている活動への驚き、ほとんど信じられないという感覚があった。ある女性投票者はあまりにうれしかったので、文字通り「投票用紙に記入するとき震えて」いた。もう一人の男性投票者も同様に歓喜して、多くの若いチュニジア人がもう一つ非常に熱望し求めているものに選挙をなぞらえた。「今日の喜びを言い表せません」と彼は言った。「それはちょうど……ヨーロッパへのビザを得られたようです。」ついで、彼の政治的知識を見せて付け加えた――「政党数が多いのがうれしいです、なぜなら将来一つの政党が権力を独占するのを妨げるからです」と。[7] このお祭りのような雰囲気は、何千人もの無所属の地元監視員だけでなく、多くの民主主義や人権関係グループからの外国人オブザーバーで、選挙の公平性と透明性を確保するために国中に散らばった人たちによっても証言された。あるアメリカ人監視員は、その過程が「アラブ国家が、よく運営され国民に自分自身の運命を選択する機会を与える選挙を実施できる」ことを示し、「[選挙は]チュニジア国民にとって巨大な勝利でした」と述べた。[8] その日の終わるまでに、四〇〇万以上の市民が投票に足を運び、それは登録有権者の約九〇%だったが、有権者の約五二%でしかなかった。そしてこれらの投票者は、評論家や運動期間中に行われた世論調査によっては予測されなかった結果を生み出した。

エンナハダの勝利は予想されていたし、それは結局のところまさに最初から勝ち目のあるお気に入りという地位を得ていたからだが、勝利の大きさは多くの分析者を驚かせた。選挙前の投票意向調査では、このイスラム主義政党は全投票のおよそ四分の一をとり、次席のライバルPDPを八~九%上回ると予想された。しかしついに実際に決定的な投票が行われたときには、ほとんど三五%の投票者がエンナハダを選び、議会の二一七議席中八九を与えた。実際、それは議会の議席を得た他の政党すべての合計得票を上回る票を受け取ったのである。もう一つの政党が、驚くべき良い知らせを受け取った。アル＝アリーダである。他党から変わり種と片付けられていたが、それは三番目に多い票を集め、議会の二六議席を得た。多くの点で、アル＝アリーダの印象的な出来栄えはテレビの力を示した――同党の指導者ムハンマド・ハムディは、チュニジアに物理的に存在しようという素振りさえ見せず、かわりに自分の衛星放送テレビ・チャンネルを通じてもっぱらロンドンからキャンペーンを行い、確実に同情的な質問者からインタビューされるようにし、その過程でチュニジアの後背地の貧困者や失業者にあきれるばかりの約束をした。三番目の驚きは、指導的な自由主義政党の進歩民主党が、ほとんど一六%の票を得て第二位になると予想されながら、ひどく悪い結果となったことである。投じられた全得票中、約二・五%を得るに終わった。なぜこうも悪かったのかははっきりしない――エンナハダへの熱心で不断の攻撃ゆえに罰せられたのかもしれないし、国が自由主義的世俗主義から離れる動きの主な犠牲者になったのかもしれないが、もしそうだとすればＰＤＰが女性を、しかも政治的に強硬な人物を指導者にいただいたことはまず助けになりえなかった。

ＰＤＰのエンナハダに対する公然たる敵対的態度に加えて、投票での惨めな成績は、選挙終了後の政府形成にそれがまったく関与しないことを意味した。連立政府内で目立たないメンバーとなるより、ＰＤＰは議会内で強力な野党としての綱領を打ち出すことで実際に政治的資産を回復できそうだったから、その指導者たちは議会内で成功しそうな野党を創出し率いることにエネルギーを注いだ。チュニジアの最初の議会は、ハビーブ・ブルギバの「ネオ＝デストゥール党（新憲法党）」に支配されていたが、ＰＤＰの一指導者はその記憶を喚起して次のように述べた――「私たちは、立憲議会が野党を持たないという一九五六年のシナリオを避けたいのです。あれは政治的多元主義を除外し、一方的な体制を推進し、それによって独裁をもたらしたのです。[9]」実際、選挙の三か月後、ＰＤＰは議会でより一貫した野党となるような一つの統一政党を作るために、他党と合併しようとしていると発表した。同党の指導者たちはまた、この新たな化身が「次の選挙戦を勝つのに十分なほど強く」なるという期待を表明した。[10]二〇一二年三月末までに三つの世俗派政党がＰＤＰの傘のもとに統合し、もう三つが自分たちの連合を形成して「社会民主党」と呼んだ。それらは次の選挙における自分たちの見通しについて熱狂的に語ったが、現実には二〇一一年一〇月の選挙におけるそれらの非凡と言えない成績からすれば、遠い道を歩む必要があった。

分布上の他のはしでは、勝利した諸政党が統治の準備のなすべき仕事にかかっていた。選挙直後に、エンナハダの指導者たちは「共和国のための会議」とアッタカトル、つまりその二者で議会の四九議席を集め、運動中はPDPが展開したような種類のエンナハダに対する抑えの利かない攻撃を慎んだ二つの世俗派政党と、協議を開始した。その交渉は、エンナハダの首相候補ハマディ・ジェバリが、見たところイスラム主義者として高揚し、党の支持者たちへの演説のなかで「神の御心ならば、」わが党は今や「第六のカリフ制を実現する」好機をつかむだろうと約束するまではスムースに進んでいた(11)――この不幸な言葉の選択は、明らかにタガが外れた瞬間になされたのだが、七世紀の穢れのないイスラム国家観を喚起した。しかしその嵐はエンナハダの適切な保証と、三党の指導者間で達せられた合意によりエンナハダのジェバリが首相、CPRの党首モンセフ・マルズーキが大統領、アッタカトルの指導者ムスタファ・ビン・ジャーファルが議会の議長になると確認されたことで、まもなく収まった。二〇一一年一二月二三日、人民議会は四一人からなる内閣を承認したが、重要な閣僚ポストはエンナハダに行き、その一つの外務大臣職にはガンヌーシの娘婿が就いた。

婦人は、政府の閣僚ポストの配分ではさして恵まれなかった。内閣の席のうち三つだけ、大臣レベルでは婦人問題と環境、副大臣レベルで投資・国際協力の席が女性によって占められた。人民議会に四九名の女性が選出され、議席の約二三%をなしたので、婦人は内閣でもっと公平なジェンダー比率を期待したはずだ。実際、議会の女性代表度でさえ、ある種の失望を招いた。法律によって政党の候補者名簿は男性と女性を交互におかなければならず、理想的には議会で平等な代表性を確保するはずだった。しかし政党名簿の大部分は男性を筆頭に掲げ、多くの党が一議席しかとれずに終わったか奇数議席を受け取ったため、議会における婦人の数は四九にとどまった。それでも、世界でもっとも古くもっとも卓越した民主主義国の一つであるアメリカにおいて、婦人は上院と下院の議席のわずか一七%を占めるだけであるのを見れば、チュニジアの初めて民主的に選出された議会ではっきりとより高い比率を得たことは、婦人にとってそう不吉な政治的出発ではなかった。

チュニジアでの新時代をある要素が特徴付けたとすれば、それはエンナハダの政治的存在感の大きさだった。同党は二〇一三年にはもう一回、今度は総選挙を闘わなければならない。二〇一一年一〇月の成績と同様の、あるいはいっそうよい成果を上げるには、それまでの期間を使って無数の厄介な問題――国に安定を回復すること、異種政党の連合を管理すること、世俗主義者とイスラム主義者の両極的なイデオロギー的傾向を満足させるような憲法を起草すること、ベン・アリの統治の数十年間に文化的に根付いた腐敗による沈滞を目に見えて改善すること、イスラム主義的アイデンティティを守りながらイスラム急進主義を避けること、そして選挙運動での経済的約束を実現すること――に取り組むことが必要だった。

これらはどれも、容易な課題ではなかった。同党の指導者たちは、二〇一一年一〇月における彼らの勝利は、宗教よりも民衆が同党を経済の実際的で良心的な管理者だろうと信じたことに負っていると示唆した。[12] 政権に就いて最初の数か月に、エンナハダの国会議員たちは経済資源の配分を、恵まれた海岸地帯から国の放置された後背地に移すべきだと主張した。彼らは非海岸地帯に有利な八〇対二〇の比率を提案したが、これはベン・アリ下に存在した分配比率をまさに逆転させることだった。[13] しかし資源を欠く国にとって、経済はイスラム主義政党にとってきわめて困難な挑戦対象だったろう。選挙マニフェストにおいてエンナハダは、仕事を生み出し、インフレを減らし、投資を増やし、経済成長率を二〇一一年の弱々しい〇・二%から五年以内に七%に引き上げると約束したが[14]、この野心的な計画の多くの約束は、失業者・無産者の大群が注目せずにいなかったものだ。

エンナハダにとってのもう一つの大きな挑戦は、自己のイデオロギー的縄張りから来た——すなわちイスラム主義急進派からで、そこでは原理主義的なサラフィー主義（初期イスラムの時代を模範として現状を改革すべきだとするスンニー派の思想）者がますます先頭に立っていて、彼らはエンナハダが公けに説明していた穏健なイスラム・ブランドの限界を試していた。選挙直後に、サラフィー主義者たちは多くの大学キャンパスでデモを組織し、男女のクラスを分け、女性がニカーブ（顔全体を覆うベール）を着ける権利を認めよと要求して、もし大学長らが同集団の要求に従わなければ殺すと脅迫しさえした。何千ものサラフィー主義者が、オスカーの受賞候補作になったイラン映画『ペルセポリス』の上映に抗議する行進を率いた。このアニメ映画は、神を表す人物を見せる場面を含んでおり、それはムスリムの清教徒にとっては冒瀆と考えられたのである。二〇一二年五月に、政府が「改革フロント」という名のサラフィー主義政党の結成を承認した際は、サラフィー主義者の関心や要求が街頭にでなく政党に注がれることが期待された。しかし一か月後、サラフィー主義者たちはイスラムを侮辱すると彼らがみなした美術展に抗議して広範な暴動を引き起こし、その結果一人が死に一〇〇人以上が負傷した。

本質において、これらの抗議はチュニジアにおける世俗主義のシンボルへの攻撃であった。エンナハダの、自己の身内の急進派による当初の偵察行動への反応は控えめで、抑圧されていた集団は個人の自由に対して境界を設定することを学ぶのに時間を要するものだと警告していた[15]。実際ガンヌーシは、民主主義においてはサラフィー主義者が好きなように装い行動する権利を持つと擁護した。こうした発言は、いかなる意味でも反民主主義ではないが、エンナハダとサラフィー主義者は深い所ではまったく同じだという世俗派の疑念を強めただけだった。そしてこうした不安は、エンナハダ自身の連合パートナーに広まっていった。アッタカトル党の幹部のムハンマド・ベンヌールは、アメリカ人ジャーナリストに、政府の連合は「必要に迫られての結婚」で「ハネムーンもなかった」と打ち明け、ガンヌーシと一緒に公けの席に立つようにとの依頼を自分は拒否したと付け加えた。「いやです」と、彼はイスラム主義の指導者に言ったのだ――「あなたはニカーブを擁護し、私はミニスカートを擁護します。」[16] エンナハダはますます、右側からは急進的な同宗信徒に、左側からは世俗的な連合パートナーに引っ張られ、自分を持ちこたえられない立場におかれることになった。

この観念的な綱引きがもっとも明瞭になった争点こそ、イスラムの聖なる法アル＝シャリーアは、国の新憲法を作成するにあたっていかなる役割を果たすかという問題だった。イスラム主義者の声は、サラフィー主義者だけでなくエンナハダの一般党員からも、立憲議会は憲法起草においてアル＝シャリーアを立法の主たる法源とすべきだと要求した。他方世俗主義者は、憲法でイスラム法に一切言及してほしくなかった。議会の審議は三か月経ってもこの争点を解決できず、憲法の他の条項に関する作業を遅らせた。とうとうエンナハダは二〇一二年五月二五日、アル＝シャリーア問題を議題から外した。国の一九五六年憲法の第一条が、わが国の「宗教はイスラムであり、言語はアラビア語であり、政権は共和制である」と述べているのを維持することに合意したのである。エンナハダのスポークスマンは、同党がチュニジア人をあまりにも明らかに分裂させる争点に拘らないことを決めたと説明した。「チュニジアをアラブ・イスラム国家と認めれば」十分だった。[17] 民主主義の第一の教訓、すなわち政治過程を前進させるためには、信仰の問題においてさえ妥協する実用主義的な積極性が必要なことを、アラブ国家で初めて権力の手綱を取ったイスラム主義政党は学んだようだった。

第一番という栄誉は、つねにエンナハダのものとして残るだろう。しかし、二〇一一年夏と秋にはエジプトのイスラム主義者たちも強力で、同年末に行われる予定の選挙で成功しそうなほど気に入られていた。ただし、チュニジアとエジプトの場合には一つの目立つ相違があった。チュニジアの経験とは異なり、エジプトのイスラム諸政党は、ムバラク追放後大統領の全権力を自己の手中に収めた、強力な国防軍に対処しなければならなかったのだ。

軍部は蜂起の鎮圧に暴力を行使することを拒否し、それがムバラクの速やかな退陣の決定的要因となったのだが、カイロのタハリール広場における何千人ものデモ参加者の支持を勝ち得た。ムバラク失脚により、反乱を指導した若い男女の支持を得た軍部は、政治的真空を埋めるために足を踏み入れた。軍隊の幹部たちは、平和的で秩序だった移行によってエジプトを民主主義へと導くと約束し、自分たちを「軍最高評議会（SCAF）」と名付けた二四人からなる委員会に組織したが、議長となったのはムハンマド・フセイン・タンタウィー陸軍大将で、彼はムバラクのもとで国防大臣という要職を二〇年以上も務めていた。

SCAFと若い革命家たちとの関係が悪化するのに、三か月もかからなかった。ムバラク失脚後タハリール広場は短期間放棄されたが、SCAFが安定を維持するという名目で、追放された独裁者の頃とそう変わらない仕方で行動し始めたので、再び人々が押しかけ始めた。そしてSCAFは文民政府を任命しさえしたけれども、しばしば恣意的に行動し、堅牢な権威主義的衝動を露わにした。

二月の革命の間におよそ八五〇名のデモ参加者が死亡したが、それに責任のある治安部隊のメンバーを裁判にかけるのをSCAFがしぶっているように見えたため、二〇一一年初夏には街頭での暴力行為が始まった。デモ隊が街頭に出て、殺人者を処罰するよう要求した際、SCAFは、ムバラク時代を想起させる種類の高圧的な無慈悲さによって対応した。七月までに七〇〇〇人以上の民間人が逮捕され、軍事法廷で素早く裁かれ、刑務所に入れられ、ついで威圧的で屈辱的な取扱いをされた――女性のデモ参加者への処女検査を含めて。その一方で、政権崩壊前にデモ参加者を殴ったり、多くの場合殺したことに責任のある、ムバラク政権にカネで買われたごろつきたちは、一般にほうっておかれた。実際、こうしたならず者を描写するのに用いられた言葉である「バルタジーヤ」が、今やSCAFによって若いデモ参加者を特徴付けるのに用いられた。ムバラク時代にあれほど広まっていた同じ用語を使い、SCAFは抗議者たちを、ムバラクに対する蜂起を導いた革命家たちとは違う「破壊活動分子」や「外国人潜入者」だと言及し始めた。他方で、SCAFの治安部隊によって平和的な抗議者たちを攻撃せよとけしかけられた各種の暴漢たちは、エジプトの安定性を守ろうとしている愛国分子だとSCAFによって表現された。これらのならず者たちは、ほかならぬSCAFの議長、陸軍大将タンタウィーその人によって、「エジプトの民衆」を代表する者と特徴付けられた。夏が終わる頃には、若い抗議者たちは軍部の統治はムバラクの統治と何の変りもないと感じるようになり、そのためある人権活動家は、ハンナ・アーレントの表現そのままに、革命はなお終わっていないと宣言した。民主主義を先導するかわりに、蜂起は別の独裁政治をもたらしたように見えた。実際、選挙まで二か月を切った九月末には、拘置所や刑務所にいる民間人の数は一万二〇〇〇人以上に膨れ上がっていたし、三〇年以上も施行されていて非常に憎まれた非常事態令はまだ撤回されずにいた。

抗議者たちの不快を招いた別の理由は、SCAFがエジプトの新憲法問題を扱った仕方にあった。当初抗議者たちは、ムバラク政権のもっとも目に余る乱行のいくつかを正当化した憲法を、軍部が停止したことを積極的に支持した。SCAFはついで法律家の委員会を任命し、その課題を選挙の手続きを笑いものにした憲法の条項の修正に焦点を当てることとした。判事たちはいくらか急いで、八か条の修正条項を含む新しい憲法案をもたらした。これらの修正は二〇一一年三月に国民投票に付され、圧倒的に承認された。しかしそのごまもなく、SCA

Fは修正憲法を単に棚上げすることを決め、かわりに自分で「暫定憲法」を定めたが、そこには国民投票で承認された修正に加えて、投票に付されていない五五か条の別の条項が含まれていた。正確には何が軍指導者たちに、エジプト国民の意思へのこのような見たところのんきな無関心を示すよう促したのか明らかでないが、新憲法を検討した専門家たちは、大統領の権力を制限する仕組みが弱められたのに気付いた。[18] これは、SCAFが大統領職の権限を自己のものにしたことから見てまず偶然ではありえない。

そしてこれは、憲法的事項や民衆が公けに表明した選好に対するSCAFの無遠慮な態度の、最後のものではなかった。国民投票に付された修正の一つは、総選挙後、新議会は議員中から一〇〇人からなる委員会を選出し、新たな恒久的憲法を起草し投票させるものとしていた。これは、二〇一一年三月の国民投票の時期に、SCAFが強力に支持した立場だった。一一月初めには、おそらく同月末にイスラム主義者が選挙で勝つことをますます恐れたために、SCAFは音色を変えた。将軍たちは突然、将来の議員たちを制約するよう意図された一組の超憲法的原則の導入を主張したのである。それらの原則には、エジプトの国防軍の予算を議会の監視から守ったり、国の軍事力に関わるいかなる立法に対しても軍の上層部に拒否権を与える但書が含まれていた。[19] その提案はまた、新憲法起草を委ねられた「議会の」委員会と想定されているものの、一〇〇人の委員中八〇人を将軍たちが選ぶかもしれないと示唆していた。[20] SCAFの高官は、自由で公正な選挙は結局「社会のすべての部門を代表」しないかもしれないと説明した。[21] 言うまでもなくイスラム主義者たち——SCAFの声明が明らかに対象とした集団——は、ただちに反論を発して強くそれを非難したが、同時に軍部とエジプト国民一般に対して、もし彼らが選挙に勝ったなら、彼らの政策は包摂的なものとなると安心させようとした。

いかなる存在も、新議会が開かれてからも施行され続ける法律を公布することで、国民とその議会の意思を奪う権利を持たない。憲法は、わが国の最高の法規であって、この世代だけでなく将来の世代にも影響するものである。それゆえこの憲法は、議会によって選ばれた団体により、それが生み出す憲法が合意に基づくものであるよう社会のすべての部門を代表するという条件のもとで、起草されなければならない[22]。

SCAFの提案を、イスラム主義者だけでなく社会の広範な部門が、軍部による恣意的で反憲法的な策略であると非難した。世俗的で自由主義的な諸集団も、イスラム主義者による政治過程の潜在的支配を恐れながら、軍によるこの術策を単に政治権力を引き続き確実に統制するための企てと見て、厳しく弾劾した。二〇一一年二月革命の目くるめく日々に、若いデモ参加者たちの隊列に広く行き渡っていた軍隊への熱烈な賞賛とその指導者たちへの信頼は、その年の終わりにはほとんど消え去っていた。タハリール広場は再び怒れる若いデモ隊で満たされたが、今回彼らは、陸軍の将軍たちによる政治過程を窒息させるような支配をやめよと要求した。

軍が選挙日程を発表し、大統領選挙を二〇一二年末か二〇一三年にさえも押しやり、しかもそれまでSCAFは権力を文民の統治に委ねないと宣言したので、民衆はさらに怒り狂った。この声明は即時の抗議とタハリール広場の新たな占拠を引き起こし、その統一要求はタンタウィーとSCAFがただちに荷物をまとめ政治の舞台を去ることだった。続く数週間に治安部隊と抗議者たちの断続的衝突が起きたが、広場から占拠者を排除することはできなかった。しかし一一月二八日に予定された議会選挙が近づくや、SCAFは断固たる行動をとろうと決めた。一一月一九日、軍と警察機動隊は殺意を持ってデモ隊を攻撃し、ときに群衆に向けて発砲した。犠牲者が増えるにつれて何万人ものエジプト人が広場に集まり、その数はムバラクの最後の日々を想起させた。致死的衝突の知らせがエジプト中に広まり、怒り狂った抗議がエジプトの多くの他の都市で勃発した。三日以上に及んだ流血の対決によりおよそ四〇名の抗議者が殺され、三五〇〇名もが負傷した[23]。国際的圧力が高まり、アメリカ合衆国を含めたエジプトのかつての支持者から辛辣な非難が届くや、軍が任命した文民政府は総辞職しSCAFは政策執行の方法を失ってしまった。選択肢が急速に減るなかで、タンタウィー大将は危機の悪化をくいとめようと素早く動いた。議会選挙の六日前の一一月二二日、彼は国民にテレビ演説をし、そのなかで治安取締り行動により死亡した者への弔意を表するとともに、抗議者の要求に対処しようとする際立った努力として、大統領選挙実施の最終期限を二〇一二年六月に設定した。騒乱やデモは優に一二月、一月まで続いたが、文民大統領の選挙を、SCAFの元の意図より少なくとも六か月早めて明確に期限を切ったことは、扇情的な状況をたしかに鈍らせ、一一月二八日に議会選挙が驚くほど秩序だって平和的に実施されるのに十分なほど、民衆の怒りが静まることになったのだった。

騒乱はたしかにSCAFから譲歩をもぎ取ったが、二月にムバラクを打倒した運動の隊列に分裂をもたらした。反ムバラク運動を始め、実質的に指導した若い活動家たちは、タンタウィーの譲歩に完全には満足せず、抗議が継続し拡大することを望んだ。しかしイスラム主義者たちは、ムバラクに対する蜂起に参加した際その数と組織的技量によって革命を強固にし、その最終的成功のための枢要な要素となったが、反SCAFの抗議者たちに対しては熱心に支持しなかった。革命家たちは、イスラム主義者があの二月に革命の舞台に遅れて登場したことを忘れていなかったし、今回のことでもイスラム主義者への親しみは増しようがなかった。

イスラム主義者たちは選挙での予想された勝利に目を向けており、世俗的な若者の運動は国全体の組織構造を一切欠いているため、議会選挙を遅らせるために抗議を続けたがっているのではないかと疑った。あるイスラム主義者はそっけなく言った――「世俗勢力は選挙の必要なしに権力を奪うため抗議し続けており、彼らの主な目的はイスラム主義者を排除することです」と。[24] したがって、イスラム主義の諸集団はタハリール広場の占拠に加わることを断った。彼らに言わせれば、それは政治的駆引きではなく道徳的立場の問題だった。しかし道徳性の問題は脇におくとしても、反ムバラク革命の若く世俗的な指導者たちがデモや抗議を続け、その過程で将軍たちから意味のある譲歩を引き出していた間に、イスラム主義の諸政党は選挙に勝つという唯一の目的を胸に、数十年にわたる全国での組織活動上の高度な技能や、昔からの個人的絆と関係のネットワークを静かに活用していたのはまず疑いない。

移行過程の初期に最高選挙委員会が形成され、公平かつ実行可能な選挙制度の提案がなされて選挙の準備が始まった。その過程は何か月もかかり、しばしば透明性を欠いたが、その理由は主に、SCAFが絶対的統制への強い好みを見せたからだった。情報漏れや噂が激増し、反則の非難が晩春から初夏の政治空間を満たした。とうとう七月にSCAFは、議会の席の半分はチュニジアが採用した制度である政党名簿式比例代表制（PLPR）に、他の半分は個人候補制によって決められると発表した。抗議の罵声がこの発表を迎えた。個人候補制は、個々人が広範な公衆になお相対的に知られていない新政治勢力にとって不利に働くだろうと、多くの人は感じた。他方で過去の政治家たちは、民衆に顔をよく知られているので益を得るだろう。実際、ムバラクの党である国民民主党（NDP）が選挙参加を禁止されたとしてさえ（同党の運命についての討論が、当時エジプトで過熱していた）、農村地域に確立した基盤を持つNDP党員は、なお個人候補制という裏口から議会に入れそうだった。激しい議論が一か月続いたのち八月一八日に、制度は議席の三分の二をPLPRで、残る三分の一を個人候補制によって決めるものへと修正された。

この選挙制度は、議会の両院に適用された——人民議会と、あまり重要でない上院のシューラ（諮問）評議会である。人民議会は五〇八議員からなり、うち四九八人は投票で決まり、一〇人は任命議員となる。シューラ評議会は二七〇議員からなり、うち三分の二は選挙され、三分の一は任命される。有権者数が巨大であり（約五〇〇〇万人）、選挙委員会に利用可能な資源が限られているため、選挙は人民議会については三回、シューラ評議会については二回に調整して実施することになった。人民議会への投票は一一月二八日〜一月一一日、シューラ評議会は一月二九日〜二月一五日の期間にわたった。

二〇一一年五月から九月の間に約五〇の政党が認可され、そのいくつかは連合を組み、同盟を結んだものもあった。[25] 当初から、負かすべき政党は主流派ムスリム同胞団組織の政治団体「自由公正党（ＦＪＰ）」であり、ムスリム同胞団は歴代のエジプト政府によって不断に迫害され不法とされながらも、八〇年以上にわたってエジプトにおける一つの主要な政治的・社会的勢力をなしてきた。その綱領が、エジプト内部のみならず海外でも詳しく吟味されることは、決着済みの議論だった。それを意識し、世俗派、リベラル派、民主派の恐怖を静めるために、ＦＪＰはさまざまな穏健で中道的な争点についてのキャンペーンを行った。同党は、アル＝シャリーア（宗教法）は指導のための単なる綱領であるとして、「市民国家」の概念を支持すると強調した。事実、エジプトの政府形態についての説明において、ＦＪＰの綱領は世俗諸政党のそれとほとんど変わらなかった。そして社会的公正の諸問題を訴えたが、典型的に資本主義的な経済的枠組みのなかにそれらを位置づけた。私的所有権と自由市場経済を明確に支持した。実際、ムバラク時代に追求された自由主義的経済政策の諸原則には何の疑問も持たず、ただその実施が腐敗と縁故主義で損なわれていたというのだ。しかし婦人に対するＦＪＰの立場は、それほど明確でなかった。婦人が公的生活に参加し意見を述べる権利を支持したが、指導的地位における婦人の役割についてはむしろ沈黙していた――女性の指導者を持たない政党だから驚くべきことではないが。それでも全体として見れば、ＦＪＰの綱領はチュニジアのエンナハダ党と多くの点でそう違いがなかった。

エジプトとチュニジアの間で一つ目立った相違は、エジプトには急進的なサラフィー主義の信条を抱くイスラム主義の諸政党が存在したことだ。最大の支持者を擁した党は「アル＝ヌール（光）党」で、ムバラク追放後数か月で結成され、二〇一一年六月に認可を受けた。同党の結成はかなり論争の的になった――サラフィー主義者たちは、もともと選挙や西洋風民主主義はイスラムによる酷評において禁止されていると宣言していたからである。しかしムバラクの追放後、サラフィー主義者たちは、政治的好機をとらえて見た目には強固な道徳的信念を引っ込めるのに非常に熟達していることを示した。彼らは今や調子を変えて、エジプトのイスラム的アイデンティティが損なわれないようにするため、政治論争に加わらなければならないと論じた。実際、彼らの綱領はたしかにＦＪＰよりも多くの宗教的内容を露呈した。ゆっくりと徐々にではあれ、アル＝シャリーアを実施せよと主張したのである。サラフィー主義者たちは杓子定規的で、彼らの見解において繰り返し宗教的教条の頑固な本性を露呈した。そして彼らは絵画、彫刻、音楽、舞踏のいかなる形態のものであれ、芸術は罪深いとみなした。それは選挙運動中、アル＝ヌールの指導者たちにとって問題を作り出した。「旅行者たちは彫像を観たがり、それが国に収入をもたらします」とアル＝ヌールのスポークスマンは認めたが、「しかし彫像はイスラムにおいて禁じられています。」では、この厄介な問題を彼はどのように解決するのか？　彼が勝ち誇ったように与えた解答は、「蠟のマスクでそれらを覆えばよいでしょう」だった。[26] アル＝ヌールの別のスポークスマンは、観光業は支持したが（それがエジプトの国家予算の約三〇％を稼いでいるので）、エジプトの海岸のビキニを着た旅行者をどうするか、はっきりしないように見えた。テレビ放送されたインタビューで、この強硬なイスラム主義政党の一代表は質問に狼狽して宣言した――「ビキニ問題はたいしたことではありません。エジプトの観光業は、私たちがもっと心配するべき根本的な変革を必要としています。車を製造するようなものです。まず重要なものを作り、次に小さな、ブレーキのような細部に進むのです。[27]」明らかに、女性旅行客に厳格な衣装規則を課すことは、車のブレーキのようにつまらないことなのだ！　婦人の衣装に関する不一致は、サラフィー主義者たちが女性に不気味なニカーブ――目の前に細い切れ目があるが、それは婦人が路面のくぼみに落ち込むのを避けさせるためとされる――を着けるよう命じている以上当然だ。概していえば、アル＝イスラム・フワル・ハル（「イスラムが解決だ」）とひっきりなしに唱和することが、世界の諸問題すべてを解決する救済策だと信じているように見えたサラフィー主義者たちは、主要な対抗馬とは考えられなかった。

イスラム主義者たちに対抗して、多数の世俗派・リベラル派の政党が並んだが、そのいくつかは長い歴史を持っていたけれど、多数派はムバラク追放後に登場した。これら諸党のあるものは単独で行くことを決めたが、他は緩やかな連合を組んだ。しかしイスラム主義の諸政党とははっきり対照的に、世俗派政党はほとんどすべてが、公衆の支持を組織し動員するための確立したネットワークを持っていなかった。この点での例外は「ワフド党」だった。一九二〇年代に結成されたワフドはなお、イギリスからエジプトの独立を勝ち取った政党として記憶されている（ワフドとは代表団を意味する。第一次大戦後のベルサイユ講和会議でエジプトの独立を求めた代表団が、帰国後独立運動を指導し、独立後主要政党としてナセルによる革命までしばしば政権を担った）。この起源だけでも、ナセル大統領がそれを解体し特権者の政党と中傷した後でさえ、同党の存続を可能にした。近年ワフドは内部の不和、明確な目的の欠如、そして政治的日和見主義の傾向によって壊れていた。そしてそれが二〇一一年のキャンペーン用綱領にも反映され、あらゆる人に対してあらゆる者であろうとした――自由市場経済を強化するよう主張しながら、国家が統制する公共部門を盛り立てると約束したし、エジプトの民族主義を激賞しながらアラブ統一の大義を擁護したし、党の世俗主義への献身を宣言しながらイスラム主義者たちと同盟を結んだ（のちに解消したが）。これらすべてにもかかわらず、ワフドは最大の支持基盤を持つ世俗的政党であり続けた。

他のより小さな諸政党は、連合を形成しなければ議会の議席を獲得する見込みはないと早くから認めていた。一般にこうした連合は、イスラム主義者の行進を止めるという一つの最優先目的のために急いで形成され、この原理的説明は少なくとも一時的には政治的信念の紛れもない相違を克服できそうに思われた。その一例は「エジプト・ブロック」で、多様なイデオロギーや政治プログラムを持つ二〇以上の反イスラム主義政党から構成され、エジプトの世俗主義的地位を守るという義務感を共有していた。しばらくの間は、その目標がさまざまな諸集団を団結させるように見えたが、選挙前の期間を通じて脱退が起き、それは主として左翼政党が、億万長者ネギブ・サウィリスの猛烈な自由市場支持政党と共存しかねたからだった。ブロックの指導部が連合の選挙名簿に、多くの元NDP党員の名前を載せたという主張が表面化した際、さらに脱退が起こった。一一月の投票時には、ブロックは社会民主主義的傾向の二政党とサウィリスの党のわずか三政党からなっていた。このいくらか不快な共存に意味を与えるため、ブロックは強い自由主義経済の、そして民主的な政策に、貧富の亀裂を狭める意図による社会的公正の要素を付加したものを訴えた。[28] ブロックは、エジプトの人口の約一〇％をなすキリスト教徒コプト派共同体が選ぶ政党となった。サウィリスは彼自身コプトで、人生の楽しみのすべてを絶やそうと熱中している陰気なイスラム主義者たちが禁止するだろうと考えられた、無数の活動を詳説することに多くの時間とエネルギーを割いた。「私は夜のスコッチを熱狂的に愛好しているので、飲んではいけないと私に言う人は誰でも好きじゃない」[29]とテレビのレポーターに語ったが、レポーターも視聴者も、この男の政治的優先事項は何だろうかと思ったに違いない。

エジプト・ブロックから脱退した政党の多くは、「革命継続同盟（ＲＣＡ）」を結成した。この同盟のもっとも興味深い特徴は、その名簿がＦＪＰを脱退した若いイスラム主義者を一〇〇名以上含んでいたことである。この新同盟はまた、反ムバラク革命の先頭に立っていた三〇歳代の群像の多くを呼び物とした。ＲＣＡのほかのメンバーは、統一的政治志向を持たないいっそう年長の男女だった。ＲＣＡはそのキャンペーンにおいて、この自由主義者、社会主義者、イスラム主義者のごた混ぜ状態を認めたが、しかし指導者たちによれば、同集団は狭いイデオロギー的立場に限られず、より広範囲に及ぶ思想や政策に開かれているということで、これを強みとして提示した。

ＲＣＡは選挙を戦う真面目な政治団体のなかで、若者を代表する気配だけでも示した唯一のものだったので、多くの評論家は、革命の若い指導者たちの人気と政治的影響力を測るために選挙におけるその成績を待ち構えた。しかし全体として選挙では、蜂起を率いた者たちの驚くほどの目立たなさが顕著だったというのが事実だった。革命家たちは、彼らの最大の勝利の場所——街頭、公けの広場、そしてテレビ・スタジオ——にしがみつくことを選ぶように見えた。時とともにこのことは、公衆の心に、革命家たちはエリート主義の集団で普通の民衆とのつながりも、抗議やデモを超えて進む戦略も持たないというイメージを作り出した。そして彼らが九月末にとうとう選挙を戦う決意をしたときは、遅すぎで少なすぎの事例となった。ある批評家が述べたように、「若者の諸集団は、エジプトの革命で彼らが果たした主要な役割を真に反映する［選挙の成功］に到達するのに必要な、カネも組織能力も選挙民への鍵も持たなかった」のだ。[30] 若い指導者たちは、街頭は革命の目標を達成するための唯一の道ではないとようやく認識したが、選挙での勝利のために何か月も組織し計画してきたイスラム主義の諸政党に挑戦するには遅すぎた。

　選挙準備期間を支配した主な論戦の一つは、NDPの元党員たちが、新党を形成したり無所属として立候補することで議員候補として登録する能力を明らかに持つ点だった。革命の先頭に立った若者の運動は、イスラム主義諸政党のやかましい応援を得て、NDP党員への禁止令を断固要求し、将軍たちが任命した文民の政府は法律を準備中と約束し続けた。それが実現しなかったとき反対派は、結局のところムバラクのもとで長年NDPと手を携えて働いてきた軍部の、暗い策謀を疑った。その間に、元NDP党員たちは登録の第一週に無所属として群れをなし、他の者は近づく選挙を戦うために六つもの新党を結成した。彼らはとりわけ、長年組織をおいていたナイル・デルタと上エジプトの農業地帯に期待を寄せた。しかし選挙前三週間未満になって、デルタの都市マンスーラの地方裁判所が、元NDP党員に選挙への参加を禁じる判決を出した。この判決は、NDP党員たちと野党からの一連の訴訟を引き起こした。数日後、エジプトの高等行政裁判所が元NDP党員に有利な決定を下し、「いかなる者であれその政治的権利の行使を奪うことは、憲法において保護され保障された権利への攻撃である」[31]と宣言したときに、問題はついに解決を見た。この判決は、アンシャン・レジームのメンバーの間で大きな歓声を受けたが、彼らはエジプトの農村部で政治的知識の乏しい選挙民に長年影響を及ぼしたから、選挙でそうとうの票を得られるだろうと信じたのである。しかし皆と同様彼らは、イスラム主義者がこれらの地域でちょうど同じくらい古くから存在しており、ただしいっそう社会的に活動的でムバラクとのつながりによって汚されていないため力を持つことを過小評価した。

　キャンペーン月の一一月には、カイロは二つの物語を持つ都市だった。一つは、毎日軍部に対してタハリール広場で続けられたデモが、多くの場合に激しい対決と不当な暴力を引き起こしたというもの。他方の物語は、街の他の地区や国中で見られた、陽気でほとんどお祝いのような政治キャンペーンのものだった。色鮮やかなプラカードが建物の壁に貼られ、何千人ものボランティアや支持者がパンフレットを配り、候補者たちはひっきりなしにホーンを鳴らす車やトラックの上に乗っていた。候補者たちの像が彼ら自身の物語を語っていた——ムスリム同胞団員は、長年お祈りの際に身を伏せたことにより額に黒いあざがあり、サラフィー主義者は長いモジャモジャ髭を生やし、若者運動の代表は無頓着な西洋風の身なりをし、サラフィー主義者のキャンペーン用ポスターには女性の写真が皆無だった。

非識字率が高いため、選挙当局は各政党・候補者に絵画的シンボルを割り当てたが、候補者が多かったので一一月は機知に富んだ、ときには奇怪なブランド付けの豊作月となった——椅子、ミキサー、バスケットボールのリング、たばこのパイプ、高速列車、戦車、さらには大陸間弾道弾まで。BBCの特派員が皮肉にコメントしたように、「ねじ回しによって表された候補者は、選挙民にどんな計画を用意しているのでしょうか？」[32] 結局のところ、タハリール広場での暴力は一一月二八日の選挙のタイミングや動向に何の影響も与えなかった。三段階での選挙過程の最初の、カイロと八県での選挙は平和的に行われ、そのごも同様だった。二〇一二年一月一一日に第三で最終の回が終わったとき、地元の市民団体の監視員や国際的オブザーバーは過程の公正さ、責任者の有能さを認証した。

五〇〇〇万人余の有権者のうち、結局二七〇〇万人が投票した。彼らは、選挙の政党名簿式比例代表制部分——それが議会の議席の三分の二を決定した——では、ずらりと並んだ多くの政党や同盟のなかから選んだ政党の名をあげた。ついで彼らは、得票順選挙（ＦＰＴＰ）の個人候補者部分の残る三分の一の議席用に投票した。三段階を合計した結果は、ＦＪＰが率いる連合の優勢を確認した——それは票の三七・五％、選挙議席四九八のうち計二三五を受け取ったのである。このうち、一一三議席がFJPに行った。二番目はサラフィー主義者たちで、選挙民の二八％の支持を受け議会の一二三議席を得たが、うち一〇七がアル＝ヌール党に行った。これは実際地震のような政治事件で、それはアラブ世界におけるエジプトの重みや地位のためだけでなく、イスラム主義者の勝利の大きさのためでもあった。チュニジアで、エンナハダが三五％という印象的な得票をしたのに少なからず驚いた評論家やオブザーバーは、今やエジプトにおけるイスラム主義者の実績に絶句させられた。

選挙の真の驚きは、サラフィー主義者の実績だった。洗練さを欠き、のんきなエジプト人には極端すぎる議題を掲げていると一貫して無視され、彼らの得票比率は一〇％を超えないと予想されていたのだ。もう一つの驚きは、若者運動の代表たちが蒙った完敗だった。革命の若い指導者たちのほとんどがその傘のもとに集った「革命継続同盟」は三％以下の得票に終わり、それに応じてわずか八議席を得た。同盟に加わらなかった若干名を入れても、若者運動に属した議員の最終計算値は一けた台にとどまった。ＳＣＡＦの議長タンタウィー陸軍大将が議会の残りのメンバー一〇名を任命したが、その名簿は五名のコプトと三名の女性を含んでいた。

一か月後、シューラ評議会の選挙の結果、議会のこの諮問的上院で人民議会よりずっと権限の少ない機関は、さらにイスラム主義者の政治支配をもっと明瞭に確認するものとなった。ＦＪＰが票の三七・五％を獲得し、サラフィー主義者の二五％がそれに次ぎ、世俗派の政党や集団は束になって残る一七％を受け取った。投票率はひどく低く、五〇〇〇万人余の有権者のうち六五〇〇万人、つまりわずか一二％がわざわざ投票所に足を運んだのだが、それはたぶん民衆がこの機関をどう評価しているかを反映していた。それでも、両選挙から引き出されえたのは唯一の不快な結論、すなわちエジプト国民の間におけるイスラム主義者への支持は広く深いということだった。

選挙の歴史的結果は、エジプト人が熟考すべき、素晴らしいが危険な新しい政治景観をもたらした。勝利したFJPが、未知の領域をおそるおそる歩むことを予想されていたとしても、結果発表後の最初の数日は、ムスリム同胞団の雰囲気が慎重さよりも切迫さと行動主義によって決められている――彼らはこの瞬間の到来を何十年も待ったのだし、たぶん到来するとは決して信じなかったのだ――ことを示した。議会の開会の日に、FJPのスポークスマンたちは、同党はすでに「たくさんの立法議題」を持っていると記者団に告げた。なんと五一本の法案が提出を待っており、そのうちには国内治安機関の改革、最高・最低賃金の設定、独占の解消、公的補助の再配分、市民社会組織に対する規制の緩和に関するものが含まれた(33)。見たところ仕事を進めたくて、また議会への支配を確信していたので、FJPはその事務局長ムハンマド・サアド・アル＝カタトニを、議会の議長という枢要なポストに公的に指名した。一日前にカタトニは、議会の議長として中立的であろうとする意図を強調するために党での地位を辞任していた。彼は五〇三票のうち三九九を得て順調にその地位に選ばれた。そして最終結果が発表されて二日後に就任式が行われたときには、FJPの議会会派の会長に新しく任命されたフセイン・ムハンマド・イブラヒムは、彼の党は議会のさまざまな委員会のための指名を他のブロックや政党とすでに協議したと発表した。驚くことではないが、外交、国家安全保障、予算、産業を含む重要委員会の多くの議長職をFJPが要求し、問題の憲法委員会の指名された議長は形式的にはFJP党員ではないがムスリム同胞団のメンバーだったし、FJPは彼を選挙で無所属候補として熱心に応援していた。サラフィー主義者は、重要な教育委員会を含む三委員会の議長職を要求した。

しかしこの最初の頃は、とくに議会の外部集団や有権者との関係で、将来起こりうるストレスや緊張の兆候も見せた。たとえば婦人の人権団体は、選挙の規則やその結果に非常に失望した。新しい選挙規則は、二〇一〇年にムバラク政権が導入した婦人への六四議席の割当てを廃止した。そのかわりに二〇一一〜一二年の選挙で各政党は、各選挙区で候補者名簿に少なくとも一名の女性を含めるよう求められた。名簿の最下位に女性をおくのがほとんどの政党、とくにイスラム主義政党のやり方となり、その結果女性は八名しか当選せず、わずか一・六％の代表にとどまった。SCAFによって任命された三名の婦人を加えてさえも、女性の代表度は二％余に上がっただけで、チュニジアで婦人が四九議席を獲得し全体の二三％を占めたのと比較すると、不合理に低い数字だった。オンライン雑誌の「ジャダリーヤ」における、イブティサム・バラカトの素晴らしい風刺漫画が陰鬱な状況を要約した――道路の看板に「新エジプト男議会（ParliaMENt）にようこそ」と書いてあり、その前で若い女性が「嘆き会（ParLAMENT）と呼ばれるべきだ」というプラカードを持って立っているのだ。(34)

そして選挙におけるイスラム主義者の勝利は、あまり女性活動家たちの慰めにはならなかった。これは、イスラム主義者の運動に関する一般的言明ではない。なにしろチュニジアの四九人の女性議員中四三名は、イスラム主義のエンナハダ党に属していたのだ。二〇一一年一一月に行われたモロッコの選挙では、票の最大の分け前を獲得したイスラム主義の政党が、選挙における性別割当てを支持し、それによって六〇名の婦人が議会に加われた。しかしエジプトのイスラム主義者は、明らかに別の布から裁断されていた。彼らは六四議席の性別割当て要件を廃止するよう強力に主張し、婦人の伝統的役割を強く好むことをうかがわせる多くの発言をなし、そしてサラフィー主義者は自分たちの宣伝キャンペーンで女性候補の写真を載せることとさえ大目に見なかった。FJPの女性党員でさえ、議会で婦人が代表されないことをさして懸念していないように思われる。FJPの婦人問題広報担当者のマナル・アブー・アル＝ハッサンは、議会における彼女の男性同僚たちは、社会的公正問題に対して明らかに義務感を持っているので、女性たちは代表がいなくても心配すべきでないと論じた。こうした見方は、テレビでのインタビューで女性デモ参加者への警察の蛮行に関心を示さず、それどころか非難を女性たち自身に向けた当の人物から発せられたので、人々をさして驚かせなかった。彼女は宣言した――婦人は家にいて、自己の名誉を守るべきだったし、彼女たちの父、兄、夫がかわりに行進し抗議するよう委ねるべきなのだ。[35] FJPに属する別の女性議員アッザ・アル＝ガルフは、女子の性器切除を違法とする法律を攻撃した。こうした切除はイスラムによって是認されているとして擁護するメッセージを、たくさんツイートしたのである。[36] こうした態度は、婦人の政治的権利を守ること――改善することは言うまでもなく――に関心を持つ人たちにとって、あまり慰めとはなりえなかった。

新議会にとってのより切迫した懸念は、SCAFとの、とりわけ重要な憲法問題を巡る関係だった。議会は、選挙過程の終結に伴いSCAFが全立法権を議会に譲るものと期待した。しかし憲法は、この問題に関してあいまいだった。SCAFは大統領の権力を自己のものとしたので、法律を拒否する権利を維持した。問題は、議会がそうした拒否を覆す憲法上の権威を持つか否かであった。見解は鋭く分かれた。FJP党員たちは、議会が国民の意思を代表するので、SCAFはもはや立法過程に介入すべきでないと論じた。軍部に近い者たちは、SCAFは承認しない法律を拒否する憲法上の権利を持っており、議会はその拒否を覆しえないと主張した。人民議会の初めの頃にオブザーバーたちが熟考した問題は、こうした憲法上のあいまいさが対決や危機を導かないか、それらは国がもっともゆとりのないときに政治の膠着をもたらすのではないか、ということだった。

タイミングよく、議会が招集されてすぐに最初の政治危機が生じた。しかしその危機は、SCAFではなく議員たち自身によって、彼らの初期の最重要な任務――エジプトの憲法を起草するための、一〇〇名からなる「立憲会議」を構成すること――を巡って膠着状態になったときに突然もたらされた。イスラム主義者が支配する議会が、明らかにイスラム主義者を多数派とする会議を生み出したときは、ほとんど驚きはなかった。数日の間に、およそ二五名のリベラル派と世俗派のメンバーがイスラム主義者の支配に抗議して辞任し、憲法というものは単に多数派の意見を反映するのでなく、国民のコンセンサスを体現する諸原則を提供すべきだと論じた。この手詰まり状態は、どちらの集団も喜んで妥協しようとしなかったので継続した。実際、NGOやリベラル派集団からカイロの行政裁判所に多くの訴訟が起こされ、それらは議会がエジプト社会の多様性を代表しないという理由で一時的停止を求めた。そして二〇一二年四月半ばに、法廷は少数民族、婦人、若者が十分代表されていないと論じて要請に応じた。そうして議員たちが憲法について口論している間、悪化する治安環境や急落する経済のような他の差し迫った問題はすっかり棚上げされた。エジプト人は、イスラム主義の支持者でさえも、彼らの代表の振舞いに失望し始めた。

しかしこの政治的膠着のさなかに、少なくとも一つの異論ある問題が解決を見た。SCAFは、遅くとも二〇一二年六月末までに大統領選挙を行うという以前の決定を拡大して、同選挙が五月二三～二四日に行われ、もし絶対的勝利者が現れなければ上位二名の高得票者による決選投票が六月一六～一七日に行われると発表した。

四月二六日、エジプトの大統領最高選挙委員会は一三人の候補者名簿を公示したが、そのうち五人が急速に有力候補と目されるようになった。世俗派の側には、アラブ連盟の前事務総長で長い間ムバラクの外務大臣を務めたアムル・ムーサ、ナセル大統領の弟子で強い社会主義傾向を持つハムディーン・サバヒ、そして空軍の退役将軍で約三日間ムバラクの最後の首相を務めたアハマド・シャフィークがいた。他の二人はイスラム主義者で、独立した穏健なイスラム主義者のアブド・アル＝ムニイム・アブル＝フォトゥーフ、そしてＦＪＰの陰気でカリスマ的でない指導者のムハンマド・ムルシであった。ムルシは、同党が最初に選んだ候補がマネー・ロンダリングの告発により立候補を拒否されたため、締切直前に差し替えられたのだった。

三週間のキャンペーン中、壁はプラカードを貼り付けられ、候補者たちは国を縦横に旅して演説をし、ラジオやテレビのトークショーに現れ、あるときにはムーサとアブル＝フォトゥーフの二人がテレビでゴールデンアワーの公開討論さえも行った。国の経済問題が募るなか、全候補者はエジプトの低下するＧＤＰ、増加する負債と減少する外貨準備、そして高い失業率を解決するという約束に、多くの時間とエネルギーを費やした。詳細にわたってはほとんど説明がなかったが、投票者は少なくとも、未来の大統領が彼らの経済的苦境に気付いており、その緩和のために働くだろうと知って慰められえた。同様に、イスラエルに対して新しくより自己主張する態度が必要だという点で、候補者間に意見の一致があった。公衆一般の深い反イスラエル感情を反響させて、ムバラクと関わりを持たなかった三候補者は、ユダヤ国家を鋭く告発した。サバヒは誰であれイスラエルに抵抗する者を支持すると誓い、アブル＝フォトゥーフはイスラエルをその名で呼ぶことさえ受け入れられずに一貫して「シオニストの政体」と言及し、そしてムルシはイスラエル市民を「殺人者や吸血鬼」と描写した。ムーサとシャフィークはもっと抑制されていたが、公衆の歩調から外れるわけにはいかず、ユダヤ国家――ムーサはそれを「敵対者」と位置付けた[37]――に対してつねに努力し断固たる態度をとると約束した。

議会選挙を反映して、三人の世俗派候補を二人のイスラム主義者と分ける真の境界線は、宗教の政治への侵入問題を核心とした。イスラム主義者が議会を統制するうえ、政府の立法部門だけでなく行政部門も支配しそうなことは、討論の激しさをいや増した。世俗派にとっては、これは単なるイデオロギー上の事柄ではなく、エジプトの経済的に枢要な観光業と、外国援助や投資にそれがどう影響するかを彼らは懸念した。言うまでもなく、政府に対するこうしたイスラム主義者の支配は、八〇〇万人から一〇〇〇万人のコプト派キリスト教徒にとってとりわけ警戒すべき予想事態だった。世俗派にとっての問題は、彼らの二人の有力候補ムーサとシャフィークが、ムバラクの政治秩序の遺物であることだった。ムバラクと何のつながりもない唯一の非イスラム主義候補者は、他の四人と比べるとほとんど名前の知られていない男であるハムディーン・サバヒだった。

五月の二日にわたる選挙は、誰に聞いても自由で公正であった。ムルシが全有効投票の二四・四％を得て首位得票者となり、ムバラクの最後の首相シャフィークが二三・三％で惜しくも二位となった。この結果によりイスラム主義者と、消滅したはずのムバラク体制の一メンバーとの間の大統領決選投票のための、皮肉を刻んだ舞台が用意された。

キャンペーンにおける両者の違いは、ただちに明らかとなった。両候補とも、過去の負の遺産があってそれに対処し、三週間のキャンペーン期間中に克服しなければならないことをよく知っていた。ムルシは、エジプトの政治をイスラム主義者が支配することへの恐れを緩和する必要があった。それで若者運動、婦人、コプト派キリスト教徒と協議し協働すると約束した。彼は社会の全部門からなる連立政府を設け、非イスラム主義者を首相にすると約束した。副大統領をコプト教徒にするかもしれないし、いずれにせよコプト教徒は彼の大統領官房で重要な地位を与えられるだろうとほのめかしさえした。婦人には、いかなる服装規則も押し付けないし、彼女たちは望めばいかなる仕事にも従事する権利があると保証した。[38] 自分のもっとも明らかな脆弱性を意識し、彼はすべてを包括する社会的人格を強調し始めた。

シャフィークの弱点は、ムバラクの最後の首相を務めたことによるアンシャン・レジームとのつながりだった。

しかし、この罪と思われることを詫びるかわりに、彼は事実それを強く是認し、離職した大統領への賞賛を一度ならず繰り返した。シャフィークは、エジプト人の間で、革命のここまでの結果に——政治的麻痺と議会の行詰り、そして言うに足る政策がほとんど不在であること——対する幻滅が広がりつつあると感じていた。エジプト人は、革命家たちが、彼らの好まぬ何かが持ち上がるたびに街頭に出て警察と衝突するのに、あまり魅惑されなくなっていた。シャフィークはエジプトの政治環境をまったく混乱していると呼び、イスラム主義者の大統領のもとではさらに大きな騒動になると予言した。そしてもしそうなれば、暴力的な宗教過激派による乗っ取りを招くことになると不気味な警告をした。三週間のキャンペーンを通じて、彼は自分の軍人としての背景を強調し、エジプトが法と秩序を取り戻し、無数の経済的・政治的問題に対処するために必要な強い指導者として自身を売り込んだ。

両候補者は、選挙規定に従って投票開始の二日前の六月一四日にキャンペーンをやめた。しかしこの静穏な日と定められた二日間は、それどころではないものとなった。一連の政治的爆弾が、政治過程、いなムバラク後のエジプトの民主主義の運命にさえ、大きな不確実性をもたらした。六月一四日に高等憲法裁判所が、選挙法は憲法違反である、なぜならば国民議会選挙において、政党の党員が個人の、無所属の候補用とされた議席（全体の三分の一）を争うことを許されたから、と宣言した。イスラム主義者を何とか無力化させたかったSCAFは、この機会に飛びついて、部分的再選挙を求めるよりも全議会を解散させた。次にSCAFは、憲法の附則を一方的に制定して、議会の立法機能のすべてを、予算管理を含めて自己のものとした。イスラム主義者たちは不当だと非難し、今回はエジプト革命の引き金を引いた人たちの多くの支持を得て、何千人もがタハリール広場に降り立ち、将軍たちへの怒りを吐き出した。

こうした政治的騒乱の高揚を背景に、大統領選挙は予定通り六月一六～一七日に行われた。結果の発表が延期されたとき、国は陰謀やあらゆる種類の悪事の物語で満ちあふれた。噂製造者たちの多くは、軍の好みの候補であるアハマド・シャフィークが選挙を盗むだろうと考えた。結局のところ、ムハンマド・ムルシが印象的とは言えない五二％の得票で勝利したと宣言され、それでもタハリール広場で祝賀デモが行われた――反シャフィークのイスラム主義者と革命家によって一杯になって。しかし、SCAFがあらゆる権力を自分のものとしていたので、新大統領がどれだけの権力を行使できるかはただちに明らかでなかった。一方の軍隊と、他方の国民及び彼らが自由に選んだ代表の間での憲法の附則を巡る不可避の対峙は、エジプト革命の運命を巡る継続的闘争を象徴していた。

軍隊による政治への力ずくの侵入は、ムバラク後の革命的エジプトの民主的実験を疑いもなく蝕んだ。将軍たちが議会や大統領の選挙に介入しなかったのは彼らの名誉であり、ムバラク時代からの歓迎すべき変化であった。しかし、民主主義はただの選挙よりはるかに大きな事業である。憲法の大権を尊大に扱い、権力を一方的に私物化したことで、将軍たちは自由と民主主義の思想に泥を塗った。晴天のときだけの民主主義者すべてと同様に、将軍たちは国民の選択をそれが自分の好みに合うときにのみ受け入れたのであり、あいにくイスラム主義者は制服組の好む選択肢ではなかった。これはたしかに、ハンナ・アーレントがあれほど情熱的に擁護した種類の民主的自由ではなかった。

しかし民主的過程への軍隊の介入を除いたとしてさえも、エジプトとチュニジアの双方におけるイスラム主義政党の選出は、民主的理想へのイスラム主義者の支持を疑うリベラル派及び市民社会的諸集団の間に、広範な懸念を生み出した。こうして、エジプトにおける自由公正党とアル＝ヌール党の勝利と、チュニジアにおけるエンナハダのそれのもっとも好奇心をそそる側面は、イスラム主義者たちが彼らを政権に就けた民主主義のたいまつをいかにうまく、あるいは他の仕方で燃やし続けられるか、あるいはその意思があるかを見ることとなった——彼らの宗教のより頑固な信念や命令のいくつかを、市民的・民主的社会の要求といかに少しでも折り合わせるか、宗教・ジェンダー・種族における包括性、対立的政治思想への寛容、そして言論と行動の自由の尊重といった争点に関して、彼らがいかにうまく振る舞うかを。それでも、これらすべての不確実性にもかかわらず、イスラム主義の諸政党が政治権力の獲得を投票箱を通じて合法的に達成したことは、疑いもなく現代アラブ史上枢要な出来事であったと言わなければならない。

第5章　民主化の道のくぼみ（といくつかのクレーター）
――リビア、イエメン、バハレーン

二〇一一年の初夏までに、アラブの不満の冬の革命的激動はチュニジアとエジプトでは沈静化していた。大衆デモは過去のものとはとても言えなかったが、全体としてそれらは初期の有効性を失っており、その小さくない理由は両国の独裁者が速やかに退陣して、当初の革命的運動を駆り立てた燃える情熱に冷水を汗いだことだった。

しかし、大衆蜂起を経験した第三の北アフリカの国リビアでは、そうした速やかな退陣がまったくなかった。リビアの専制的支配者ムアンマル・カダフィ大佐は、より固いものからできていた。彼は民衆扇動家たちの群れに譲歩せず、彼らをネズミやゴキブリの類と呼び、撲滅以外の運命はふさわしくないとした。エジプトやチュニジアと異なってリビアの部族的社会や地域的分裂は、大佐が自分の好戦的言葉を、害虫をおとなしくさせておくのに十分な銃や迫撃砲によって裏打ちできるようにした。そして二〇一一年の冬と春の武装反徒自身の実績は、カダフィの鋼鉄のように見える自信をへこませるものではまったくなかった。組織されておらず、衝動的で、指令構造を欠く彼らは、カダフィのいっそう規律があり、無限によりよく装備された軍隊にとって容易な獲物であった。NATOがカダフィの部隊に対する規則的爆撃を開始しなければ、蜂起は確実に失敗しただろう。二〇一一年夏までには、紛争は流血の手詰まりに陥っていた。

毎日毎日、同じシナリオが繰り返された。トラックに乗ったり乗用車を運転した反徒は、機関銃やライフル銃で武装し、革命的熱狂によって強気になり、アッラーフ・アクバル（「神は偉大なり」）という連呼にふけりながら、中央の指令や指示もなしに気まぐれな仕方で村なり町なりに乗り込んだ。しばしば彼らは政府軍を一マイルかそこら後退させるのに成功し、ホーンを鳴らし喜んで片手でAK-47（一九四七年式カラシニコフ自動小銃）を空中に振り回し、他の手でVサインを示しながらさらにアッラーフ・アクバルと叫んだ。数時間後、あるいは一〜二日後、カダフィの軍隊が戦車や大砲その他の強力な兵器による反撃を開始し、反徒は絶望的戦いに敗れて彼らのトラックや乗用車の集団で後退を開始する――皆、彼らが来た道を危険な速度で運転して戻り、もはや笑いも手を振りもしないが、なお全能の神を褒める言葉を叫びながら。西洋のテレビ・カメラは、呆然としたレポーターに伴われ、六月中および七月のほとんどにかけてこのパターンを繰り返し報じた。

混乱は、少なくとも政治面では再現されなかった。蜂起の当初から、革命家たちは軍事的努力と並んで政治制度を樹立した。二〇一一年二月に、東部の都市ベンガジで抗議やデモが勃発しリビア革命の誕生を告げてまもなく、不満を持った政治家、専門家、技術者の集団――うち幾人かは西洋で教えたり働いたりしていた――が団結し、「移行国民評議会（TNC）」を結成した。それは続く数か月間待機中の政府として行動し、八月までにはイギリス、フランス、アメリカを含む約三〇か国によって正統なリビア政府として承認された。TNCは革命を外部世界に売り込み、鍵となる世界及びアラブの諸政府から政治面のみならず経済面の支持を取り付け、国連安保理事会にカダフィに反対するよう働きかけ、そして戦いが激しく続き、犠牲者が増え、主としてカダフィの軍隊によって諸都市が破壊されつつあるときに、政治的・経済的常態の見かけを維持しようとするなど、褒めるに足る仕事をした。

七月末には、戦いに新しいパターンが生まれていた。時の経過とともに、政府軍はますます防衛的姿勢をとるようになり、反徒を押し返すだけで満足し、新しい戦線を開いたり新しい領地を奪うために乗り出すことがますます減った。その砲撃は、かつては目的があって規律されていたが、無差別的になりその結果非効率的になった。反徒たちは、熱心で一般に同情的なレポーターたちにこれは彼らの実績だと盛んに告げたが、事実は、この運命の逆転と見えるものが始まったのは主としてNATO空軍のおかげだった。

六月初めまでに、NATOの二主唱国であるイギリスとフランスは、リビアに対してすでに争う余地のない制空権を確立しており、その爆撃機や戦闘機は、カダフィの指令・統制センターや通信・経済目標施設に対して規則的な出撃を行っていた。そうして、彼が効果的で調整された戦争努力を遂行するための戦略的能力を、徐々に削いでいったのである。NATOの戦略の重要な一特徴は、カダフィの戦争機械に燃料補給を許さないことだった。リビアの油田や精油所と、カダフィになお忠実なトリポリ、シルテ、その他の都市を結ぶ道路を統制する能力が内戦によってますます弱められ、彼は外国の石油を必要とした。しかし六月初めにはヨーロッパ連合が、なおカダフィ大佐によって確保されていたリビアの六港に制裁を科した。それ以後、NATOの軍艦はタンカーが政府軍に燃料を輸送するのを妨げた。(1) さらにヨーロッパの経済制裁は、カダフィ大佐が集めることのできた限りの輸出可能なリビア石油を売ることをほとんど不可能にし、彼が戦争努力を賄うためにぜひ必要とした外国資本を得させなかった。

戦術的レベルでは、イギリスとフランスはカダフィに対する空戦において、攻撃ヘリコプターを広範に使用し始めた。ジェット戦闘機は戦略的目標を叩くのに効果的だったが、反徒がぜひ必要としたのは、彼の軍隊が国中で反徒との局地的戦闘で使っていた兵器を明らかに弱めることだった。六月初めに、イギリスのアパッチとフランスのガゼルというヘリコプターがカダフィの戦車、ロケット砲、兵員輸送車、大砲類、対空砲火陣地、そして狙撃兵陣地を目標とし始めた。七月半ばには、NATOの攻撃はますます包囲された政府軍に大きな損害を与えていた。大佐の脆弱性を見て取り、イギリスとフランスはその軍事作戦を強化し、首都トリポリの、とりわけバーブ・アル＝アジジアにあるカダフィの砦のような本部、トリポリの東にある抗争中の戦略的要衝ミスラタ、そして首都の南西部にある、カダフィによって政治的に抑圧され文化的にけなされてきた非アラブのベルベル部族の本拠ナフサ山脈といった目標に対して、ときには日に七〇回以上の出撃を行わせた。さらに、カダフィのますます増大する困難が不十分であるかのように、国際刑事裁判所はカダフィとその同様に殺人者的な息子、有名なロンドン・スクール・オブ・エコノミクスで博士号をとったセイフ・アル＝イスラムに対して、人間性に対する犯罪の咎で逮捕状を発した。

NATOの努力はカダフィを弱めただけでなく、反徒に彼らの戦術と作戦遂行力を改善するための息継ぎ期間を与えた。七月末には、国の各地でカダフィと戦っている諸集団間、そしてそれら集団とNATOの間で、明らかによりよく調整が行われるようになっていた。今や西洋の政府関係者やメディアにおける会話は、もはや「もし」ではなく「いつ」大佐が打倒されるかであった。八月一五日に放送された雑音の多い電話録音で、ヒステリックなカダフィが、急速に減小している支持者に「前進せよ、挑戦せよ、武器をとれ、戦いに出かけ、裏切り者とNATOから一インチずつリビアを解放せよ(2)」と訴えたとき、それはなおいっそう明らかとなった。今や四〇以上の私的に組織され、私的に資金を得ている民兵団がカダフィに戦いを挑んでいた(3)。彼らにとってトンネルの先に今や光が見え、ミスラタとナフサ山脈からの戦士たちが、NATO軍用機に空から密な支援を得てトリポリの東西の戦略的二都市を制したとき、その光は明るさを増した。

この重要な成功は、双方向から首都への最後の攻勢をかける好機を作り出した。トリポリの反カダフィ分子は、反徒の前進を予期し数週間前から主として湾岸諸国から秘密裏に兵器を受け取っていたが、八月二〇日に全市の蜂起に決起した。彼らは急速にトリポリの全地域で政府軍との激しい戦闘に入り、この頃、それまで無敵であった「兄弟指導者」は、トリポリから彼の出身地で属する部族の本拠地であるシルテ市へと逃れた。

トリポリ蜂起は、長く自力でカダフィ軍と対峙しなくてもよかった。四八時間以内に何千人もの反乱軍兵士が東西から同市に合流し、政府軍からの抵抗をほとんど受けなかった。そして八月二三日、彼らはバーブ・アル＝アジジアにあるカダフィの要塞を奪取して同市の完全支配を祝った。サダム・フセインをバグダードから力で追放したあとに起こった広範な略奪や破壊とは対照的に、勝利した戦士も同市の住民も大規模な無政府的行動にはふけらなかった。宗教家や政治指導者たちが繰り返し規律と冷静さを求めたのはたしかに役立ったが、イラク人が独裁者排除に参加しなかったのとは違って、リビア人はカダフィの追放に大きな力を注いだので、その仕事を適切かつ尊厳を持って終えることは誇りと義務の問題となった。

革命が拡大し、国の中央および西部の他の都市が解放されるにつれて、TNC内部の以前の意見一致と団結は、地域的・種族的・イデオロギー的忠誠が拡散したため厳しい試練を受けた。トリポリやリビア西部出身の諸集団は、同組織におけるベンガジの代表性が大きすぎると文句を言った。TNC内外のイスラム主義者は、評議会のリベラル派・世俗派のメンバーは国の保守的な根元から切り離されていると感じた。TNCへの批判の獅子の分け前を受け取った男性はマハムード・ジブリールで、かつて〔アメリカの〕ピッツバーグ大学の政治学者だったが、蜂起の開始とともにカダフィ政権を離脱して評議会の首相に指名されていた。彼の批判者は、彼が反乱の間中ほとんどの時間をリビア国外で過ごしたことを問題とした。ジブリールが外国での時間を、世界を反徒の側につけるために使ったことは有用とみなされなかった。保守的・イスラム主義的集団は、彼の西洋的やり方は言うまでもないが、頑強な自由主義的見解ゆえに彼を救いようもなく「信頼できない」人物欄に入れたというのが真相だった。秋にはジブリールへの圧力が非常に高まり、辞任するしか選択肢がなかった。

ＴＮＣ内部の不和と、結局のところ内戦を戦って勝利しつつあった民兵と評議会の間の増大する紛争は、その当初あった権威を大いに損なった。このことはトリポリが解放されたのちの数日間に、あらゆる方面からさまざまな民兵が集結して同市の別々の部分に各自の縄張りを設けたときに明らかになった。これらの民兵の多くが、あるイスラム主義集団のアブド・アル＝ハキム・ベルハジという名の男を、新たに結成した「トリポリ軍事評議会」の議長にすることで合意した際、彼らはそれをＴＮＣに相談しなかったし、実際通告さえしなかったのである。

トリポリの陥落は、内戦を終わらせなかった。それは二か月後の一〇月二〇日に、「兄弟指導者」が逃げたシルテ市が陥落するまで終わらなかった。一日後、大佐が捕まって殺されたというニュースが伝わった。彼の捕縛の正確な状況は不明確なままであるが、ＮＡＴＯの飛行機がシルテから高速で離れようとしていた護衛付き車両群を攻撃し、そのご反カダフィ派の戦士たちが、四〇年以上にわたり彼らを比類なく支配していた男が、道路脇の廃棄物で詰まった排水管に隠れているのを発見したらしい。その直後、彼は捕縛者たちによって即決処刑された。

カダフィの政治体制が最終的に消滅したのを受けて、考えが将来の方に向いた。民兵諸集団が宗教、部族、種族によって分裂・拡散しており、トリポリとベンガジに急進的イスラム主義者が強力に存在していたので、平和的で秩序だった移行の展望はやや不確かに思われた。これらの集団の各々は、国の徐々かつ少しずつの解放に重要な役割を果たしたと、正当性を持って主張できた。ＴＮＣがさまざまな集団に対して、武器を放棄して国軍に加わるよう訴えたとき、期待されたあふれるばかりの熱狂によっては応じてもらえなかったことから、彼らが新たに見出した権力を手放したがらないのは明らかだった。しかしＴＮＣは、たしかに一つの優越性を持っていた——民兵と違ってそれは国家的機関であり、事実すべてのリビア人のために語ると主張している唯一の国家的機関だった。そしてＴＮＣのメンバーたちの行動ややり方は、この認識を強めるのにふさわしかった。

　ＴＮＣはこの過程を二〇一一年一〇月二一日に、アブド・アル＝ラヒム・アル＝キーブを首相に選ぶことで開始した。アル＝キーブはアラバマ大学で電気工学の教授を一五年以上にわたって務めた人物だが、ＴＮＣの五一名のメンバー中二六名の支持を得た。一か月弱経って、アル＝キーブは移行内閣を選び、そこには「リビア全体が代表［された］」と国民に保証した。[4] 二つの治安関係大臣、国防と内務は強力な民兵の指導者に与えられ、外交官やテクノクラートが外務、財務、石油、貿易大臣職を手に入れた。二人の女性が、保健と社会問題の各省を率いるべく指名された。国防大臣の失望した候補の一人であるアブド・アル＝ハキム・ベルハジは、新政府を支持すると誓ったが、彼の重武装した二五〇〇名からなる部隊を解散すると誓うことからは尻込みし、予想通りに「やります……そのうち」と述べたのは興味深かった。[5] それでもアル＝キーブと彼の内閣は、その正統性を強めるためにできることはなんでもやった。内閣は規則的に会合し、閣議の議事録は公開された。閣僚たちはしばしばテレビに登場し、政府の政策について公然と語り、電話で質問を受けた。[6] 透明性へのこうした努力はまた、ＴＮＣが二〇一二年二月初めに立憲議会の選挙法を発表したやり方にも貫かれた。

　同法の前の草案が二つ広められたが、どちらも多くの条項に対して抵抗を受けた。ＴＮＣによって任命された選挙委員会は、市民社会集団や公衆一般から電子メールやフェイスブックを通じて寄せられた何千ものコメントや批判を論評するのに、社会的メディアを用いた。二〇〇議員からなる議会の選挙のために、政府によって発表された最終の法律は、一二〇名の代表が単純多数決制度により個々に選ばれるものと、残る八〇名が政党拘束名簿式比例代表制によって議席を得るものの並行的投票制を内容とした。選挙のこの後者では、政党名簿は交互に男性・女性としなければならず、それにより女性がこの機関の一五～二〇%をなす結果が予測された。選挙法の発表後まもなく、リビアの各地域の議会代表数を委員会が提案し、TNCは承認した。トリポリと西部地域からは一〇二議員、ベンガジと東部地域からは六〇、南部から二九、シルテ市を含む国の中部から九とされた。選挙は二〇一二年六月一九日に実施と設定されたが、のちに七月七日に延期された。「公共国民会議」と呼ばれる議会が選出されたら、それが内閣と首相を任命し、憲法を起草し、国民投票に付すことになった。

自由で公正な選挙の正統性により強化された新政府の必要性は、TNCが全国的な機能不全に直面し国の将来があまり明るく見えないなか、二〇一二年夏までにいっそう切迫してきた。もっとも緊急な問題の一つは、九か月にわたる流血の内戦が国に加えた経済的荒廃であった。諸都市は廃墟となり、基本的サービスはよくて断続的でいくつかの場所では存在せず、かつ失業が激増した。ますます多くの家族がまったく家計を成り立たせられず、それが革命への募る失望に転化した。エジプトやチュニジアと同様、TNCに対するデモが組織され、悪化する社会経済的状況を速やかに改善せよと要求した。

しかし、両国ともに天然資源を欠き経済がゆっくりとしか成長しえないエジプトやチュニジアと違って、リビアの経済は二〇一二年には急速かつそうとうに拡大すると期待された。その年の成長率は、「エコノミスト・インテリジェンス・ユニット」〔ロンドンの『エコノミスト』誌の調査部門〕の予想では驚異的な二二%に達し、世界のどの国よりも高いとされた。(7) 国の主な油田のどれも内戦で大きな損害を受けなかったし、戦争中は日産五万バレル余にまで低下していた石油生産は、二〇一一年一〇月末には四倍増以上になり、二〇一二年の春までに戦前水準に近い日産高一六〇万バレルに達していた。(8) 紛争の両当事者は、戦争努力のためにも紛争後の再建の時期にも、石油の生産と販売が肝心だとよく認識し、それゆえ石油施設に関しては適切な抑制をきかせたものと思われる。さらに、リビアは一七〇〇億ドル以上の価値のある外国資産を持っていた。その一部は六五〇億ドルの政府系投資ファンドで、その約半分は現金となっており、リビア政府が再建事業や金融支援に使うことができた。(9) 二〇一二年二月に、失業した元戦士たちがデモ行進し暴力的になる恐れがあったとき、アル＝キーブはリビア人全家族に即刻二〇〇〇リビア・ディナール（約一六五〇ドル）を供与すると発表することができたが、それは国庫にとって合計約二〇億ドルの負担となったけれども、(10) 大衆の欲求不満に蓋をしておくためにすることができる便利な手段だった。

しかしTNCとアル＝キーブ政府は、ほかの、見たところもっと手に負えない諸問題に直面した。国家の自然な領分である治安は、主要都市の街頭をなお歩き回っている競合する民兵団によって争われていた。これらかつての革命家たちは、大部分が武器の放棄をきっぱり拒否し、お互いにしょっちゅう武装小競り合いを引き起こして、政府とその未熟な軍隊と警察に対し継続的に挑戦していた。(11) 二〇一二年夏、リビアの七月選挙の前夜にはいかなる新政府にとっても、民兵たちを支配することのできる効果的な国家治安部隊の建設が一つの主要目的であることは明らかだった。

その間に、地域への分権化の要求が高まって国を分裂させる恐れが生じた。チュニジアやエジプトのようにまとまりのある社会と違って、リビア社会は地域的・部族的に分断されていた。カダフィがひいきにしていた国の西部は、革命が始まった東部に対して嫉妬と不信を抱いた。二〇一二年三月、ベンガジで部族長や民兵司令官の大集会があり、独自の議会と軍事評議会を持つ自治地域を要求した。一か月後、地方選挙で候補者や投票者は、トリポリに基礎をおく統一国家観への軽蔑を表明した。そして七月の全国選挙の一週間前、東部のベンガジほかの諸都市で抗議者や民兵が選挙委員会の本部を襲撃し、投票用紙を燃やした。彼らの怒りは、TNCが東部に議会での対等な議席数を与えるのを拒否したことに向けられた。ミスラタ市では、選出された市評議会が一貫してTNCとアル＝キーブ政府の権威を無視した。夏までに他の都市も見習って、地方・地域評議会により大きな政治権力を与えるよう要求した。

このような不吉な政治・治安上の環境下で、二〇一二年七月七日に選挙が行われた。しかしその日、リビア人は膨大な数をなして出かけ、焼け付くような太陽のもと、彼らの票を投じる順番を待って長い列を作った。予想では、イスラム主義者たちがチュニジア、エジプト、モロッコの仲間の勝利を再現するはずだった。しかし結果が発表されると、移行政府の前首相マハムード・ジブリールが指導する非イスラム主義連合の「国民勢力同盟」が、政党に割り当てられた八〇議席のうち三九を獲得していた。第二位につけたのはイスラム主義の「公正建設党（JCP）」で、失望させる得票だったであろう一七議席を得た。それに続いた多すぎる諸党は、それぞれ一〜三議席を獲得した。真の衝撃は、アル＝カイダとともに戦ったイスラム主義者で、その民兵がトリポリを解放した功績を認められているアブド・アル＝ハキム・ベルハジが率いたアル＝ワタン（故国）党の実績だった。彼の党は派手でたくさんカネをかけたキャンペーンを行い、トリポリのほとんどの通りや広場に広告板を掲げてJCPへの主たる挑戦者になると予想された。結局のところ、それはわずか一議席しか取れず、ベルハジ自身トリポリの選挙区で敗れた。

では、イスラム主義者の選挙結果はなぜ予想を下回ったのだろうか？　第一に、エジプト、チュニジア、モロッコとは違って、リビアの選挙キャンペーンにおけるイスラム主義と世俗主義の隔たりは、ジブリールによって意図的にぼやけさせられた――彼は毅然として「世俗派」のレッテルを拒否し、自分を敬虔かつ実践的ムスリムであると断言し、彼の連合はシャリーア法を主要原則の一つとして守ると何度も宣言した。第二に、カダフィの絶対的政治・社会統制への傾向は、リビアのイスラム主義者に国民との社会的つながりを作り出す空間を少しも与えなかった。それと比べると、エジプトではムスリム同胞団が全国的な慈善事業や社会福祉に従事することを認められていた。第三に、多くのイスラム主義者が革命前にカダフィの息子ヤイフ・アル＝イスラムと、権力が父から息子に移された暁に果たしうる政治的役割について話合っていたと、広範な人々に疑われていた。[12]最後に、民衆はイスラム主義者が外国の政府となれ合い関係にあること、とりわけベルハジと彼のアル＝ワタン党が湾岸の首長国カタールを主たるスポンサーとしていることを警戒していた。[13]

多くの当選した無所属議員はイスラム主義への同情を持っていたし、議会でイスラム主義者の隊列を増加させたが、そのことはリビアではイスラム主義の公約を掲げて選挙を戦った人たちが、エジプト、チュニジア、モロッコで彼らの仲間が選挙であげた実績に遠く及ばなかったという事実をごまかしはしなかった。それでも、選挙の結果に拘わらずリビア人は、カダフィの追放なしには、何らかの形の民主主義への移行を約束するような新しい政治秩序を作り出すことはできなかっただろう。そしてその教訓を、アリ・サレハ大統領の二〇年にわたる統治への終止符を求めて、ほとんど毎日のようにイエメンの街頭や諸都市を埋めた何千人もの抗議者たちは忘れなかった。

二〇一一年の夏と秋には、賭け事師はサレハがまもなく失脚することにカネを賭けただろう。なにしろ、強力なハーシド部族の指導者で長いことサレハの政治秩序の背骨をなしたアル＝アハマル一家が、早くも三月に支持を撤回したのだ。政権にとって同じくらい大打撃だったのは、同じ頃に、それまで大統領の枢要な同盟者だったアリ・モフセン大将指揮下の第一機甲師団が背いたことだった。サレハが生き延び、多くの場合に敵に対して戦い続けられた（人命の損失にほとんど頓着せず）のは、彼が政権の生残りのために複雑な部族ネットワークを利用できたことを証明している。

さらに注目に値するのは、イエメンで彼に対抗した諸勢力が強力だっただけでなく、彼が海外にほとんど友人を持たなかったことである。アラビア半島の彼の隣人たち、湾岸協力会議（GCC）の王や首長たちは、サレハが支配し続ける限りイエメンは正常に戻りえないと決め、それまでサレハをアル＝カイダに対する同盟者として大目に見てきたアメリカもその立場に同調した。アメリカの積極的支持、さらには駆立てにより、GCCは政府の忠臣たちと野党勢力とを政治的解決へと合意させ、サレハにも丁重で威厳ある退出を許すような計画をまとめた。二〇一一年の春と初夏に、サレハはGCC文書の諸原則に三回も同意したが、いつも数日後には取り消してしまった。六月初めには、湾岸会議でさえイエメンの予測不能な指導者にあきれ果てたようで、その提案は期限切れとなり、サレハが示唆された手続きに本当に関与しない限り復活しないという印象を与えた。

イエメンの大統領の側で心境変化が起こる兆候は全然なかったが、ある重大な（そして流血の）事件が起きてGCCの計画実施を導く緩慢な手続きが始動された。二〇一一年六月三日の金曜日、サレハが金曜の礼拝に出席しているときに、モスクで二個の爆弾が爆発したのである。サレハは重傷を負い、全身の半分近くが第二度のやけどで覆われ、胸と腹腔に榴散弾による傷を受けた。彼の状態が深刻だったので、サウジアラビアのより洗練された医療施設に速やかに移送された。そこにいる間、彼の忠実で従順な副大統領、アブド・ラッボ・マンスール・アル＝ハディが大統領代行を務めることになった。

夏の間、どうして国が何とか機能したのかは今も謎である。ほとんど毎日のように何千人もの抗議者がイエメンの街路を埋め、サレハの追放を要求し、その過程で経済生活を混沌に陥れた。首都サナアはもはやいかなる地理的統一性も持たず、中央政府の部隊、アリ・モフセン大将の第一機甲師団、そしてハーシド部族連盟の武装勢力がそれぞれ統制する諸地区に分割されていた。規則的に衝突や銃撃戦が起き、抗議者たちが銃火の真んなかにさらされたときはとくに致命的となった。国の北部では、アル＝ハウジ部族の反乱が激しくなっていた。シーア派のザイディ宗派に属するハウジたちは、イエメンのスンニー派的政治秩序によって差別されていると長いこと不満を述べてきた。二〇〇四年以来反乱を起こしてイエメン軍と戦っていたが、二〇一一年の事件と軍隊の分裂激化により、ハウジたちは国の北部、とりわけサーダ県とアル＝ジャウフ県に軍事的・政治的支配を広げることができた。中央政府は南部地方、とりわけアビヤン県とシャブワ県でも反乱に直面していて、そこでは戦闘的イスラム主義者が、サレハに対する蜂起が続いたため軍隊が主要都市から撤退したあと支配するようになった。マスクを着け髭をたくさん生やしたジハード主義者たちは、自己の地位を確立した町や地方にタリバンのような政治秩序を押し付けた。七～八月の間、イスラム主義者たちは諸部族や政府軍と激しい戦闘を戦い、支配地から彼らを追い出そうとした。国の南部では、それが唯一の紛争ではなかった――実際、アデンを首都とする全南部地域が不安定になっており、分離と、同地域が一九九〇年までイエメン人民民主共和国として有していた独立・主権者の地位への復帰を求める声が高まっていた。

国が抗議と分裂の間でぐらつき、国連が迫りくる人道的災厄を警告し始めると、(14) サレハのサウジアラビア側ホストは、アメリカ政府から説得されて、彼らの患者にＧＣＣの計画への関心を再び持たせようとした。サレハは計画を受け入れる可能性をほのめかし始めたが、移行期間が何か月も続くと考え、その期間を自分で監督することを含め多くの条件を課した[15]。いずれにせよ、彼の履歴がよく言うなら変化が多いため、彼の退出をやかましく求めていた人々の間で歓声はあがらなかった。しかし、首都サナアで流血の衝突があって一〇〇名以上が犠牲になった後、九月末に突然サレハはイエメンに戻り、その直後の演説でＧＣＣの計画に従うと再度約束した。三週間後、国連安保理事会は全会一致でイエメンの民間人への暴力の停止と、サレハがただちに権力を譲ることを決議した。

サレハは何か月も立ち往生したあと、安保理事会の決議は世界の諸大国の間で新たな決意を導き、彼にはついにその要求に従う以外にほとんど選択肢がなくなったこと、さもないと彼自身と家族のメンバーへの、国際刑事裁判所に付す可能性を含めたさらなる世界の行動を避けることができないと悟ったようだった。二〇一一年一一月二三日、サレハはサウジアラビアへの飛行機に乗り、ＧＣＣの平和計画の最新版に署名した。彼にこうした協定を最後になって取り消す傾向があるのを知っているので、サウジアラビア人は署名式に安保理事会の五常任理事国の大使を、サレハの政権党およびイエメン野党からの代表団とともにたしかに招くようにした。

とうとう、三〇年以上にわたったイエメンの暴君が権力を手放した。カダフィ同様に残忍で、民間人のデモ参加者を殺すのを人間性から来る衝動のために控えることなどけっしてなかったが、それでもサレハはゴミの山の隣の溝で自己の経歴を終えることはなかった。将来の刑事訴追から彼を守る、免責合意を確保することができたのだ。そして実のところ世界は、彼の軍隊が何百人もの民間人を殺したとはいえ、この貧弱な結果に満足した――なぜなら、積極的な外部の軍事介入なしに彼を破ることはまったくありえないと明らかになったからだ。狡猾なイエメンの独裁者は、自国の部族的状況を実にうまく工夫した。

合意は、サレハから彼の副大統領アブド・ラッボ・マンスール・アル＝ハディへの大統領権限の委譲を許しただけでなく、同じくらい重要なことだが、民主的移行の過程のために明確で詳細な日程を定めた。今や大統領代行となったアル＝ハディは、GCCの計画に従って、野党から指名された者に首相になるよう依頼し、ついでその首相に政権党と野党間で対等に分けられた挙国一致内閣を任命するよう依頼することを余儀なくされた。両集団は、「意見一致」の候補者たるアル＝ハディの選出を問題としないよう命じられたが、その選挙は合意の調印から九〇日目に行われることを予定され、二年間続く予定の移行期間の第二段階を開始するものとされた。この第二段階で、イエメンの諸集団・諸勢力の国民会議が開かれ、懸案の諸問題を討議し、新憲法を起草する課題を担う憲法委員会を組織する手続きについて合意することになった。国民投票で憲法が採択されたら、次の最終段階は国を総選挙に向けて準備させるものだ。

GCCの和平計画の第一局面が要求したものは、スムースに実施された。内閣が速やかに組織され、そのメンバーは政権党と野党によって構成されたが、閣僚の責任のいくつかの原則を守っているように見えた。合意に定められたとおり、アル＝ハディの選出は二〇一二年二月二一日に予定された。『エコノミスト』誌は、その出来事を「一度の投票、一人の男」という秀逸な見出しで報じた。(16) 街頭の雰囲気は選挙の熱狂に程遠かったが、それでもイエメン人の多数派は一般に選挙を支持していた――彼らが必ずしもその手続きに感激したからではないが、サレハの退陣を真に喜んでいたからだ。イエメンの民衆にとってアル＝ハディの選出はむしろ、独裁者の統治の三三年にわたる悪夢がついに終わったことへの安堵の溜息だった。

民主主義の道が今や広くなめらかに舗装され、激励する群衆で一杯というわけではなかった。ある政治家が述べたように、「もしわれわれが次年度にどのように進めるか合意しなければ、問題は今よりも悪化〔する〕だろう。」[17] 経済が主たる心配事だった。歴史的に、民主的変革の運命は経済の実績と結び付いており、イエメンは衰退しそうな経済のあらゆる兆候を見せていた。[18] 人口の約四五％が、貧困ライン以下で暮らしていた。失業は全国で三五％に達し、青年層では信じがたい五〇％にのぼった。インフレ率は世界で七番目に高い二〇％以上であり、一人当たりGDPは二五〇〇ドル以下で二二四か国中この国は一七八番だったから、経済指標は速やかな民主的変革の良い兆候を示さなかった。

奇妙に思われるかもしれないが、アル＝ハディと新しい政治指導部にとって、主要関心事は経済ではなく軍部だった。サレハ大統領は、軍隊の指揮官職を自己の親戚や氏族にばらまいていた。そしてこれらの部隊の多くはサレハの息子アハマドが指揮し、最高の装備を持ち非常に恐れられた「共和国防衛隊」を含め、抗議者たちや諸部族に対する暴力の多くに責任があった。新大統領はまもなく、サレハが国の軍部を家族特権に変えてしまったままでは、GCCの計画に定められた政治改革に乗り出せないと気付いた。四月六日、新大統領は大胆にも、サレハの親戚や親しい仲間であった幾人かの重要な陸軍指揮官を解任もしくは異動させた。ある者は従い、他の者は抵抗した。ハディ大統領の問題は、自己の法的権威を支えるに十分な火力を持たないことで、そのため彼は仲裁者や仲介者を用い、そのことは国民の新政治秩序に対する信頼を高めたとはとても言えなかった。サレハの息子アハマドは、さまざまな陸軍部隊の立場や役割を見直し、構想される国民軍へと再編成するはずの軍事委員会に席を占めた。国民は、アハマド将軍が国家利益のために平和的に自分を退役させるのを、健全な程度の懐疑精神を持って待った。[19] 同様に想像しがたかったのは、アハマド・サレハとアリ・モフセン将軍とが、互いの陸軍部隊がほとんど一年にわたり激しく犠牲の多い戦闘を戦ったのに、隣り合って座ってカット（イエメン社会で広範に用いられる麻薬）を噛み、新統合軍の誕生に乾杯すると予想することだった。

そして、たとえ軍部があらゆる障害を克服して自己を筋の通った国家機関に再構成したとしてさえ、それはなお国の北部と南部の分離主義勢力に対して自傷的な戦争を戦う見込みに直面しただろう。北では、シーア派のザイディ住民の間で反乱が八年以上にわたって荒れ狂い、土地の多くの部分がサナア政府の統制外におかれていた。南部では、アル＝カイダとつながったイスラム主義者の闘士たちが、サレハに対する蜂起を利用して南部の多くの地方や都市を支配し、タリバン風の「イスラム首長国」を作っていた。ハディは就任後まもなく、アメリカの催促と助力により、尊敬される将官サレム・カタン将軍を司令官として南部に部隊を派遣した。大砲ほかの重火器を用い、同部隊はイスラム主義者たちを一連の町から追い出すことに着実な成果をあげた。六月半ばに、政府の成功はイスラム主義者の拠点ジンジバルとジャールの陥落により頂点を極めた。カタン将軍は世界のメディアに対して、両都市は「すっかり浄化された」と語った。[20] しかし、これでイエメン政府の権威に対する急進的イスラム主義の挑戦は終わったのだと宣言するのは、どうしようもなく楽観的な人だけだ。実際この軍事的成功から一週間も経たないうちに、カタン将軍は自殺攻撃によって暗殺された。

こうした地域的分裂が反サレハ蜂起の間に悪化し、前からあった溝を広げたのはまず疑いないところだが、しかしそれはサナアのあまり有能でない政府によってさえもある程度抑えられていた。アル＝ハディのワンマン選挙では、全国の投票率は六〇％になったが、北部のシーア派のザイディ間では五〇％以下だったし、南部では四〇％以下だった。[21] それはたしかに、地域的・宗派的分裂のためだけで起きたわけではない——投票所が反徒や分離主義者によって攻撃されたのだ。しかしそれはまさに、アル＝ハディと彼の挙国一致政府が、機能する民主的体制の強固で持続的な制度を作ることは言うまでもなく、GCCの事業を成功裏に実施するためにはいかに巨大な課題に直面しているかを確認したのだった。そしてこれらすべては、言うに足る資源をほとんど持たない世界の最貧国の一つで、衰えつつある経済の影のもとで達成されなければならなかった。

サレハの追放は、目先の障害物はともかく、少なくともサナアや他のイエメンの諸都市の街頭や広場に相対的静穏をもたらした。そしてリビアや、実際エジプト・チュニジアの場合と同様に、相対的静けさは民衆が専制的指導部に対して決起し、打倒することができた勝利の結果であった。しかし小国バハレーンは、違った物語を提供した。他の諸国とよく似て二〇一一年初夏には、首都マナマや他の町は、街路や広場を埋めた何千もの抗議者やデモ隊をもはや見ることはなかった。見かけの静穏がバハレーンに戻っており、それは実際勝利の結果だった。しかし今回は、勝利は民衆ではなくむき出しの権力を振るう独裁者のものだった。

二〇一一年三月半ば、バハレーンの君主ハマド王は非常事態令を発し、サウジアラビアに軍事的支援を求めた。入国した約一〇〇〇名のサウジアラビア部隊は好戦的でよく装備され、包囲されたスンニー派の君主制が、イランに支援されたシーア派の多数者とまさに命がけで戦っているのを助けに来たのだと信じ、デモ隊を力づくで追い散らして市の中心部から彼らの陣地を除き、バハレーンの治安部隊が一斉逮捕に暴れ回るのを許した。逮捕に続いて拘留と拷問が行われたし、政府や官庁の職員の恣意的で広範な解雇がなされたのは言うまでもない。

主な標的はシーア派共同体だった。最終的な犠牲者数は恐ろしいものだ――五〇万人余りの国で、三四人が殺され、一四〇〇人以上が逮捕され、三六〇〇人もが職を失った。およそ四三のシーア派モスクと宗教施設が、破壊されるか損害を受けた。シーア派の一議員マッタール・イブラヒム・マッタールは影響力ある国会議員で政治家であるが、逮捕され、暴行され、三か月以上独房に入れられた後、『ニューヨーク・タイムズ』紙の故アンソニー・シャディードに語った――「彼らは私に、お前を扱える仕方は二通りある、人間としてか動物としてだと言いました。[22]」マッタールはシーア派の政治階級に属したが、彼らは最初のデモ以来ひどく排斥され迫害されたので、議会のシーア派メンバー一八人は、多くの判事や他のシーア派の公的人物と同様一斉に辞任せざるを得ないと感じた。彼らの辞任によって、多数派のシーア派共同体とスンニー派の権力構造との不可欠な絆が断たれ、和解の見通しはますます遠のいた。

抗議の暴力的鎮圧の成功は、たしかにこの小国に二〇一一年二月にデモが勃発して以来経験されなかった静穏感をもたらした。実際、王は情勢が十分正常化したとみなして六月一日に非常事態を解除した。しかしその静穏さは、高まる宗派的緊張が社会の性質そのものに回復しがたい損害を与えかねないことを隠していた。スンニー派は、これまで以上にシーア派を疑うようになった。スンニー派の宗教指導者たちは、政権に勇気付けられて対抗デモを組織し、シーア派をイランと結び付けるスローガンを叫んだ。テレビはスンニー派の排他的領分であるが[23]、その番組はデモ参加者のバハレーンに対する忠誠を疑問とし、シーア派が所有するビジネスのボイコット名簿が社会的メディアに流された。宗派的アイデンティティの強化は、あらゆる制度のなかでもっとも愛されまた多様であるものの一つ、サッカークラブにも浸透した。王の息子が調査委員会を率い、連盟から一五〇名以上のシーア派選手、職員、審判を除名した[24]。そして六月に王が国民対話会議の計画を提示したとき、スンニー派指導者たちはシーア派の要求を受け入れるなと彼に警告した。

国民会議は、政府による弾圧が緩和されたあとで王が採用した多くの発議の一つだった。彼はまた、一八人のシーア派議員の辞職で空いた議席の補欠選挙を発表し、またデモの鎮圧に際して起きたかもしれない不当な扱いを調査することを課された、国際事実究明委員会の創設を劇的に発表した。和解のための国民会議を発表したあと、政府は構想された三〇〇議席のうちわずか三五を野党に割り当てたので、当初はうまく運ばなかった。結局のところ会合は実際に行われたが、信頼はバハレーンの不満の冬の犠牲となった――それゆえ、人々はたしかに話し合ったが建設的対話はほとんどなされず、発議自体が速やかに消えていった。

議会の一八議席の補欠選挙は、予定通り実行された。九月の日程が近づくと、シーア派の指導者たちは共同体に、候補者としてであれ投票者としてであれ選挙をボイコットするよう促した。結局立候補した者は、スンニー派もシーア派も政府の支援を受けており、彼らがとってかわる議員たちの正統性のかけらさえも得ようがなかった。候補者中の四人は結局対立候補がなく、他は活気のない選挙に参加して、投票率は約一六%にとどまった。選挙当日にバハレーンのいくつかの場所でたしかにデモが起こったが、一般に多数派のシーア派はまったくこの手続きに背を向け、国を呑み込んだ宗派的亀裂の深まりを表した。

劇場用の仕事あるいは政治的悪意として片付けられなかった発議は、事実究明委員会の任命だった。王が、尊敬されるアメリカのエジプト人国際弁護士・学者のシェリフ・バシウニに委員会を率いるよう依頼し、他のメンバーを選ぶ完全な自由を与えたことで、政府による糊塗へのいかなる恐れも軽減された。二〇一一年六月末に発足を見たバハレーン独立調査委員会は、議長に加えて、誰もバハレーン政府といかなる関係も持たない他の四人の著名な国際弁護士や法律家によって構成され、仕事を開始した。続く五か月間、委員会は拷問されたと主張する数百人を含め五〇〇〇人以上の人に聴取りを行った。委員会は、一一月末に最終報告書をまとめた。政府による介入へのいかなる疑いをも軽減すべく、報告書は委員会がそれを王に提出するのと同時に公衆に公開された。

五〇〇ページの報告書の要約[25]において、バシウニ教授は最初にバハレーンの新聞や国民に対して、アラブの一政府が自由意思で国際的圧力なしに、国内の騒動について外部の集団に調査を求めたことがいかに類がないかを想起させた。しかし、報告書の冒頭で背中をなでられたあと、バハレーン当局は厳しく批判された。調査が見つけたところでは、治安部隊はデモ隊と対決した際にあまりに過剰な力を用いたので、その行為は必要性と妥当性の原則を侵した。入手できた証拠は、多くの場合に治安部隊が群衆に向けて発砲したことを示した。拘留者はあとで物理的・心理的拷問にかけられた——目隠しされ、鞭打たれ、電気ショックを与えられ、高温にさらされ、睡眠を奪われ、強姦の脅しを受けた。委員会は、拘置所における人の不当な扱いの申立てを五五九件受け取ったが、それらのうち九件を除くすべてはシーア派からだった。最後に報告書は、イランによるバハレーンの国内問題への関与（それは、サウジアラビアの軍事介入を正当化するのに用いられた）に関連してバハレーン当局が委員会に提出した証拠は、イランとバハレーンにおける不穏との認識可能なつながりを証明するに足るほど説得的ではないと述べた。

報告書の批判に対応して、ハマド王は『こうした痛ましい出来事が繰り返されないよう」できることは何でもすると誓った[26]。彼は、バハレーンの法律を改革し、言論の自由を含む基本的権利を守るため国際的標準にかなうものにすると固く約束した。権力を濫用した公務員はくびにし、手ひどく扱われたバハレーン市民や不当に職や地位を失った人は補償されるだろうと主張した。しかし、王のこうした反応を説明し敷衍する際に、政府の高官たちは国の両極化に注意を向けさせ、改革がすぐに行われると期待するのは誤りだろうと示唆して、いかなる激しい期待をも弱めることに熱心のようだった。シーア派の政治家や共同体の指導者たちは報告書に喝采したが、それがいかなる真の改革を導くことも疑わしいと表明した。

報告書とその勧告に対する彼の責任を示すべく、王は古参議員を議長とする実施委員会を設置した。多くの改革が実施された——拷問の定義が拡大され、通常の身体虐待だけでなく睡眠剥奪、長時間の起立強制、高温にさらすこと等の苦痛を与えるいっそう見えにくい手段、並びに強姦の脅しや拘束された者の宗教宗派への侮辱等、いっそう巧妙な心理的処罰をも含むことになった。治安要員の逮捕権限が制限された。二名の警官を殺したかどで軍事法廷で有罪とされた二名の抗議者への死刑判決は覆され、政治的理由で解雇された労働者は復職した。

これらのジェスチャーにより、バハレーン当局はたしかにある程度好意を得た。しかし多くの人は、こうした動きはまったくのお飾りで、国の政治・治安体制の深い構造的諸問題に対処するには遠く及ばないと見た。実際、バハレーンの警察隊を再訓練するために外国人顧問が雇用されたが、シーア派共同体のより根本的な不満、すなわち治安部隊への募集はシーア派に開かれていないという事実は放っておかれた。そして抗議者の死亡を何か月も調査したのち、五名の警官が、いずれも高位の者でなくバハレーン人でもなかったが、裁判に付された。[27] 治安部隊が秩序を押し付ける必要を感じたときには、彼らは報告書の勧告を一瞬たりとも考慮するようには見えなかった。実際、報告書が公開されてからわずか一か月後の二〇一一年一二月、最大のシーア派野党が当局との実質的意思疎通がないのに不満を持ち、抗議活動を行う意図を発表した。それに反応して、治安部隊はゴム弾と催涙ガスで党本部を攻撃した。

抗議運動の鎮圧から一年以上経ち、それに続く正常化の努力にもかかわらず、平和と和解の希望はこれまで通り達成困難に見えた。多数派の要求は、スンニー派の政治的支配層にはその特権的地位と権力のみならず、存在そのものへの脅威と認識されているように思われた。しかしシーア派は、態度軟化のいかなる兆候も示さなかった。そしてそれは、バハレーン社会の分裂がますます深く堅固なものとなり、真の民主主義への希望はますます遠去かることを意味した。

バハレーンの経験をリビアやイエメンのそれと一緒にした一要素は、エジプトとチュニジアの例が提供した民主的変革への速やかな方向転換が実現しなかったということだ。革命の火花はただちに消されてしまったか、お尻が権力の椅子にほとんど糊付けされているように見えた暴君たちを部屋から追い出すことができるまでに、何か月もの荒廃と人命の喪失を必要とした。これらの冷酷な男たちが存続のために長く闘うほど、国民の間により大きな分裂の種が蒔かれたし、それぞれ解放の報酬の一切れを要求する諸集団が激増したことは言うまでもない。

それでも、二〇一一年一月と二月の暗い冬の日々に始まったこれら三国の自由に向かう旅は、民主主義の見通しという点で多様な結果を生み出した。バハレーンは、政治改革へのいかなる動きも上から来なければならないので、もちろん一番見込みがない。王が、国民の要求を暴力的に窒息させるのに素早く成功したことは、意味ある譲歩へのいかなる動機も周縁に追いやってしまった。イエメンでも、真の民主的移行への見通しはさしてよくない。たしかにサレハ大統領は職を追われ、新しい大統領が相当数の野党政治家を含む内閣を主宰するようになった。新しい政治指導者たちは、憲法を起草し総選挙を実施するための詳細な計画と日程表を持った。これらはすべて、意味のある成果だ。しかし、まだ克服すべき多くのハードルもまたあった。国の北部と南部で、領土の大きな部分に対する中央の統制が、頑固で断固とした反乱者たちによって厳しく争われていた。サレハはもはや大統領ではないが、軍の将兵や、彼があれほど懸命に面倒を見た部族の間でそうとうな支持者を持ち続けた。そしてこうした困難な諸問題は、もしまだ崩壊していないとしても崩壊しつつある経済という背景のもとで、対処しなければならないのだった。

おそらくリビアの見通しが一番明るいが、それは程度問題であった。積極面では、リビアの石油生産と豊かな在外資産は、もしすべてのリビア人に役立つよう適切に用いられるなら、国の政治的発展に貢献しえた。民主的変革の制度化に関する約束は守られ、二〇一二年七月の熱狂的に支持された選挙で頂点を迎えた。このように、リビアが民主主義への平和的で意味ある移行を達成する見込みは、イエメンやバハレーンよりも大きかった。しかし、エジプトやチュニジアが直面するよりもはるかに大きな、恐るべき挑戦が残っていた。リビアの長く血まみれの内戦の傷跡は、簡単には忘れられなかった。リビアの安定と民主的平和への道は、保障されていなかったのである。

深刻な挑戦はともかく、リビア人やイエメン人は少なくとも、彼らの独裁者たちを歴史のゴミの山に追いやったのを記念する毎年の祝典を期待でき、その可能性が巨大な犠牲と言いがたい苦痛をいくらかは和らげた。しかしもう一人のアラブの専制的支配者、シリアの男は、もっとしぶといことが分かった。

第6章　ライオンと野蛮人——シリア

　アラブの不満の冬は、シリアではリビアやイエメン同様に厳しかったが、二〇一一年の夏から秋になりリビアとイエメンの政権がもがき始めても、シリアの独裁者バシャル・アル＝アサドはパニックの兆候をほとんど見せなかった。それは、彼が聴く耳を持つ誰にでも語ったように国民が彼を愛しているからではなく、カダフィ同様彼は自国民を虐殺することに何ら不快を感じなかったが、大量殺人の道具である彼の軍隊が、リビアの場合と違い全体として無傷で、政権に忠実なままだったからである。その残虐さと人命への冷淡な無視において、バシャル・アル＝アサドは彼の姓にふさわしかった。

　シリアを一九七〇年から二〇〇〇年に死ぬまで——その年に権力は息子のバシャルに移された——統治した将軍であるハーフィズ・アル＝アサドの、包括的で概して同情的な伝記において、パトリック・シールは、ハーフィズの従弟のジャビル・アル＝アサドが彼に語った、アラビア語で「ライオン」を意味する家族の名前の由来を詳しく書いている。(1) ジャビルは、二〇世紀初頭にトルコの一レスラーがシリア北西部の山地のある村にやってきて、男たちにレスリングの試合を挑んだという出来事を語る。スレイマンという名の背が高くたくましい男がそれに応じ、トルコ人を鷲掴みにし地面に放り投げた。その男の恐るべき力を畏怖して、村人は喝采し「ワッヒシユ」と叫んだ。それ以来彼はスレイマン・アル＝ワッヒシュ、すなわち野蛮人スレイマンとして知られるようになった。彼の身体的力は、支配的な男性的文化においては非常な賞賛の源泉だったが、それに加えて彼は銃を器用に扱う能力を持っていた。その結果、彼の家系は村とその長老や有力な氏族指導者の間で重きをなし、彼が死ぬ頃には下級名士の高みに昇っていた。

スレイマンが死ぬと、同様に強く勇敢で花形射撃手だった息子のアリが、ワッヒシュ一家のますます卓越した地位を維持した。彼はムスリムのオスマン人のためにフランス人と戦い、村に帰ると、紛争を仲裁し弱者を保護するという父が始めた伝統を引き継いだ。一九二〇年代初期には、フランスがトルコに割譲したシリアの一部から群れをなして逃れた、疲弊した難民の救援活動を組織して有名になった。彼が共同体において確立した名声を認めた村の長老たちがやってきて、家族の名前を変えるよう助言した――「お前はワッヒシュじゃない。アサドだ」と彼らは言ったのである。(2) もはや野蛮人ではなく、今やライオンとされたアリ・スレイマンは、ハーフィズ・アル＝アサドの父親だった。

その息子と孫のハーフィズとバシャルは、二人で四〇年以上シリアを統治し、統治の責任を果たす際はたしかにライオンのように振る舞った。ライオンたちが好きなようにやれるのは、たまたま彼らが最強だからで、弱さの最初の兆候を見せたら支配権は挑戦を受けることを彼らは知っている。彼らの本能的獰猛さは、領地防衛の際に前面に出てくる。シリアのライオンたち、ハーフィズとバシャルは、ともにこうした原始的本能に忠実だった――最初はハーフィズが一九八二年にハマの街の三分の一を破壊し、住民数千人を殺した際に、そして二〇一一年以降は、バシャルが国の至る所で自国民を絶え間なく無慈悲に攻撃して。

二〇一一年夏には、アサド政権に対する大規模なデモが国中の多くの都市で毎日のように起きていた。イギリス仕込みの眼科医で洗練されているはずのバシャルは、すべての作戦で同じ戦術を用いた。抗議者たちを攻撃し追い払うために、彼は軍隊を（警察でなく）差し向けることをためらわず、都市を包囲するのに重武装した部隊を派遣し、水・食料・補給物資・公共サービスを遮断する。デモ隊を力づくで崩すために部隊を送り、しばしば群衆に向けて発砲させる。ついで部隊は包囲線まで撤退し、翌日まで待ち、同じ作戦をまた開始するのである。バシャルと彼の殺人機械は、外国人ジャーナリストにシリア入国を禁じて残虐行為の報道が外部世界に届かないよう望んだが、そうした状況が一九八二年にハマで殺人の浮かれ騒ぎをした際に彼の父親を大いに助けたのだった。しかし今回は、シリア人によって携帯電話やインターネットを通じて送られた写真やビデオが、国際的テレビの画面に映らない日は一日もなかった。これらの映像は、人々の政権に対する憎悪の深さとともに、彼らに対峙する部隊の人命への侮蔑的無視を伝えていた。

また二〇一一年夏には、アサドに対する反乱の中心はスンニー派共同体にあることが明らかとなっていた。人口の約七五～八〇％をなし、シリア人のわずか一二％を構成するアラウィー派の政治・治安機関エリートに四〇年間統治されて、スンニー派の大部分は政権に深い不満を抱いていた。この宗派的分裂は、事実アサド一族が自分のアラウィー派共同体に、とくに軍隊と国家治安部隊であからさまに特権を与えたことによってもたらされた。それでも四〇年にわたる統治において、アサド家は政権の支持基盤を広げて、スンニー派共同体の重要部分やキリスト教徒・ドルーズ派〔シーア派の分派とされる宗派で、宗徒はレバノンやシリアに住む〕といった重要な少数派を含めるために、経済的利得のネットワークを作り出していた。ダマスカスとアレッポの二都は、シリアの最大の二都市で繁栄するスンニー派とキリスト教徒の共同体の本拠だが、街頭での抗議の数や活発さは劣り、起きたとしても貧しいスンニー派地区や郊外に限られる傾向にあった。自分がもっとも排除されていると信じた共同体、つまり多数派のスンニー派住民がもっとも強い感情を持ったのは至極当然だが、長年の窒息させる独裁はほとんどのシリア人を政権から疎外していた。蜂起を支持しなかったスンニー派でさえも〔キリスト教徒やドルーズ派と同様〕、大統領や彼の政治体制を愛するためではなく、流血の、そして国を衰弱させる内戦を恐れるために控えたのだった。

二〇一一年七〜八月の夏の盛りには、アサドの部隊はシリアの多くの都市でデモ隊を襲い、銃撃し、殺害し続けたが、ハマ――何年も前にアサド家の激怒の矢面に立ったまさにあのハマが、再びアサド一族の歓迎されざる注目を集めた。二か月以上にわたり、デモ隊は毎日のように街頭に出て反政権のスローガンを叫び、前進する治安部隊に小石や大石を投げつけた。バリケードを築き、ゴムタイヤを燃やして部隊を近づけないことにうまくなった。何週間か、街のいくつかの地区の抗議者たちは警官や治安要員を追いやって自分たちの地域を支配しさえし、専制支配の拘束服を脱いで自由の空気を吸ったら何を感じるかを短期間経験した。しかしダマスカスのライオンは、同市のために別の計画を持っていた。

七月三一日、聖なるラマダン月〔イスラム暦で、日中の断食をすべき月〕の開始前夜、シリアの戦車・重機甲部隊がハマのデモ隊が築いたバリケードを突破し、ほとんどあるいはまったく抑制なしに全域を攻撃して住居を破壊し、岩や小石ぐらいしか武器を持たない男女を銃撃した。大勢が殺され、いっそう多くが負傷した。シリアの国営テレビは、自国の市民に対する政権の勝利を激賞して、ハマの街路を戦車が走行し、その乗員が非武装の市民に対する戦車の勝利を祝うためにVサインを見せびらかしているビデオを誇らしげに映した。

その一日だけで、死者の数は市民一三〇人であった。この殺害後、ハマは一〇日にわたって同市を力で制圧した部隊による弾圧を受け、その間数百人の兵士が家から家へ、抗議に加わったと政権によって疑われた人々を名指しで尋ね回った。八月末に、アムネスティ・インターナショナルがシリアの拘置所における拷問について発表した報告書[3]を見ると、ハマの若者でシリア兵士によって留置される不運に見舞われた人たちは、むしろ倒れた同志たちに加わった方がよかったと思ったかもしれない。

ハマでの成功に鼓舞されて、アサド一族はデイル・アル＝ズール、ラティキヤやイドリブといった他の主要都市に、ハマを制圧した際と同じ戦術を使って攻勢をかけた。シリアの戦車や装甲車に乗った兵士は、抗議者が築いた多様なもろいバリケードを突破して、反対派の中心と信じられた地区の住宅地に重火器を撃ち込んだ。部隊は、群衆に実弾射撃を加えることを何とも思わなかった。ひとたび支配が課されるや、兵士や他の武装者が通りを徘徊し、諸世帯をおびえさせ若者を意のままに逮捕した。[4]カイロとチュニスの抗議者たちに成功をもたらした市民の不服従は、シリアの都市中心ではそううまく作用しないようだった。

二〇一一年の秋には、抗議の性格と調子が劇的に変化し始めたのは不思議でない。軍隊と反対派の武力衝突の報告が出回り始めたのは、その頃だった。バシャルの戦車や兵員輸送車に反撃したのは誰かははっきりしないが、「自由シリア軍（ＦＳＡ）」と呼ばれる集団がアサド政権に対する軍事作戦を実行したと主張し始めた――そのもっとも華々しいものは、一一月のダマスカスの空軍情報施設への攻撃だった。ＦＳＡは、軍隊からの脱走者で治安哨兵線を軽火器のみを持って何とか通過できた者からなっていて、その年の終わりには五万人以上にのぼると主張したが、実際にはもっと現実的な数は一万人くらいだった。[5]さらに、何か月も声やプラカード、小石、大石、そしてときたまの火炎瓶程度しか持たずに街頭に出ていた抗議者たちが、今やますます、トルコやレバノンの国境をすり抜けてきた武器をとりつつあった。

蜂起が二〇一二年三月に一周年を迎える頃には、抗議のパターンはたしかに変化していた。大きな反アサドデモが街頭に繰り出し、大統領への侮辱をどなり、辞任と全アサド一族の排除を要求した。軍隊がいつもの火力でそれに対応し、デモ隊に銃撃を加え、戦車の回転式砲塔が彼らの家々に照準を合わせた。しかし単に散らばるのではなく（デモ隊は以前はそうしていたのだが）、弾丸が、今回はアサドの部隊に対して飛び始めた。銃撃戦がそれに続き、ときには何日も継続した。しかしほとんどの観察者は、軽武装のＦＳＡが、銃を持つ若干の抗議者に支援されても、アサドの正規軍に真の打撃を加える機会を少しでも持とうとは思わなかった。強制力の均衡におけるいかなる決定的転換のためにも、さらに何千人もの将校や兵士が脱走する必要があり、ずっと強力な兵器が反対派に届く必要があった。その間、アサド政権に反対する者が武器をとったことは、アサドの宣伝要員に政権の国民に対する残忍な襲撃を正当化するのに利用された。

抑圧が強まるなかで、大統領は自己欺瞞、ペテンと完全な嘘の並行的宇宙に存在するように見えた。それは、彼が西洋のジャーナリストに許した稀なインタビューや、同様に滅多にないシリア国民への公的演説においてまったく明らかだった。二〇一一年一〇月にイギリスのジャーナリストに、選挙と結び付けられた正統性は民衆的正統性に劣ると語った。アサドは、民衆的正統性の概念を彼の個人的生活に言及して説明した。「私は普通の生活をしています。自分の車を運転するし、隣人を持っているし、子供たちを学校に連れて行きます」と言い、次のように結んだ——「それが私が人気のある理由です……シリア風なのです。(6)」正統的で人気のある政治指導者となるのに必要なことが、隣人を持ち子供たちを学校に車で連れて行くだけなら、選挙による民主主義など必要だったろうか？　二〇一二年一月に、蜂起開始後わずか三回目の演説において、アサドは国民の多数派は断固として自分を支持しており、自分は「人民の意思によって」統治しているのだと自信をみせて言った。(7)　アサドがこれらすべてを本当に信じていることも大いにありうるが、彼はまたあからさまな嘘もうまい。二〇一一年一二月にABCニュースのバーバラ・ウォルターズとのインタビューで、彼は一度ならず、瞬きもせずに、外国のジャーナリストはシリア入国を禁じられていないと主張した。[8] これは通常の政治的ごまかしではまったくなく、鉄面皮な、恥知らずの、面と向かっての嘘だった。

錯覚の産物であれペテンであれ、ライオンの言葉はシリア内ではいくらか共鳴を得たかもしれないが、外部世界ではたしかにまったく影響力を持たず、そこではメディアの報道や政策の声明において無差別の非難が広まっていた。多くのシリア人「市民ジャーナリスト」たちにより西洋のメディアに送られた、政権の残虐さを示す映像の着実な流れは、アメリカやヨーロッパの諸政府や諸国民を等しく怒らせた。西洋の諸政府は厳しい経済制裁によって対応し、多くのシリア企業の資産を凍結したり、シリアへのいかなる開発借款も禁じたり、シリアの石油輸出は九〇%がヨーロッパ向けだったが、その輸入を禁じた。しかしそれら〔西洋の諸政府〕はリビア風の軍事介入を否定し、そのことはアサドとその支配閥の神経を静めたようだ。西洋のレポーターに、彼は自慢して言った──「今日の西洋は、一〇年前の西洋と似ていません。世界は変化しつつあり、新しい大国が登場しています。選択肢があるのです。私たちは自分で、友人や兄弟と並んで泳げますし、彼らはたくさんいるのです」と。[9] しかし現実には友人や兄弟の数は少なく、基本的にはイランと中国、そしてアサド政権にとって決定的なロシアだけだった。

二〇一一年八月、アサドの部隊がハマ市を猛撃し見かけの服従へと追い込んだあと、そして別の反抗的都市デイル・アル＝ズールに対して同様の軍事行動を開始した頃、ほかならぬ「兄弟」サウジアラビアのアブドッラー王が、シリアの「殺人機械」の停止を要求した。[10] 王はただちに王国の大使を召還し、他の湾岸君主国が同様にするまで長くはかからなかった。しかも続いて、さらに大きな驚きがあった。三か月後、シリアも創設メンバーであり、過去には加盟国を批判するのに臆病なので悪名高かったアラブ連盟が、シリアの資格を停止しその軍隊が無辜の民間人を殺すのをやめるよう要求した。一一月末には、連盟の二二加盟国中一九か国が経済制裁を科すことに賛成した。すなわち、アラブ諸国におけるシリア政府の資産を凍結し、シリア中央銀行との貿易取引を中止し、シリアの公共部門・民間部門へのアラブの投資をやめる等した。ヨルダンのアブドッラー王は、バシャルが権力から追われることを最初に求めたアラブの指導者となった。[11] 実際アラブ連盟は二〇一二年一月に、アサドが辞任し、副大統領のもとで挙国一致政府が組織されることを要求した。

アサドにとってちょうど同じほど大きな頭痛をもたらしたのは、シリアの北方の隣国で主要な貿易相手国の一つであるトルコの反応だった。二〇一一年の春と夏を通じて、トルコの指導者たちはアサドに自国民への暴力を抑制するよう説得しようとした。八月には、彼らは我慢できなくなったようだった。アブドッラー・グル大統領は、トルコがシリア政権に対する「信任を無くした」と宣言した。[12] 一か月後、レジェプ・タイイプ・エルドアン首相は、非難の苛烈さで中東地域の誰よりも先に行った。「自国民を戦車や砲で攻撃する者は、政権にとどまりえないだろう」と、彼は言った——「アサド大統領は、いつかはその対価を払わざるを得ないだろう。[13]」一一月にトルコは、シリアとの二国間貿易が二五〇億ドル以上あったが、この南方の隣国とのあらゆる金融・信用取引を停止し、トルコにおける全政府資産を凍結した。国際的な外交的孤立や経済的損失によって大打撃を受けながらも、アサドは若干の鍵となる同盟国の支持を得て生き延びた。イランは、希望通りに反対派を最終的に抑圧するまで彼が生き残れるように、ときおり融資を行った。ロシアは、その地中海艦隊の主要海軍基地がシリアの港市タルトスにあるので、彼に武器を与え続け、国連安保理事会で彼に不利な決議が通らないよう頑強かつ効果的に介入した。早くも二〇一一年九月に、アメリカとヨーロッパ諸国はアサドと彼の直接の親族、および影響力のある提携者に対する制裁を求める決議案を通そうとしたが、この努力はロシアと中国から抵抗を受けた。一〇月に安保理事会に提出された温和な決議は、暴力の終結と人権の尊重、メディアと人権調査者のシリア入国を妨げないことを求めた。シリアが従わなかったときにのみ、安保理事会は経済的・外交的制裁の選択肢を考慮するはずだった。ロシアと中国は、彼の政権による暴力は、反政府武装ギャングたちによって犯された暴力に対応するものだというアサドの議論をオウム返しに述べ、決議をしかるべく拒否した。

ロシアと中国の権威主義的指導者たちが、自分たちの口にするでたらめ話を本当に信じていたのか、それとも自分たちの仲間を裏切るのは考えるだけでもあまりに苦しかったのかはともかく、結果として野蛮人転じてライオンは、自国民を咎められることなくむさぼり続けた。二〇一二年の一月から二月初めに、アサドによる復讐の獅子の分け前を受け取ったのはホムス、とくにババ・アムル地区だった。シリアの戦車とその他の機甲部隊が同地区を包囲し、ババ・アムルをロケット砲と迫撃砲で体系的・無差別に攻撃し始めた。一〇〇名以上の射撃手が屋上に配置され、文字通り動く者は何でも撃った。治安部隊と軍の部隊が諸病院を取り囲み、負傷者や治療を緊急に必要とする者を、それが婦人、子供、無辜の見物人でさえも追い返した。バシャルは一地区全体の破壊を統括していたが、その行為はほとんどちょうど三〇年前に同じ残忍な扱いをハマに加え、同市の三分の一以上を破壊しその過程で何千もの人々を殺戮した野蛮人、すなわち彼の亡父ハーフィズも誇らしく思っただろう。

一九八二年にハーフィズ・アル＝アサドがハマをなぎ倒しその住民を殺したとき、外部世界では誰も虐殺がその市と市民に対して犯されつつあるという暗示をあまり受けなかった。政府が同市の統制を取り戻したのちになって初めて、世界はそこで流血が起きたことに気付いた。しかし二〇一一〜一二年には、バシャルは父親を真似して事情を知らない世界に既成事実を突き付けることができなかった。今回は、バシャルがまったく統制できないツイッターやスカイプその他の社会的メディア手段を用いる「市民ジャーナリスト」たちが、住居や地区の無差別の破壊、食料・水・電気や緊急医療支援を得られない人々の窮状を伝える、詳しい報告や感動的な記述を提供し続けた。そして彼らは、ババ・アムルの胸つぶれる物語を語ることでもっとも強烈な仕事をした。

アサドの猛攻撃前ババ・アムルは、およそ五万人のスンニー派住民の住む貧しい地区で、いくらか老朽化した家や建物が狭い道路や裏通りで分けられて一緒に詰め込まれていた。それが徐々に、アサド政権に対する公然たる反抗の象徴となっていた。抗議の頻度や規模において、ババ・アムルはそれ自身反対派の温床だったホムス市を先導し、その息子たちはシリアの治安部隊から銃撃されたあと武器をとり撃ち返し始めた。軍からの脱走者たちがまもなくこの刺激的状況に加わり、一緒に彼らは「自由シリア軍」と呼ばれる緩やかな軍事組織を形成した。この地区は、速やかに政権への頑強な抵抗の基盤となった。二〇一二年初頭には、シリアの機甲部隊や砲兵隊が急速に地区の周囲に集結し、二月にはババ・アムルへの規則的・無差別的な砲撃が始まっていた。月が深まるなか、軍の激しい襲撃は強化され、迫撃砲やロケット砲が毎日のように用いられた。激しい砲撃から身を隠していただけの人たちは殺されつつあり、あえて外へ出た人たちは射撃手に撃たれるか、誘拐されるか、拷問された。地区の最終的破壊後にイギリスのテレビで映されたビデオは、デモ行進中に負傷し医療加護を必要とする、残酷な扱いを受けた病院患者たちの凄惨な映像を示した。国連の職員たちがビデオが本物であることを証言し、彼らは同様の映像や証言を受け取ったことを確認した。国連の報道官ルパート・コルビルは、「治安機関員は、ときには医療要員と一緒に重傷を負った患者をベッドに鎖で縛りつけ、感電死させたり、身体の傷付いた部分を殴ったり、医療加護や水を拒否した」と述べた。[14] その結果ババ・アムルの負傷した市民や戦士は、臨時の原始的病院に変えられた住宅で志願した医師や看護師による治療を受けた。「国境なき医師団」派遣の、レバノンからシリアに密入国したフランス人外科医は、「たぶん［ロシア連邦の］チェチェン共和国を別とすれば、私が働いてきたほかのどの戦場ともホムスは本当に比べようがない。ホムスの家々は、［グロズニー〔チェチェンの首都〕］同様に建てられている。砲弾が当たると、完全に崩壊するんだ。そして、攻撃と抑圧の獰猛さも似ている」と述べた(15)。

そしてババ・アムルに加えられた殺戮が、その死者の沈黙した遺体とともに埋葬されることを許さなかったのは、「市民ジャーナリスト」たちだった。以下はこうしたジャーナリストの一人が、ババ・アムルで二月初めのある晩に起きた事を語ったものだ――

私の計画は、ババ・アムルへの連続砲撃の五日目であるこの日の、ホムスでの事件のいくつかの報告から簡単な手紙を書くことです。スカイプやツイッターに目をおき、耳をオマル・シャキールの連続実況放送に合わせて……人々はより平和的になったようだ、砲撃の音はそう激しくないとツイートしています。ついで私は、オマルのアラビア語の最新のツイート、ハッシュタグ〔ツイッターで、ハッシュマークを利用してエントリーにタグ付けしたもの〕もない、絶望の叫びそのものに気付きます。これは市民ジャーナリストではなく、オマル自身が語っているのだと感じます。何かひどく良くないことが起きているのだと分かります。すぐあとで、それが何だったのか明らかになります。別の連続実況カメラがミサイルの標的になったのでした。ローカル放送は死に、カメラを動かしていた五人も、二人の女性を含め、死にました。今私は、オマルが友人たちの爆発を目撃したことをツイートしていたのに気付きます――「手足で覆われた道路。人々が手足になった。神よ、私たちにはあなたしかいません。」

五人の死者は素早く二九人になり、さらに五五人が負傷しました。私の一時間前の新鮮な報告は、今や古臭くなっています。ババ・アムルは、再び攻撃されています……

ダラアの活動家のジャーファルが、スカイプで私に語ります。「私を、メディアの誰かに、ホムスの医者に話せるようつないで欲しい」と。私は［多くのジャーナリストに］ツイートし、待ちます。［その間、］ババ・アムルで医者の助手をしているユーセフに話します。彼が一日の出来事を語ります――「砲撃は午前五時に始まりました。住居のがれきの下に、四家族が埋められています。ロケット砲がある家の片側を裂き、隣の家へと壁を突き破ります。砲撃の四日前、ババ・アムルは市の他地区から切り離されました。パンや食料を断ち切られました。食料がまったくありません。赤新月（アラブ世界の赤十字）が入ったときは、軍隊は入るのを許す前に補給物資をすべて奪いました。そして彼らは、負傷者を誰も連れ出すことを許しませんでした……」話している間、背後でドンドンと爆発するのが聞こえます。

ジャーナリストたちが今や反応しています。私は彼らを皆ジャーファルにつなげます。彼は効率的で正確なメディア通信管制官みたいです。私は、彼が活動家たちに話す用意をするようにと英語やアラビア語で言いながらタイプするのを聴きます。ジャーナリストたちに［ユーセフが話すのを］聴きました。彼がイライラしてきたのに気付きました。彼らが死者の数を尋ねたとき、ユーセフは繰り返します――「二九人です。いいえ、過去二四時間ではなくて、過去四時間です。」そのご、一レポーターが「病院の状況はどうですか」と尋ねます。彼は答えます――「病院は一つもありません。私たちの家々を、病院にしました。負傷者をモスクで治療しています。」彼女はまた、「病院はどこですか」と尋ねます。彼はぶっきらぼうな口調で、「病院じゃない。モスクだ」と答えます。

［そのインタビューで］私の使命は終了だと希望していました。しかしログオフする前に、あるメッセージを受け取りました。アメリカのニュース・ネットワークからで、ジャーファルは喜ぶでしょう。ジャーファルに告げたとき、彼が取り乱しているのに気付きます。彼は、［ユーセフの］インタビューの最中に大きな爆発があったと言います。建物が撃たれたのです。すべての通信が断たれました。彼は尋ね続けます――「メディアはどこだ？　ババ・アムルはおしまいだ。数日ですっかり無くなるだろう。メディアはどこだ？」この時点で私も憂鬱になり、すっかりくたびれて言います――「ジャーファル、それは何も変えないよ。メディアは、飛行機が爆弾を落とすのを止められない。軍隊がババ・アムルに入ってきて、やり始めた仕事を終わらせるのを止められない。メディアは何もできないんだ。」彼は沈黙し、私は悪いことをしたと感じます。私はまさに彼が考えていたことを言ったのですが、その言葉を大声で言ったことで、私たち二人を陳腐にしたのでした……

スカイプを切る前に、私は彼に安全を祈ります。明日話そうと言います。夜明けのほんの二時間前にベッドに寝ます。頭がガンガンします。近所の五〇％が破壊されました。オマルは人の手足に囲まれています。ジャーファルは友達との連絡を断たれ、ユーセフは行方不明で、ババ・アムルの人々は、軍隊が入ってきて男たちを一斉検挙する前に女子供を安全に通らせてくれと頼んでいます。無慈悲な政権に慈悲を求めているのです……

ジャーファルは正しい。貴方が今読んだものは、生命を救わないでしょう。ババ・アムル、あるいはイドリブ、あるいはザバダニ、あるいはパルミヤ、あるいはダラアへの攻撃を止めないでしょう。今朝起きたことも、明日起きることも変えないでしょう。それは、貴方が寝ていた間にシリアと呼ばれる場所で起きたことの話でしかないのです[16]。

世界が寝ているときもすっかり目覚めているときも、ババ・アムルへの無差別の砲撃は続いた。砲撃の一エピソードにおいて、ベイルートから密入国した二人の西洋人ジャーナリストが死亡し、多くが負傷した。負傷者の一人ポール・コンロイは、レバノンに再度密出国したあと、彼があとに残した過酷な状況を描写した。彼が言うには、「私は結構な数の戦争を取材しました。このレベルのものは見たことがありません。標的が何もないのです。民間人住民のまったく体系的な殺戮です[17]。」

シリア軍がババ・アムルを平らにし、その住民を殺しているとき、シリアの国営テレビはにっこりほほ笑んだ大統領を、魅惑的でイギリス生まれイギリス育ちの妻と一緒に映したが[18]、二人は二〇一一年二月にフランスの雑誌『ヴォーグ』のページを飾った。夫妻は病院を訪れており、そこにいた一人の若いキリスト教徒の男性は、スンニー派の級友に撃たれたらしかった。直接言及されてはいなかったが、宗派的な伏線は誰の目にも明らかだった。そして実際、実家がホムス出身のファースト・レディーは、以前に夫を単にあるシリア人たちのではなく全シリア人の大統領として激賞していた。ライオン自身は、特別上機嫌で冗談を言ったり大声で笑っていた――彼の軍隊が、一市の地区全域のくすぶる廃墟で祝杯をあげていた、まさにその頃に。

大虐殺のさなかにバシャル・アル＝アサドは、シリアの政治体制を民主化すると公然宣伝された新憲法に対する国民投票を組織した。新憲法案の主要特徴は、バアス党の「国家と社会の指導者」としての役割を終わらせることだった。多党制が合法化され、他の政党は自己の大統領候補を指名する「権利」を持ち、大統領職は最大で七年任期を連続二回までに限られ、その規定によればアサドは二〇二八年まで権力に就いていられるはずだ。国民投票は二〇一二年二月二六日に実施され、有権者の五七・四％の投票率で八九・四％という感激する得票で承認を得た。国民投票はロシアと中国からただちに支持を得たが、アラブと西洋の諸国は一致して憲法を無意味、投票は「笑劇」であると片付けた。[19] 大規模な不正の主張が相次いでなされた。『エコノミスト』誌は、ダマスカスの一住民によって同誌に語られた出来事を報じた――バスの乗客が、首都を環状に囲む軍の検問所の一つで止められ、身分証明カードを手渡すように求められた。数分後、カードは返され、乗客は投票ありがとうと言われたというのだ。[20] 仮に印象的なパーセンテージが大きく水増しされていないと信じたとしてさえ、中立的監視員なしに、政権が自国民を意図的かつ無差別に虐殺しているときに行われた投票は、見せかけ以外のものではありえなかった。その意味では、おそらくもっとも痛烈な批判が、それまでよい友人だったイラクの首相ヌーリ・アル＝マリキから寄せられた。「挙国一致政府を構成しなければならず、自由を与えなければならず、国連とアラブの監督下に公平な選挙を行わなければならず、憲法を承認するための国民評議会を選出しなければならない」と、彼はシリアの状況について語った。[21] しかしこの頃には、いかなる脅しも非難もアサド政権が強情かつ冷酷に自己に定めた政治的・軍事的コースを変えさせはしなかった。結局、国連安保理事会はロシアと中国に妨害されて、シリアの大統領に文字通り青信号を与えていたのである。

バシャルがホムスをロケット砲や迫撃砲で攻撃し戦車や重機甲部隊で包囲していた頃、アラブ連盟はヨーロッパやアメリカの支持を受けて二月初めに安保理事会に決議を提出し、そこで全当事者、政府と武装反政府集団が、暴力と報復をやめるよう求めた。アサドが辞任し、シリア国民の正当な関心事に対処することを目的とする、シリア人主導の包括的政治過程を開始するよう要求した。[22] 理事会の前にアサドの行為を非難する動議が出されたのは、四か月で二度目だった。最初のものはロシアと中国にあっさり拒否されたので、二番目はロシア人との何時間もの交渉の結果、調子を和らげたものとなった。それでも投票になったら、ロシアと中国によって拒否された。明らかに、どれほどアサドの部隊が国民に血に飢えた猛攻撃をしようと、グロテスクな人権侵害が犯されようと、ロシア人と中国人に権威主義的な戦友を助けに行くことを思いとどまらせはしなかった。ロシア人がアサド政権の最後の防衛者という役割を担ったことには、ほとんど誰も眉をひそめなかった。結局、ウラジミール・プーチンの流星のような政治的上昇は、チェチェンの都市グロズニーを壊して地ならしすることで実現したのだったから。

国際的友人たちの支援や、二月の国民投票で得たシリア国民からの心温まる政治的支持（八九・四％の。念のため）によって強化され、アサドは政治的勝利に続けて重要な軍事的勝利を得るときが来たと決めた。数週間にわたってババ・アムルを弱体化させた——同地区を包囲し、食料、補給物資、基礎的医薬品の搬入を阻止し、情け容赦なく砲撃した——あとで、二〇一二年二月二九日、ババ・アムルにきっぱりととどめを刺す命令が下された。外国のテレビや新聞のレポーターは、ホムスの市民ジャーナリストたちとの連絡がすべて断たれたとき、ただちに何か恐ろしいことが起きていると悟った——スカイプの画面やフェイスブック、ツイッターのページ、さらにユーチューブが真っ暗になったのだが、それは何か月もそれらのステーションを運営していた人たちが、文字通り命がけで逃げることを余儀なくされたからだった。

自由シリア軍の軽武装のメンバーたちは、前進する重機甲部隊に対する戦闘に勝てないと判断しババ・アムルから撤退した。まもなく戦車が猛攻撃を開始し、軍の射撃手たちが人々を銃撃して室内にとどめさせ、治安要員や私服の武装ギャングが家々を回って彼らに敵対した男たちを捜索した。のちにレバノンに越境できた難民は、主に女性と子供だが、即決処刑の話や男たちがのどをかき切られる恐ろしい物語を伝えた。(23) ダマスカス政権のある親しい協力者は言った――「彼らは何が起ころうと、制約なしに、いかなる犠牲を払おうと、それ［ババ・アムル］を取りたいんだ。」そして、ホムスの反徒を打ち負かせば反政府派はシリアに大きな拠点を持たなくなり、アサドの危機を和らげることになるし、彼は生き残りになお自信を持っていると付け加えた。[24] 毎日毎日、シリアの地上軍が入ってから丸一週間、国際赤十字は医薬品や補給物資を持ったチームがババ・アムルに入ることを認めるよう、必死の嘆願を繰り返したが退けられた。シリアの役人たちは、一帯が地雷や偽装爆弾の除去作業中だと言った。しかし報復殺人や大量虐殺が起きたことはほとんど疑いないし、反政府派の活動家たちは許可の遅れはそれを隠すためだったと信じている。三月七日に赤十字のボランティアがようやく入るのを許されたとき、その地区はほとんど完全に無人化し、シリア軍が徹底的に清掃した後だった。結局のところ、多量の粉砕された煉瓦、迫撃砲、コンクリートからは、そのゴーストタウンがかつては約五万人の人が住む活気ある市街区だったと信じることは難しかった。

ひとたびホムスを支配するや、シリア軍はトルコ国境に近い北シリアの別の反抗的都市イドリブへと移動したが、そこでは住民がバリケードを築き、武装抗議者たちが治安部隊を何か月も寄せ付けなかった。しかしホムス征服後、戦車や重機甲部隊、そして砲兵部隊が到着しロケット砲や迫撃砲が同市に降り注ぎ始めると、もっとも楽観的なオブザーバーでさえイドリブの自由な日々はもう長くないと知った。ババ・アムル抹消後二週間もせずに、シリア軍は同市を制した。砲撃と銃撃のどんちゃん騒ぎで、アサドの治安部隊は兵器・弾薬の補給を懸念していないようだったが、実際ロシアの外相はモスクワがアサドに兵器を供給していることを認め、ただしそれは抗議者たちに対して用いられる種類の武器ではないと世界に保証した。[25] 世界は、大きな安堵の息を吐いたに違いない。

そしてアサドは世界に、暴力にもかかわらず彼の第一の優先事項は政治改革であると安心させるために、五月初めに二五〇議席の議会のための「多党制」選挙を演じた。進行中の大量殺戮から見て、この選挙は、ハマ市の一活動家の言葉では「死者の遺体の上でのダンス」[26]に近いものだった。ほとんど誰も、候補者や彼らの民主主義への献身をまじめにとらなかった。ダマスカスのある路上の時計売りが、「本物の日本の時計だよ、一個買えば議会の候補者になれるよ」と叫ぶのが聞かれた。[27]結果は選挙委員会議長によってテレビ中継により発表され、二五〇名の当選候補者の名前が早口で読み上げられたが、彼らの政治的所属先を明らかにすることは拒否された。この「歴史的出来事」を目撃するよう招待された若干名のジャーナリストたちに強く要求されて、彼はアサドのバアス党とその同盟者が議席の七〇~七五%を獲得したかもしれないとだけ推測した。[28]そのご分かったところでは彼は的を外しておらず、二日後にシリアの国営テレビはバアス党とその同盟者が新議会の二五三議席中一八三議席、七三%の比率を獲得したと発表した。[29]反政権勢力のボイコットの呼びかけを無視した二野党は、結局両党で五議席を得ただけだった。

選挙という余興を終えて、暴力が継続した。二〇一二年晩秋までには三万人以上が殺され、そのほとんどは非武装の抗議者や民間人だった。そしてアサド政権は、抗議の激しさや粘り強さにそうとう揺るがされたが存続し続け、その姿勢は変わらず、残虐さは手が付けられなかった。抗議が二年目に入ってかなり経ったが、アサドが自国民によって力づくで追放される兆候はほとんどなかった――蜂起の持続性、抗議者の熱気や活気、そして払われた大きな犠牲を考えるといささか驚かれる。しかしアサド政権の存続能力が、チュニジア、エジプト、リビア、イエメンの独裁者仲間たちのそれより大きいことを説明しうる、多くの要因があったのだ。

一つは反政府派集団間の団結の欠如で、それらは権威ある組織を作って方向付けされ目的を持った抵抗を組織し、国際的に反政府派の認められた声になることができなかった。二〇以上の別個の集団が「シリア国民評議会（SNC）」と「国民調整委員会（NCC）」に連合したが、この二つの統合組織は、アサドへの反対派をまとめるよりもお互いに侮辱や非難を浴びせることに多くの時間を費やした。そしてそれらの組織のいずれも結束力ある存在らしくはなく、参加諸集団は行きあたりばったりに活動し続け、指導部に何の注意も向けなかった。二〇一二年三月にSNCを脱退したあるメンバーは言った――「評議会なんかない、それは幻想だ……　みんな独自に活動していて、評議会全体が会合したことは一度もない」と。[30]評議会は宗教の問題に関して世俗派とイスラム主義者に、イデオロギー的基盤では左翼と自由市場派に分裂し、種族に関してさえもシリアのクルド人が反政府派の他のメンバーをアラブ排外主義者と非難して脱退した。二〇一二年夏にSNC指導部が一部交替し、内部分裂がいくらか緩和されFSA〔自由シリア軍〕との調整はよりよく行われるに至った。しかし評議会は、リビアの移行国民評議会が反カダフィ蜂起の間中果たした役割をまねるにはなお大きな努力を必要とした。

自由シリア軍も、アサドの軍隊に対して最初に武器をとった頃は結束力がなかった。アサド軍に対して、とくにババ・アムルやイドリブでたしかに交戦したし、治安機関や施設に対する多くの目覚ましいゲリラ行動を敢行したが、本質的には適切な指揮系統は言うまでもなく、いかなる全国組織も持たない異質な地方集団の寄集めのままだった。[31]二〇一二年秋にはFSAの活動は、ますます多くの〔政府軍〕兵士が離反し、より強力な兵器が湾岸諸国からの資金により、トルコ国境を越えて反徒に届くにつれて増大していた。FSAは国のさまざまな部分でアサドの軍隊とより頻繁に交戦し、主として非常に目立つ電撃作戦によって政府軍にかなりの損害を与えた。主たる打撃は心理面で、政権のそれまでの無敵イメージが深刻に落ち込み始め、人々は「内戦」を語り、政権の政策をより公然と批判し始めた。実際、二〇一二年六月には国連がシリアの紛争を「内戦」と名付け、それ以後アサドはシリアがたしかに「戦争状態にあった」と認めた。[32] こうした承認はFSAの志気を高めたが、力や自信が高まったと言っても、FSAの戦士たちはアサドの軍隊という恐るべき敵に直面していた。

シリア軍は二五万人以上を有し、一〇万人以上の準軍事的民兵や、一万人以上のエリートの特殊部隊師団、そしてさらに大きな共和国防衛隊によって補われていた。そして離反はたしかに、時とともにますます多く起こったが、リビアやイエメンで起きたような軍部隊全体の大規模離反のようではまったくなかった。エジプトの軍部は、ムバラクが国民と紛争を起こすやいち早く中立を宣言したが、シリアの軍隊は長きにわたりしっかりアサドを支持していた。その将校団の七〇％以上がアサドの少数派アラウィー共同体に属することを考えれば、それは不思議ではなかった。[33] アラウィー派は単なる部族的あるいは地域的紐帯以上のものによって動かされ、四〇年以上にわたる力による支配のあとでは、アサドが消滅すれば彼らも特権的地位だけでなくおそらく彼らの福利、いや存続さえも失いそうであることを、よく知っていた。

しかし、アサドの側にいたのはアラウィー派だけではなかった。他の少数派も、アラウィー派と合わせればシリア人口の四分の一以上を構成するし、それに加えてスンニー派の一部で統治エリートと多くの経済的絆を持ったり、アサド政権の金融支柱の重要部分として行動していた人たちは、[34] スンニー派の過激派に権力を与えて世俗主義的な現状を変更する可能性に対して、まず楽天的ではなかった。[35] そして政権は、一貫してこうした恐怖につけ入った。反政府派の「残虐行為」の報道において、シリアの公的メディアはかならずいつもアル＝カイダの恐れられた名前をあげた。こうした恐怖は、政権支持者に対してFSAが犯した残虐な殺害の描写によって増幅された。

それでも内戦がより激しくより醜くなるにつれて、そして反政府派が疲弊の兆候をほとんど見せずに戦い続けるとともに、親アサド連合の団結が、徐々にだがたしかにほころびるように見えた。アサドの支持者たちは、諸都市の無頓着な破壊と政府軍が犯す言いがたい残虐行為を正当化するのがますます難しくなったと感じた。そして経済制裁が一日経つごとにますます厳しくなり、全国的に、とりわけスンニー派が支配するビジネス階級によって感じられ始めた。国民もまた、政府が「犯罪者とテロリスト」に対する最終的勝利をまもなく達成すると保証してももはや信用しなくなった。

この懐疑精神は、二〇一二年七月一八日に、ダマスカス中心部の治安施設への爆弾攻撃により、国防相とアサドの義兄を含む国家安全保障会議の上級メンバー多数が殺されたときに信任を得た。同時に、FSA戦士たちは首都の各地で攻勢を開始し、アサドの部隊と激しい交戦を演じた。シリア軍は、戦車、重火器、武装ヘリコプターを用いて、同市からFSA戦士を排除するのに一週間以上かかった。しかしこれは空しい勝利だった。メッセージは大声でかつ明瞭だった――アサドの権力の拠点、堅固な要塞化され、政権の重要機関がすべておかれている首都は、もはや募る反乱から無縁ではないと。

このダマスカスへの攻撃では、FSAはそれまで見られなかったレベルの戦術的協調を示し、それはますます背伸びさせられているシリア軍にとって、前途にいっそう困難な日々を予想させた。実際、政権が「犯罪的テロリスト・ギャング」に対する最新の「勝利」に浸る時間もほとんどなしに、FSA部隊がシリア第二の都市で国の商業的首都であるアレッポの、大きな一帯を奪ったというニュースが届いた。そこでまた重火器を備えたエリート部隊が国の他地域からアレッポに移されねばならず、今回はシリア空軍の戦闘機も戦闘に加わった。しかし反徒もまたロケットで飛ばす手榴弾のようなより高度の武器を受け取っていたし、ますます多くの外国人スンニー派戦士がシリアに入ってきていた。これらのジハード主義者たちは、アラウィー派の信条を軽蔑し、アサドの部隊同様人権規範による制約を受けず、独裁者の兵士たちを捕縛し武装解除したあとでさえ殺す決意を持って争いに加わった。他方の側にいると疑われた民間人も、同じ運命に見舞われた。同時に、アサドの隊列もレバノンのヒズボラからのシーア派戦士たちによって増強されつつあった。二〇一二年秋にはシリアは一人前の内戦に呑み込まれており、その底流は決定的に宗派的となっていた。

これらすべては、もしアサドが早くから彼の全体主義的統治を自由化せよという公衆の要求を受け入れ、真の譲歩をし何らかの意味ある政治改革に取り組んでいれば避けられたはずだ。しかし彼と統治エリートたちは民主的変革への国民の願いを軽蔑してはねつけ、そのかわりに彼は自制のない暴力の道を選び、自国民に対して想像もできない苦痛や悲嘆を押し付け、それらすべてをときおり空疎な言葉やうわべだけの約束で見栄えよくした。この悲劇の結果がどうなろうと、シリアが、野蛮人のルーツに戻ったライオンの蛮行によって引起こされた人的・物的・心理的荒廃から回復するには大変な時間を要するだろう。

第7章　民主化の道へのためらいがちな歩み
――モロッコ、ヨルダン、イラク、レバノン

自由のウィルスに感染したのは、反乱の爆発を起こした国だけではなかった。民主的改革の要求は、同様の革命的熱狂を経験しなかったとしても他の諸国に及んだ。モロッコとヨルダンというすっかり確立された君主国のような場合、王たちは大きな政治改革を約束し実行することで、革命の暴発を速やかに予防した。他のイラクやレバノンのような国はつとに、二〇一一年のアラブ反乱の勃発よりずっと前に自由で公正な選挙を行い、民主主義への移行過程に乗り出していた。この四国の経験はさまざまであるが、いずれにおいても民主主義の追求は意図的で広範な暴力によって損なわれてはいなかった。同時にいずれの場合にも、民主的移行の長期的有効性に関して深刻な疑問が残った。

モロッコでは、都市の教育ある中間階級の若者たちは、エジプトやチュニジアで反乱のメッセージを広げるのにとても効果的だった社会的メディア手段のすべてに高度につながっていたし、メッセージを書き込みツイートするための不満には事欠かなかった――ありふれた腐敗、失業率の高さ、貧富の格差の大きさ、そしてもちろん

制限された政治空間等。もっとも辛辣な批判は、王の親戚、友人、助言者たちからなりアル＝マフゼン（「保管人」）と呼ばれる側近に関わっており、彼らは国のビジネス活動の不当に大きな割合を支配すると言われ、また内閣とほとんど並行的な政策決定機関として行動していた。また、王の広範な憲法上の権力――彼はそれによって内閣や議会の仕事に自在に介入できた――についての不平も、最初はつぶやきとして始まって声が高まっていった。まもなく、モロッコ人もエジプト人やチュニジア人の同志をまねて街頭に出、改革を要求するという言葉が行きかった。その日は、二〇一一年二月二〇日に設定された。

いくらかのモロッコ人は、エジプトやチュニジアでの事件展開が自国でも反復されると予想、あるいは期待したかもしれない。しかし多数派は、胸にそうした目標を抱かなかった。彼らは改革を要求したが、政治体制の全面的刷新を要求しなかった。結局、モロッコは大統領を追放した北アフリカの二共和国とはたいへん違っていた。それはまず何よりも君主国であった――その現王ムハンマド六世は、一六六四年以来モロッコを統治している王朝に属している。この歴史的な長寿が強力な宗教的含意によって着色され、一緒になって、共和国の大統領が得られようもない種類の正統性を王に付与している。王は世俗的指導者であると同時に「信仰者の司令官」であり、二〇一一年夏までは憲法が「聖なる」者と宣言していた。これらすべてが意味するのは、あるモロッコ人観察者の言葉によれば「王は巨大な宗教的・政治的資本を持つ[1]」ということで、ベン・アリもムバラクもそれを持たなかった。さらに、一九九九年に抑圧的で非常に恐れられたハッサン二世の跡を継いだムハンマド王は、君主国の抑圧的イメージを緩和しようと懸命に努め、多くの改革に取り組んで臣下から信用と賞賛を勝ち得ていた。

王が予想された大衆の激発に対応する際の典型的やり方で、彼は二月二〇日の抗議を予防しようと試み、小麦、砂糖、食用油の価格への政府補助金を二倍にした。抗議予定日の五日前にこの措置を発表し、抗議者の不平のなかでもっとも顕著なものの一つ、すなわち広範な貧困と貧富の格差の大きさ・悪化傾向を中和しようと希望したのは疑いない。ムハンマド六世が、この策は抗議をやめさせるに十分な鎮静化作用を何とか及ぼすか、少なくともそれをそうとう弱めると考えたかどうかは明らかでないが、もしそうとしたら彼は誤っていた。

何千もの抗議者がラバト、マラケシュ、カサブランカ、その他の都市の街頭に繰り出した。それらは明白に平和的なデモであり、警察や治安部隊は距離をとり行進を妨げようとしなかった。デモ隊は旗を掲げスローガンを叫んで、多様な社会経済的要求——腐敗の根絶、職の創出、無業の若者への経済的機会の提供、物価の間断ない上昇への対策等々——を訴えた。統治エリートはこの種の要求は予想していたが、予想しなかったのは純粋に政治的性質の要求だった。それは王とその政治体制への鋭い批判を含んでいたので、とりわけ心を掻き乱した。広範囲に及ぶ君主の権力、とりわけ内閣や議会に対するそれを制限しようという、また憲法を改正しようというシュプレヒコールが繰り返された。君主に対するこのようにはっきりと直接的な攻撃は、モロッコでは新しくはないが稀であり、ムハンマド六世に考える材料を与えたに違いない。彼はまた、チュニジアとエジプトで二月と三月のゆゆしき時期に起きたことから、あまり慰めを得られなかった。

あまり長く待つべきでないと王は気がついて、二月二〇日のデモからわずか一七日後の三月九日にテレビ出演し、国の民主的慣行を強化することを目的に憲法の包括的見直しをすべき時が来たと国民に告げた。彼は新憲法案を起草する任務を持つ委員会を任命し、その案ができたら三か月以内に国民投票に付すとした。そして実際六月に憲法草案が国民に提出され、七月一日に投票することになった。もし承認されれば、その文書は王の権力をいくらか抑制するだろう。首相と閣僚を選ぶのは王の特権であったが、委員会は王が今や政府の長と呼ばれる首相を選挙で勝った政党から任命することを勧めた。政府の長はついで政府の閣僚の候補者を提案し、王に名前を提示して承認を求めることとした。新憲法はまた司法の独立を宣言し、法務省との以前の紐帯をすべて断った。そして王を特徴付ける言葉「聖なる」は、「不可侵の」に修正された。ある分析者によれば、これらすべてにおいて、「王は全権力を放棄しなかったかもしれないが、そうとうな部分を削減したように思われる。[2]」

王が、突然ヨーロッパの伝統における立憲君主、つまり表看板、華やかな儀式の際に埃を払って見せびらかす自慢の国家的トロフィーになるというわけではない。新憲法はなお彼に、他のいかなる機関よりずっと大きな権力を与え、政策決定分野において新しい「政府の長」は王の同意なしには何もできないだろう。実際、草案を非難し王の権力をもっと制限せよと要求するデモが起きた。しかし憲法案を国民投票に付する準備は、「歴史的改革」を熱心に支持する宮殿の権力や財力をすべて用いてどんどん進められた。以下は、ある人の証言である――「『賛成』キャンペーンは、テレビやラジオでたっぷり放送され、ニュースキャスターはジャーナリストとしてより街角で叫ぶ者のように振る舞った。賛成票を促す横断幕がメディナ〔旧市街〕の入口や町の交差点に架けられた。若者は王の旗や写真を〔掲げ、そして〕主要な会社は、彼らと従業員は賛成を投じるつもりだという広告を載せた。[3]」モロッコ中のイマーム〔イスラムの指導者〕は、憲法改革を支持する説教をするよう指示された。[4]国民投票がとてつもない九八・五％で通ったのは何の不思議もなかった。ただちに、一一月二五日に予定された選挙の準備が始まった。

そう時間が経たないうちに、三〇の政党が選挙に出るため登録した。一〇月までに、それらは四集団に分けられるようになった。イスラム主義の公正開発党（ＰＪＤ）は単独で一つをなし、チュニジアのエンナハダやエジプトのムスリム同胞団とよく似て、先頭走者と自認し他からもそう見られていた。ＰＪＤと対抗するために、八政党が「民主主義同盟のための連合（ＣＤＡ）」を結成した。これらは指導者たちが宮廷と近く、以前の政府に規則的に参加していた政党だった。他の三政党は、アル＝クトラ（集団）という名の連合を組んだ。これらの政党は伝統的にアル＝マフゼンから距離をおき、野党の役割を果たして支持を得ていたが、厳密に体制内で活動し、君主制の政治秩序の正統性をけっして問題とせず、ときおり閣僚ポストを受け入れていた。最後に、三つの政党や連合のいずれにも加わらないことにして独自に活動した多くの小政党が存在した。

主要な世俗派政党はすべて、数十年にわたり政治舞台にあって統治に参加していたから、それらの繰り返し聞かされた陳腐な決まり文句からなる政治綱領――経済開発、職の提供、生活の質の改善、腐敗との闘い等々の一般的約束――に注意を払う人はほとんどいなかった。それらの政党はすべて既知数だった。唯一の非常に興味をそそられる出場者は、ＰＪＤだった。これは同党が参加した最初の選挙ではなかったが、新しい憲法の規則や清潔な選挙の約束のもとで、それが政府を構成するよう求められる可能性が高い、最初の選挙であるのはたしかだった。

世俗派は、自由主義的な社会的規則や行動への通常のイスラム主義的アレルギーの証拠を攻撃しようと待ち構えたが、驚いたことにそれは出てこなかった。当初から、ＰＪＤは自己を「イスラム主義」政党としてでなく、穏健なトルコのモデルの線に即して「イスラム的参照基準」を持つ政党として提示した。キャンペーンの初期から、同党の指導者アブデリラーハ・ベンキレーンは、党の立場を断固として社会問題に固定した――「宗教はモスクに任せ、我々は民衆の個人的生活には介入しない」と。[5] 同党は婦人の髪用スカーフ、アルコール禁止、あるいは個人の身分問題といった「イスラム主義」的争点についてのキャンペーンを避けた。そのかわりに、自己をビジネスに好意的だが腐敗の攻撃に熱心であるように見せる詳細な諸提案を明らかにした。それはまた国の教育体制を改善し、失業者に職を見つけ、貧困を半減させ、最低賃金を五〇％引き上げると約束した。[6] 概して言えば、

ＰＪＤの目標はそのイスラム主義的イメージを乗り越え、国の中間階級の関心事に訴えて伝統的支持者の枠から出ることだった。

ＰＪＤや他の政党は、三九五議席の議会における代表数を競っていた。婦人と若者が代表されるように、選挙法は六〇議席を女性候補に、三〇議席を四〇歳以下の候補に割り当てた。チュニジアの活発な選挙キャンペーンと違って、モロッコでは比較的抑制されていた。長年政治舞台にいた見慣れた顔が多く新しい政党が少なかったことや、青年の運動や急進的イスラム主義者がボイコットを呼びかけたことも影響した。この過程に関してもっとも熱狂的だったように見えたのは宮殿で、主要な広場や通りに「国民の義務を果たそう」、そして「国に起きている変化に参加しよう」と国民に促す看板をおくとともに、(7) テレビで繰り返し呼びかけを行った。

結局のところ投票率は模範的ではなかったが、それでもまずまずの四五％だった。ＰＪＤは票の最多数を獲得し、第二党となったクトラ連合所属イスティクラル〔独立〕党の議席のほとんど二倍を集めた。ＰＪＤの票の半分少々を得て第三位となったのは、八党の宮殿連合に属する政党だった。実際、宮殿と結び付いた諸政党は全投票の三〇％しか集められず、野党と自己規定し他からもそう見なされたＰＪＤとクトラが、議会で潜在的に強力な多数派をなす連合を形成しうるだけの票と議席を得た。ともあれいずれの政党も、あるいは宮殿も、全過程に対する反対を示すため意図的にそうしたと思われる無効票が二一％あったのには不満だったろう。多くの国民、投票者五名中一名が、王の改革提案がなお十分でないと考えたのは明白だった。

新憲法の命じるところに従って、王はＰＪＤの指導者アブデリラーハ・ベンキレーンを宮殿に招いて新政府の形成を委ねた。ベンキレーンは彼の政府を構成するのに、一方の老共産主義者から他方の宮殿との同盟者までの奇妙な潜在的同衾者と、六週間にわたり厳しい交渉をしなければならなかった。宮殿はまた、司法相に狂信的な反米主義者でテロリズムに中立的と噂されるＰＪＤ党員を任命することに反対したが、最後には重要な内務省の責任者に王の友人を就けるという条件で同意した。王はまた、国防省に無所属者をおくよう主張した。ＰＪＤは結局、外務、司法、通信を含む一二閣僚職を得た。しかし、婦人は冴えなかった。三一名からなる内閣で、女性が指揮する唯一の省は「家族・社会開発」という、伝統的に予算配分が最小の部類の下級官庁だった。さらに、ＰＪＤ党員であるその新大臣は以前議会の席を占めたことがあり、フェミニストにとって重要な争点についての彼女の記録はよく言っても明暗入り混じっていた。ともあれ、王は二〇一二年一月三日に内閣を正式に任命した――モロッコで初の、イスラム主義志向を持つ政党が率いる政府であった。

ＰＪＤと連立諸政党は幸福感にあふれていたかもしれないが、彼らが直面する課題の巨大さを認めざるを得なかった。そもそも、多年にわたる宮殿による統制とアル＝マフゼンによる支配がもたらした一般的沈滞があった。ベンキレーンが彼の政府を発表したとき、多くのモロッコ人、とりわけ自身が無視され軽視されていると感じた人たちは、現実に大きな変化が起きるかどうか危ぶんだ。政治的には、問題はなおそうとうな憲法上の権力の後見人である王が、拡大された民主的課題を追求する内閣の独立性をベンキレーンが主張するのを許すかどうかであった。彼らは新首相の幸運を祈ったが、それがすぐにでも始まると期待し息を詰めて待つ人は多くなかった。

もっと直接的な関心事は、国の経済状態だった。国連の『二〇一一年　人間開発報告書』にランク付けられたアラブ諸国二〇中、モロッコは惨めな一五番目で、人口のほとんど一六％が極端な貧困のなかで、もしくはその脅威にさらされて生きていた。報告書によれば、都市の若者四人に一人は職がなく、大学卒業者中ではその数は四〇％にのぼった。就任後一か月でベンキレーン政府は、首都ラバトで職なし大学卒業者の大規模な怒りのデモが勃発した際、現実を直視するよう迫られた。教育ある若い男女の一世代全体が、将来有給の雇用を得られる見込みがほとんど、あるいはまったくないという希望のなさを感じていることは間違えようがなかった。悲劇的にも、絶望したデモ隊の三人が自分に火を付け、一人はやけどで死亡した。(8) ＰＪＤは失業の危機を速やかに軽減すると約束していたが、選挙キャンペーン中の公約はともあれ、そうした約束を実行するのは容易なことではなかった。

主たる問題は、モロッコ経済がヨーロッパに結び付けられた度合いである。(9) 手始めにモロッコの観光業を取り上げると、それは国際通貨で年に七〇億ドル以上をもたらし、四〇万人以上の労働者を雇用しているが、国の観光客の約八〇％を供給するヨーロッパにその存続がかかっている。ユーロ圏を襲った金融危機の結果、ヨーロッパ人旅行者が目に見えて減少し、その多くが二〇一一〜二〇一二年に休暇を取り消すか、遅らせるか、短縮した。国際通貨のもう一つの主要な稼ぎ手は、海外で働く自国民からモロッコに流入する送金である。こうした送金が貧困の削減に重要な貢献をし、一九九一年から二〇〇八年の間に四〇％という驚くべき成果を上げ、二〇一一年にはモロッコに国際通貨でおよそ七〇億ドルの所得を生み出した。こうした労働者の大多数はスペイン、フランス、そしてイタリアで雇用されるので、ヨーロッパの金融危機で送金が激減した。最後に、ヨーロッパ連合の経済成長低下は貿易の数値に現れた。二〇一一年にヨーロッパによるモロッコ産品の輸入は七・八％成長したが、これは二〇一〇年の一九・八％からは大幅な減少だった。もっとも打撃を受けたのは繊維産業で、それは二〇万人以上を雇用している。ヨーロッパの地中海沿岸諸国はモロッコの自然な経済的パートナーであるが、大陸の金融危機に対してもっとも脆弱なことをさらけ出し、モロッコがそれによる経済的停滞を免れるのは難しかった。

以上が、ＰＪＤが率いる政府が非常に歓迎されつつ任期を開始した際の状況だった。ある程度はＰＪＤ自身の約束が生み出した高い期待に直面して、新政府は二〇一一年の失業率水準を公約のように減らすどころか、維持することさえ困難だった。もちろん経済的混乱はＰＪＤ自身が作り出したものではないし、同党の権力掌握は大きな善意を持って迎えられた。しかし忍耐は長持ちしない商品であり、とりわけ空の胃袋や満たされない希望に頼る場合はそうである。腐敗によって汚されていないことはＰＪＤの評価を高めたが、究極的には傍観的群衆の最小限の要求を満たすため実績をあげなければならないだろう。さもないとＰＪＤは信用を無くした前任者たちと変わりないとみなされ、それは二〇一一年一一月選挙によって開いた、より広範な民主主義のための機会の窓を閉じかねない幻滅を引き起こすだろう。

モロッコとよく似て、ヨルダンは典型的な混成政権で、そこでは王が支配するが自由選挙や多数の独立的新聞・雑誌といった一定の政治的自由を許していた。この見かけの開放性が、ヨルダンやモロッコのような国をシリアやリビアといった殺人者の政権や、それほど暴力的ではないがやはり専制的なエジプトやチュニジアから区別していた。それゆえ、二〇一〇年一二月末にチュニジアでムハンマド・ブーアジジが焼身したとき、ヨルダンのアブドッラー王は自国の政治環境や、政治過程に対する彼の当然視された支配に関してほとんど心配しなかった。

モロッコ同様に、ヨルダンの王は彼の君主制と結び付いた歴史的・宗教的正統性ゆえに寛容さを示す余裕があった。ヨルダン・ハーシム王国は、預言者ムハンマドの叔父のハーシムからその名をもらっている。こうしてハーシム家の諸王はヨルダン国民のある部分、とりわけ原始時代からの部族的価値になおしがみ付いている農村部の諸部族が重視する、神聖さのオーラの恩恵を受けている。ヨルダン川東岸の原住民であり、国軍の多くの兵士を伝統的に提供してきたこれらの人々にとって、王は部族の指導者であると同時に尊敬される有力者なのである。多数派をなす他のヨルダン人はパレスチナ系であり、大部分はイスラエルを離れたかイスラエルに追われてきた。この二つの共同体間には、つねに緊張が存在した。それは一九七〇年に、ヨルダン軍が流血の対決により何千人ものパレスチナ・ゲリラをヨルダンから追放したとき絶頂に達した。しかし四〇年後には傷の大部分は癒え、パレスチナ人はハーシム王国の忠実な市民となっていた。彼らは都会的、専門的、かつ一般に豊かで、王冠への忠誠は、彼らが社会経済的条件において急速に前進し、ヨルダンで高位の影響力ある地位に昇ったことによる。

ヨルダンを一九五三年から一九九九年に死去するまで統治した彼の父、フセイン王とまったく同様に、アブドッラーは政権の支持基盤の根幹はヨルダンの農村的・部族的領域に存すると信じていた。人口のこの部分は、軍の採用だけでなく議会の議員数においても特権を得ていて、それはブーアジジの自殺がアラブ諸国における政治についてのあらゆる想定を古臭いものとするほんの数週間前の、二〇一〇年一一月に行われた総選挙でも明らかだった。[10]選挙そのものは自由だったが必ずしも公正でなく、選挙法が議会の代表性を農村地域に有利になるよう歪めていて、パレスチナ系のヨルダン人が住む傾向がある都市地域はひどく不利にされていた。多くの部族地域で各議員は二〇〇〇～三〇〇〇人の投票者を代表したが、首都アンマンでは投票者九万人以上を代表した。言うに足る組織を持つ唯一の政党「イスラム行動戦線（ＩＡＦ）」は、主たる支持基盤を都市地域に見出していたが選挙をボイコットした。これらすべての結果、議会は王への忠誠を疑いえない部族的候補たちによって支配された。

議会が、そんなに大きな権力を持ったわけではない。実際、政府の立法部門というその名称は現実の権威と責任を誤って伝えるものだった。立法を発議したのは議会でなく内閣で、議会は内閣の形成——それは王の大権に属した——にいかなる役割も果たさなかった。しかし議会は、首相や個々の閣僚に対する不信任投票を提議する憲法上の権力はたしかに持っていた。立法に関しては、議会は提出された法案を討議し、だいたいはそれらを承認することができただけだが、ときには副次的な法案を拒否することができた。重要なのは、王が議会を意のままに解散する権力を持っていたことである。彼は二〇〇一年、そして再び二〇〇九年に、議員たちとくにＩＡＦのイスラム主義者たちが、彼の好みからすればあまりに騒がしくなったと断じた際に解散させた。

二〇一一年になってまもない一月初め、アラブ世界で抗議やデモが勃発する前夜に、王はヨルダンの政治状況を快く感じられた。憲法による特権を通じ、また言いなりになる友好的な議会をもたらす選挙規則の設計により、君主優越の体制を維持していたのである。そして経済に関する懸念（石油産出国以外のアラブ諸国すべてを襲った苦悩）を別にすれば、国民は我慢できる程度に満足し、より重要なことに静かであった。しかしヨルダンは、さまざまなアラブ諸国・都市で勢いを増し、広がりつつあった革命的騒乱を免れなかった。

最初のデモはありそうもない所、農村部の村で、君主制がその無条件の忠誠に依存した当の諸部族の間で起こった。その要求は主に経済と反腐敗に関するもので、彼ら自身の惨めな貧困状態と都市、とりわけアンマンの目立った金持ちたちの状態との間の巨大な格差に注意を向けた。公言されなかった伏線は、富裕者の多くがその富を宮殿との近さを通じて蓄えたという信念だった。王が最近、魅惑的な妻ラニア王妃の誕生祝としてヨットを買ったという噂がはびこったことは、広くゆき渡った不満のムードを引き延ばしただけだった[11]。抗議は、瞬く間にアンマンや他のヨルダンの諸都市に広がった。今回は学生、ジャーナリスト、弁護士等も街頭に出て、腐敗の根絶と経済のより良い管理をという同じ要求を繰り返した。王を警戒させたのは、引退した軍の将軍や治安部隊将校の集団も加わったことだ。抗議は比較的温和な事件で、平和的かつ親切とさえ言えたのは、デモ隊が首相であり富裕階級とその怪しいやり方の御曹司と考えられたサミール・アル＝リファイを対象とした点だ。しかし、新しい要素が加わっていた。抗議者たちは今や選挙法と、王に首相や内閣を任命する権力を与えた憲法の規定を変えるよう求めていた。

抗議を、とりわけ真の民主的改革を求める最新の要求をはぐらかそうとして、王は二〇一一年一月末に首相を罷免し、賃金を上げ燃料価格を下げ、基本的食料や物資の価格を低めるべく国の協同組合売店をいっそう補助するために二・三億ドルの包括的支援を発表した。どちらの動きも、あまり賞賛されなかった。新首相のマルーフ・バヒトは少しも改革派でなく、補助金は十分でないと考えられた。ある不機嫌な公務員が述べたように、「政府は［私たちに］二八ドルの昇給を約束しましたが、政治屋たちは何百万ドルを弄んでいるのです。」[12]抗議活動は継続し、今やよりよく組織され通常はイスラム行動戦線によって率いられたが、左翼勢力や労働組合員も含まれていた。二月も深まるにつれてデモ隊はますます性急になり、その政治的・経済的要求はいっそうかん高く、ぶしつけになった。

王は、抗議者の中心的要求の周辺部にくずを与えることはもはや続けられないと認識して、三月一四日に五二名からなる国民対話委員会を構成し、さまざまな政党（ＩＡＦを含む）、労働組合、婦人団体、さらにはジャーナリスト、教員、退役将軍、弁護士、学者の代表をもって充てると発表した。同委員会は、三か月以内に選挙や政党に関する新しい法律を生み出すことを課せられた。委員会に対する反対がただちに叫ばれたが、それは首相や内閣の任命は王ではなく選挙された議会の責任であるべきだという抗議者たちの中心的要求に対処していなかったからである。しかし全体的には、委員会の設置は正しい方向への動きと見られた――とりわけ王が、将来の首相は議会の多数派から出るべきだと強く示唆したために。一か月以内に、抗議とデモは以前の数や熱気の多くを失った。

六月までに委員会は、農村部と都市部の選挙の不均衡を減らし投票者の選択をよりよく反映する比例代表制を導入することを意図した、一組の勧告を生み出した。王は委員会の仕事を称え、その勧告を議会に送って検討・審議させ、最終的には王に署名を求めさせるとした。しかし王は警告して、その手続きは急ぐべきでない、意味があり国家的に役立つ事業を提案し実行できる成熟した種類の政党を、選挙の手続きを通じて樹立するには「少なくとも二〜三年」かかるだろうと述べた。[13] IAFが首尾一貫し機能する組織と言える唯一の政党であったために、王は明らかに、他の政治勢力が組織構造を確立しイスラム主義政党との競争を可能とするような大衆的支持の基盤を生み出せるよう、二〜三年の猶予を与えようとしていた。議会はまた、憲法を改正し、自律的選挙委員会と独立的憲法裁判所の設置を可能とするよう作業することが求められた。

政治改革のためのこれらすべての努力のただなかで、首相のマルーフ・バヒトその人は、在任期間を通じて変革に対する大きなアレルギーを示し、無関心を決め込んでいた。彼があまりに動こうとしないので、議会の一二〇議員中七〇名が一〇月に王に手紙を送り、バヒトと彼の内閣を罷免するよう要求した。国内の圧倒的な改革気運を前にアブドッラー王は願いを入れ、新首相として尊敬される法律家で、任命時にハーグの国際司法裁判所の判事で副長官だったアウン・ハサウネフを任命した。

ハサウネフの任命は、大方の喝采を受けた。退役軍人協会という、高位高官の腐敗にとりわけやかましい元将軍たちの集団のスポークスマンは、新たな任命を承認して「アウン・ハサウネフは高潔さで知られており、他の者のように過去に腐敗問題を抱えていない」と述べた。[14] 新首相の法律家としての背景は、議会と政府が複雑で重大な憲法の立法に取り組む際に役立ちそうだった。王は彼の首相に、最優先事項は「立法と法律の完成だ……その前面にあるのは、選挙と政党に関する法律［だ］」と告げた。[15] 懐疑論者たちでさえ、改革諸法のパッケージはバヒト首相時代より新管理者のもとでうまく行くだろうと考えた。

議会の討議や公共空間一般を支配した争点は政治改革だったが、新政府は国の厳しい経済状況を放置しえなかった。ヨルダンは天然資源がないので、恒常的に弱い経済を持っていた。二〇一二年に失業は労働力の約三〇％に達すると推測され、二〇一一年の貿易赤字の二〇％上昇が記録的な財政赤字をもたらした。弱まった経済が含意する君主仲間の危機を認め、湾岸諸国の王や首長たちは二〇一一年一二月に、重要な開発事業への融資を助けるために二五億ドルの基金を立ち上げた（さらに二五億ドルをモロッコ王国に向ける）。ヨーロッパもまた、主として王の政治改革を鼓舞するために、二〇一一～一三年用に一四億ドル以上の援助と借款を申し出た。こうした補助金はヨルダンの切迫した経済的苦悩を緩和するはずだが、政府は食料や必需物資への政府補助金を統制し、水の供給減少への解決策を見出し、きつい経済的風土において職を生み出し、腐敗という扇情的な問題に対処しつつ、非生産的な農業部門に関して大きく困難な決定を下さなければならないことをよく認識していた。

政治領域でも、同様に複雑で困難な決定が新政府を待っていたが、少なくとも立法手続きは進行中と思われ、政治改革が論じられ実行されつつあった。実際二〇一二年三月、議会は選挙を監督し管理する独立選挙委員会を樹立するための法律を通し、それは議会で研究し討議しつつあった一群の憲法改革案から最初に生まれた立法となった。しかし突然、しかもあらゆる立法活動のさなかに、王は「重要な改革立法を遅らせた」(16)という理由でハサウネフを罷免した。それが真の理由だと信じた人は多くなかった——王は、ハサウネフがイスラム主義者を立法改革に関する論議に全面参加させようという「リスクのある」努力を払うのを、不安に思ったのだ。(17)いずれにせよ、わずか六か月前にハサウネフを任命した際に大々的に展開されたファンファーレに照らして、ヨルダンの公衆が真の、かつ実質的な改革への宮殿の熱意を、疑い始めたことは許されよう。六月に発表された新選挙法が、多くのヨルダン人から見て、宮殿の支持者をえこひいきする既存の選挙の不均衡をほとんど改めないものだったことは、こうした疑念を和らげはしなかった。

モロッコやヨルダンと同様に、二〇一一年二月と三月はイラクでも多くのデモで特徴付けられた。しかしそれらは比較的小規模で、諸政権を倒し国々を流血に陥れたデモの持続力を欠いていた。イラクの抗議を際立たせたのは、その公言された目標の性質だった。他のアラブ諸国で蜂起の意味を明らかにした自由選挙や新しい政治指導者への要求は、大体において欠如していた。それは驚くべきことではない――ヌーリ・アル＝マリキのイラク政府は、二〇〇五年一二月と二〇一〇年三月の二回の自由で公正な選挙によってイラク人自身がその地位に就け、六年未満しか権力の座にいなかったから。そのかわりに抗議者たちは、自由に選ばれたマリキ政府の救いがたい実績を嘆いていた。内閣はたいてい膠着状態にあり、首相は自分をその職に就けた当の民主的手続きをますます軽蔑的に扱うようになり、議会はその監督機能を遂行できないように見え、それらの結果政策はほとんど形成も実施もされなくなっていた――仕事は生まれず、サービスは提供されず、治安は不安定なままだった。事態があまりにひどかったので、「平和基金」という団体〔ワシントンDCに本拠をおくNGOで、戦争の回避と紛争の原因となる状態の緩和に取り組んでいる〕が毎年提供している「破綻国家指標」二〇一二年版は、イラクを一八一国中九位につけた。デモ隊は、一般公衆の欲求不満を反映していた――結局のところ彼らは、新しい自由を利用し、二〇一〇年三月に投票所に行って、効果的政府を生み出すと考えた新顔を議会に送り込むという、求められたことをしてきたのだ。実際当時、二〇一〇年三月の選挙はイラクを機能する民主的国家にする枢要な出来事だと見られた。それがうまく行かなかったからといって、けっして市民の責任ではなかった。

国の歴史を通じて、スンニー派アラブ人の少数派（人口の約二〇％）が、シーア派アラブ人の多数派（約六〇％）と、山がちの北部に住み人口のほぼ一七％をなす非アラブのクルド人共同体に対して、政治権力を独占してきた。スンニー派の優越は、サダム・フセイン政権下に顕著で暴力的な性格を帯び、クルド人やシーア派に対するジェノサイド的猛攻撃もなされた。二〇〇三年にサダムが追放され、種族・宗派的緊張と暴力の勃発がそれに続いたあと、二〇〇五年一二月に行われた最初の総選挙は典型的な宗派的投票を生み出した。シーア派はシーア派の政党に投票し、スンニー派はスンニー派の政党に投票し、クルド人はクルド人の政党に投票した。世俗的で非種族的な選挙公約を採用した唯一の政党である、アヤド・アラウィー率いるアル＝イラキーヤ（イラク国民）は選挙で完敗を喫し、国会の議席の八％しか得られなかった。

議会議席のほとんど半分を獲得したシーア派連合の一員、ダアワ党に所属するマリキが首相になり、シーア派連合の他の強力な人物たちに見守られて任期の最初の二年間を過ごした。二〇〇六年二月に、シーア派イスラムのもっとも神聖なモスクの一つがテロリストによって爆破されたあと、スンニー派とシーア派の間で内戦が勃発し、国は流血の無法地帯と化して政府は市民を守るためにほとんど何もできなかった。二〇〇七年末には、マリキは国内でも海外からも批判の的となっていた。弱く非効率であり、さまざまなシーア派の諸集団やその有力者たちにまったく依存しているとけなされた。しかし事態は、二〇〇八年春から変わり始めた。

マリキは、アメリカ人がスンニー派の反乱を圧倒的な力と、スンニー派部族をアル＝カイダから切り離すことによって鎮圧するのに成功したのを目撃して、シーア派のマフディ〔神に導かれた者の意で、救世主の意に用いられることもある〕軍とその若い扇動的聖職者モクタダ・アル＝サドルと勝負することに決めた。マフディ軍は、シーア派地域の大きな部分に対して政治面・治安面での統制を確立していた――イラク第三の人口を持つ港市のバスラや、バグダードの一角で二〇〇万人以上のシーア派が住むサドル・シティーを含めて。三月に、アメリカとイギリスの空軍力と補給支援を支えに、イラクの治安部隊はバスラのマフディ軍に対して大規模な攻撃を開始し、五月には同市を支配して一定の正常化を達成した。まもなく、そのパターンが南部の他のシーア派都市や地域で繰り返されるようになった。しかしおそらくマリキの最大の成功は、一万人以上の政府軍がサドル・シティーに入り、このシーア派地帯のマフディ軍を鎮圧して長年見られなかった静穏さをもたらしたことだった。

国家が無法な準軍事組織集団に勝利したことは、国民の間にマリキへの好感を高めた。国家とその機関が新たに自己主張を始めたと見られたことで広範な人気が得られたのに勇気を得て、マリキは自己の政党を結成して「法治国家（ＳＯＬ）」党と呼んだ。彼は宗派主義を非難し、イラク民族主義を熱心に採用するよう主張した。マリキの宗派主義から民族主義へ、弱さから強さへの劇的な変身は、二〇〇九年の地方選挙で実を結んだ。国家の権威を取り戻すことに責任を負った人物と見て、投票者たちはとりわけシーア派地域で大量にＳＯＬに投票した。結果は、選挙の行われた一四の県（クルド人地域のイルビル、スレイマニヤ、ドゥホクの三県と、係争下のキルクーク県は地方選挙を行わなかった）のうち実に九県で、ＳＯＬが他のいかなる選挙団体より多数の票を集めた。

マリキと彼の党が、二〇一〇年三月七日の総選挙に勝利を確信して臨んだのは不思議でない。彼は、連合の条件を押し付けるのに十分なほどの票をとるか、幸運の女神がそっと頷いてくれて完全な多数を何とか手に入れさえすることを期待していた。しかし驚いたことに（彼以外の人も驚いた）、イラクの投票者は違った考えを持っていることがまもなく明らかになり、結果はまったく疑問であった。選挙と票の集計を通じて不確かな結果がついて回り、最終的に得られた結果はマリキを苦しめ、多くの観察者を驚愕させることとなった。

今回の勝者は世俗派のアル＝イラキーヤで、それは四年前には惨敗したが今回は議会で最大の議席数である九一議席を得るに至った。マリキと彼の法治国家党は八九議席で惜しくも二位、そしてシーア派の集団「イラク国民同盟（ＩＮＡ）」は七〇議席を集めて三位となった。政治的指導者たちだけでなく、現職議員の八〇％近くも投票者によって追いやられ、民主主義の意味について初めての厳しい教訓を学んだ。投票者は、もはや盲目的に宗派的本能に従うことはせず、仕事にもっとも適していると彼らが信じる代表を選び、指導者たちの責任を問うつもりだということをはっきりさせた。『ニューヨーク・タイムズ』紙の見出し「イラクの投票者は規則集を書き直す」が、新しい感情を要約していた。[18]

イラクの投票者は政治的成熟を見せ、それは民主主義に向かう国の進歩を予言したが、その余波がまもなく期待に水を差した。結果が発表された直後から、ますます目の肥えたイラクの投票者たちは、自己の利益に役立つ限りで民主主義を支持する政治指導者たちによって妨げられるであろうことが明らかになった。こうした指導者の多くにとって、選挙手続きの唯一の受け入れ可能な褒美は、野党指導者という職ではなく首相のそれであるようだった。

「野党」を失敗を表す別の術語と考えた指導者たちの先頭には、現職の首相自身が立っていた。マリキは、彼をアラウィーや世俗派のイラキーヤの後手に付けた選挙の最終結果をまったく受け入れようとしなかった。その結果を退けて告発すると誓い、「真の」勝者として新政府を形成する計画を公表した。九か月にわたってイラクは政府を持たず、その間マリキは、権利により自分のものだとますます考えるようになった職を守るために陰謀をめぐらし、甘言を用い、約束し、脅迫を発し、一度ならず憲法上の障害を避けて通った。二〇一〇年一二月末になって、そのへたばらせるような努力がようやく実を結び、マリキは政府を形成することができた。非常に多くの切札を現金化しなければならなかったから、結局誰もが政府のパイの分け前に与った。その結果である五四人からなる政府は、不可避的に凝集性、目的、方向性をほとんど持たなかった。そして二〇一一年七月に、マリキは一ダースの軽量閣僚を切ったが、内閣は引き続き分裂し、気まぐれに働き、その過程で目立った政策はほとんど何も生み出さなかった。サダムの統治が終わってから八年後に、国の年間予算が八〇〇億ドルを超えた石油生産国で、失業率が三〇歳以下の人では二五％以上に達し、下水は道路にあふれて川や湖に自由に流れ込み、発電所・配電網は需要のちょうど半分程か、需要の大きい夏場はさらに少ない電気を供給し続けていたのは、多くのイラク人にとって（国外の他者にも）理解不能であった。

政府の膠着状態や麻痺は、国にとっては悪かったかもしれないが、マリキにとっては必ずしもそうでなかった。首相はその機会を利用して内閣と独立的に政策を作り、それによって権力を自己の手に集中させた。内閣の組織的一貫性の欠如は、首相が自己の利益に反するとみなしたか、彼の独断に何らかの制約を課したかもしれない政策を阻止あるいは無視することを、しばしば容易にした。不運なイラク人たちはまもなく、誰かを民主的に選んで地位に就けることと、彼がその地位に就いたあと民主的に振る舞うようにさせることはまったく別物だと気が付いた。

マリキのますますボナパルト主義（本来はフランスでナポレオン・ボナパルトの子孫を指導者にしようとした運動のことだが、そこから強く集権的な国家を目指す政治運動一般を指すようになった）的な傾向を明確にした事件が、二〇一一年末にアメリカ軍部隊が撤退したあとに起こった。マリキの独断的な決定や行動に不満を持った副首相でスンニー派のサレハ・ムトラクが、アラブの衛星放送テレビ局のアル＝ジャジーラとのインタビューでマリキを独裁者と呼んだ。[19] 激怒した首相は、戦車を派遣して彼の代理の家を包囲させ、同家にパニックを引き起こさせた。さらに彼が閣議に出席するのを一方的に禁止し、議会が彼を「政治過程に対する信義を欠く」ゆえに罷免するよう要求した。[20] マリキが、無思慮な発言を国の政治過程に対する誹謗——装甲戦車を派遣する必要があるほど反逆的な——になぞらえたことは、サダム・フセインがイラク国家を当然のように自分自身になぞらえた、過ぎ去った日々の不愉快な記憶を呼び覚ました。ムトラクの爆発は、アル＝イラキーヤが、その支持者が何百人もマリキの治安部隊によって恣意的に逮捕され、秘密の場所に拘留され、党指導者たちをテロ活動やあるいは軍事クーデタの計画に連座させようとする自白を得るための拷問を受けているという、苦情を繰り返したあとに起きたのだった。

一つのこうした「自白」により、イラクのスンニー派最高位の政治家で副大統領のタレク・アル＝ハシェミに対し、テロリズムの容疑による逮捕状が交付されるに至った。ハシェミはただちにクルド人の住む北部に逃げ、バグダード以外ならどこででも裁判を受ける用意があると宣言した。マリキはイラク人たち、とりわけ多数派のシーア派に、スンニー派指導者たちを政治的のけ者と説得できるよう計算された比較の仕方によって返答した。「我々は、サダムに公正な裁きを与えた。そしてハシェミにも公正な裁きを与えよう」と、マリキは言ったのだ。[21] ムトラクもハシェミも単なるスンニー派共同体の子弟ではなく、アル＝イラキーヤの民主的に選ばれた上級党員であるという事実はマリキを躊躇させなかった。

もし人々が、権威主義的な侵害に対しては議会が盾の役割を果たすだろうと考えたなら、まもなくひどく落胆したことだろう。イラクの人々は二〇一〇年三月に、イラクや海外の民主主義者が期待したものを実現していた。新顔が新議会の議員の八〇％以上をなし、彼らの多くは盲目的な宗派主義よりも長所によって選ばれており、ほとんど皆が前議員の仕事を麻痺させていた狭い種族・宗派的利益を避け、イラク「国民」に奉仕すると約束していた。イラクの人々が、それは何という夢想だったのかと気付くまでにたいした時間はかからなかった。マリキの法治国家党の議員は、彼らの唯一の役割はアル＝イラキーヤが議会で行ういかなる発議をも妨げることであるかのように振る舞った。他方アル＝イラキーヤのメンバーは、不平を述べたり会合をボイコットするのに多くの時間を費やした。そしてこうした対立のさなかに、クルド人の諸政党はイラクを保とうと努力する仲裁者の役割を果たして群衆の喝采を受けたが、事実はサダムの強制的追放以後に彼らが手に入れた特別扱いや多くの政治的・経済的特権を維持するために、そのようにしただけだった。

議会は、たしかにときにはつまらない対立を控えて行政府に対する憲法上の権力を行使した。たとえば、ムトラクを内閣から罷免すべしというマリキの要請を受け入れず、また（腐敗の告発を調査するための）清廉委員会の議長の任命権を議会から総理大臣官房に移したいという、マリキの強い圧力に屈しなかった。しかしこのような議会の勇敢さを示す行為は、ほとんど、あるいは滅多になかった。一般に同機関は、主として政治的膠着状態が内部作業を妨げたために、ほとんど業績をあげなかった。それゆえ脱力感が生じたのは不思議ではないし、多くの人は議会が活発な討議とわくわくする立法議題によって特徴付けられることを期待したのに、何か月も経たないうちに示すに値する努力はほとんどなく、あっても弱々しいものとなってしまった。再三再四三分の二の定足数がかろうじて満たされ、ときには全然満たされず、議員たちは重要な立法が棚上げされるなかで長期休暇に入った。

重要な、重大でさえある二〇一〇年の選挙の数年後――その間は弱々しい統治の時期で、ますます権威主義的になる首相と、無能な内閣、ほとんど働かない議会によって指導されていた――、イラク国民が民主主義の観念に疑問を持ち、諦めさえしたとしても許されえた。イラク人は、政治屋たちは民主主義が何を意味するか何も分かっていないか、自分の個人的利益に役立てるために権力ある地位に就くのにそれを利用したと不平を述べた。

彼らは、政府の行詰り状態を見てますます失望して怒り、それを結局制度自体のせいにした。リビアのムアンマル・カダフィが捕縛され処刑されてまもない頃、あるアメリカ人ジャーナリストがバグダードの路上カフェの座席にいた男性に、カダフィ後のリビア政権に何を助言するかと尋ねたところ、その男は躊躇せずに答えた——「すべての決定ができる大統領を持つべきで、私たちのようにたくさん［議会の］ブロックを持つべきじゃない」と。今少なくとも意見を自由に言えるでしょうと再度問われると、彼と友人たちは、政府が公衆に反応しないからそんな権利はまったく役立たずだとあっさり片付けた。「誰も国民の声を聴かない」[22]というのが、皆の嘆きだった。

二〇〇三年以前のサダムの殺戮と略奪の時代との比較は、たしかにまったく擁護できない。マリキ政府に対してデモを行っていた、スンニー派の県のアル＝アンバル出身のある女子学生は、イラクの政治について意見を問われると、「サダムがいたときは、殺されるから一人のイラク人も抗議に出られませんでした」と不承不承認めた。[23]さらに、政治は民主的な政治制度の回廊内で行われ続けていたし、暴力は残存したが相違や争議を解決する道として対話や討議に取ってかわりはしなかった。とはいえ、移行の一〇年を経てイラクはなお、民主的目標へ向かう道を少しずつ、不確かに歩んでいるのは事実だ。欲求不満やいらだち、不快感さえもが広がり、民主主義の理念に対する人々の態度を再形成し始め、こうしたためらいがちな歩みが止まり、あるいはもっと悪いことに後ろへの行進を始めはしないかと恐れられる。

イラクの民主主義への移行の努力が、指導者たちと公衆の双方に影響する宗派的忠誠心によって妨げられたとすれば、レバノンの民主主義への闘争は同様の人口学的混乱から生じた。実際そうした分断があまりに鋭く深いので、レバノンが一九四三年に独立を得たとき、建国の父たちはレバノンが存続するための唯一の道はそうした共同体間の分断を包括的な政治取引きに組み込むことだと理解した――こうして、レバノンの「宗派体制」が生まれたのである。そのさまざまな具体化の最新版は一九八九年に導入されたもので、政府と行政の職や議会の議席はレバノンの多様な宗教共同体間でそれらの人口数に応じて割り当てられる。共和国の大統領はつねにキリスト教のマロン派〔東方カトリックの一分類〕に属し、首相はスンニー派イスラムに、国会議長はシーア派イスラムに、等々。一二八議席の議会は、キリスト教徒とムスリムで平等に分けられている。

建国後最初の三〇年間は、政治状況は安定的で国の経済実績や見通しはよく、宗派体制はうまく働いた。その頃、他のアラブ諸国は自己を独裁的であると誇らしく宣言するか、見せかけの選挙を踏まえる必要を感じたならそれがしっかり管理されるようにした。こうした諸国のなかでレバノンだけは、一般的に自由で公正な選挙を規則的に行い、レバノンの政治は不完全ではあったが、アラブ世界でもっとも政治的に寛容な国とするのに十分なほど自由主義的だった。その温暖な気候、地中海の浜辺、そして壮観な山脈が人々の気楽な気風と相まって、自国の社会的・政治的閉所恐怖症からの休息を求める他のアラブ人たちは、この国を選んで来たものだ。

一九七〇年代に、事態は劇的に悪化した。国の微妙な社会政治的合意が、パレスチナ人がレバノンに大量に流入――最初は一九六七年のイスラエルによるアラブの敗北後、ついでパレスチナ人自身が一九七〇年にヨルダン軍の手によって〔内戦に〕敗北させられた後――したあと緊張し始め、最後は崩壊したのだ。こうした経験により急進化し、レバノン内部に作戦基地を建設したのち、パレスチナ人はレバノンの領土からイスラエルに対する闘争を敢行した。イスラエルは報復したが、それもパレスチナ人だけでなくそのホスト国への怒りをぶちまける大規模な報復を行った。レバノンのますます多くの地域がイスラエルによる爆撃の悲惨な影響を感じるようになると、レバノンの諸共同体間に分裂が生じ、ムスリムは概してパレスチナ人の側に付いたが、キリスト教徒は全体としてレバノンの不運をパレスチナ人のせいにした。レバノンの解体までに、そう時間はかからなかった。一九七五年に血なまぐさい内戦が勃発し、それは一九九〇年まで続いた。何千人もが殺されたが、その多くは恐ろしい大虐殺のなかで虐殺されたのだった。首都ベイルートの、中央商業地区を含む諸地域全体が破壊された。産業基盤は荒廃し、軍隊は崩壊して宗派ごとの徒党となり、政府は機能しなくなった。不可避的にレバノンはより強力な隣国の恰好の餌食となり、一九七六年にはシリア、一九八二年にはイスラエルによって侵略され〔部分的に〕占領された。

一五年間の流血と荒廃のあと、どの政党も他に支配を及ぼせず疲労が広がって、レバノンの対立する諸集団はついに政治的解決に合意し、一九九〇年に内戦は終わった。キリスト教徒に有利だった勢力の均衡は対等性へと変化し、現実の人口数に留意してシーア派が議会の議席をスンニー派と同数与えられた。一五年間の再建がそれに続き、その中心的設計者となったのはレバノンの億万長者の首相、ラフィク・アル＝ハリリだった。この間に、正確には二〇〇〇年に、イスラエルはレバノンから完全に撤退したが、シリアの部隊は残り、そうした状態はハリリには受け入れ難かった。レバノンの首相が、シリア人の占領者と彼らの新大統領バシャル・アル＝アサドの寵愛を失ったのは意外でなかった――アサドともっとも親しかったのは、ますます強力なシーア派の政党・民兵であるヒズボラの指導者、ハッサン・ナスラッラー師だった。

その名前は「神の党」という意味だが、ヒズボラはレバノンにイスラム主義の国家を押し付けようとする原理主義の政党ではない。その元のマニフェストは党のイスラム的アイデンティティを強調しているが、それはイスラエルや帝国主義への闘争やレバノンにおける公平な統治といった政治的争点に事実上焦点を当てている。イスラムによる統治に触れているが、国の政府体制を決めるにあたっては自由な選択の必要性を強調している。過去三〇年間に、ヒズボラは小規模な民兵から強力な軍事部門を持つ主要政党へと変貌したが、両面的政策を追求してきた。国内的には、国におけるシーア派共同体の政治的・社会的地位を高めようと努めた。地域的には、イスラエル（ヒズボラの用語では「シオニスト的存在」）に対する仮借なき闘争を煽ったが、それはすなわちシーア派のイランおよび反イスラエルのシリアと密接な軍事的・政治的関係を持つことを意味した。ヒズボラの兵器類は大部分シリア、およびシリア経由でイランから来たので、シリア人と密接な、ほとんど共棲的でさえある関係を持ったのである。

二〇〇五年にはレバノンは、ハリリを支持しシリア人の背中を見たがった人たちと、ヒズボフに率いられレバノンにおけるシリアの継続的駐留を擁護した人たちとの間に、政治的に分裂していた。二〇〇五年五月の選挙の準備段階で、ハリリは反シリアの議会多数派を作ろうと工作し、成功しつつあるように見えた。しかし彼は、自己の労働の成果を見るまで生きなかった。二〇〇五年二月一四日、彼と二〇名以上の仲間、助手、護衛が中央ベイルートにおける巨大な爆発によって殺され、その強力な爆発は一二ヤードの深さのクレーターを掘ったほどだった。

レバノンは、二〇一〇～一一年の冬に他のアラブ諸国の隊列に加わって大衆蜂起を起こしけしなかったが、それはすでにわずか五年前、ハリリ暗殺後に自己の革命を持ったからだ。当時国内の多くで感じられた激怒は、シリアの撤退を求めるいっそう声高で執拗な要求の形態をとり、それはアメリカ、ヨーロッパ、そして国連の支持を得た。アサドは窮地に追い込まれて、この高まる感情を抑えるために庇護してきたハッサン・ナスラッラーの助けを求めた。世界とレバノン国民に、シリアはなおレバノンで広範な支持を得ていると示すために、ヒズボラはベイルートで親シリア集会を仕組んだ。二〇〇五年三月八日、多くはシーア派の五〇万人の人々が首都に集結し、アサドとレバノンにおけるシリアの役割の継続への支持を表した。しかし一週間後の三月一四日には、キリスト教徒、ムスリム、ドルーズ派の一〇〇万人以上の人々がレバノン国旗を振り回し、アサドとシリアに対して非常に軽蔑的なプラカードや横断幕を掲げて同市を覆った。それこそ、レバノン人の多数派が自国におけるシリア人の「兄弟」部隊の存在をどう考えていたかの証拠だった。アサドが、三月八日の騒々しいヒズボラのデモで起こしたと考えた勢いが何であったにせよ、それは一週間後にはほとんど消え去っていた。アサドの企てが失敗しただけでなく、三月一四日の厳しい反シリア感情の噴出は、何千人もの占領シリア軍の面前でかくも未曾有の規模で表現され、国際共同体からのシリアによる占領への非難の漸増を導いた。こうしてアサドは、占領軍に回れ右をしてシリア国境の方角に戻るよう命じるしかない状況におかれた。二〇一〇～一一年の冬に他のアラブ諸国で発動したことが、レバノンでは二〇〇五年春に起きたのだ。シリア人の覇権者を追放し、自国をアサドの窒息させる専制から解放することが、レバノン自身の注目すべき蜂起の内容だった。

シリアの撤退から一か月後に、レバノンで選挙が行われた。二つの同盟が選挙を戦った。第一は、「三月一四日同盟」の旗の下で、以下の諸政党等からなっていた――殺された首相の息子サアド・ハリリが率いる「未来運動」、基本的にドルーズ共同体を代表しドルーズ派指導者のワリド・ジュンブラットを長とする「進歩社会党（PSP）」、および他のより小さなキリスト教やスンニー派の諸政党と無所属の政治活動家である。「三月八日同盟」の旗の下には、二つのシーア派政党ヒズボラとアマルに、キリスト教徒のミシェル・アウンと彼の「自由愛国運動」が集った。アウンがシーア派諸政党と力を合わせたのはイデオロギーないし原則に基づいてではなく、単にジュンブラットや若いハリリとうまくいっていなかったからだ。選挙の結果は、一二八議席の議会で三月一四日同盟が七二議席をとり、五六議席の三月八日同盟に勝利した。三月一四日同盟は当然自己のメンバーや同盟者が優勢な政府を構成したが、包摂に合意して反対派にも外務を含め五省を与えた。

続く四年間は、民主的に選出された政府が目的に忠実にかつ有能に機能するという保証は何もないことを証明した。発足時から、内閣はシーア派の辛辣な反対につきまとわれた。最初の引き金は、ラフィク・ハリリの暗殺を巡る論争だった。シリアとヒズボラが関与したという疑惑がはびこり、不信の雰囲気を作り出して為政をほとんど停止させた。国民の多数派は三月一四日同盟を支持していたかもしれないが、筋力はレバノンの政党で唯一つ一万人強の民兵――シリアやイランによって完全に武装されていた――を擁するヒズボラが有していた。そして事態は二〇〇六年にいっそう悪化しさえしたが、それはヒズボラが政府内の同僚たちと一切事前相談せずにイスラエルとの戦争を始め、一か月以上に及んだその戦争でレバノンの町、村、産業基盤がイスラエルの爆撃によって損なわれたからである[24]。しかしハッサン・ナスラッラーが生き延び、同組織がイスラエルの意図したように解体されなかったという事実は、ヒズボラの有能な広報機関によって当該シーア派組織の恐るべき敵に対する有名な勝利へと転換され、ヒズボラはその主張を武装解除拒否への固執を正当化するのに用いた。

ヒズボラの軍事的能力は二〇〇八年にある動きにおいて発揮され、それは同組織にいっそう大きな政治的権力をもたらした。事件は、ヒズボラが拒否権を要求したことで数か月間政治が行き詰まったあと、内閣が全体として少数派のシーア派閣僚の要求を却下し、ヒズボラの不法な遠距離通信システムを閉鎖すると決定したときに始まった。ナスラッラーはその決定を彼の組織に対する「宣戦布告」と呼び[25]、スンニー派の要塞である西ベイルートを猛攻した。シーア派民兵との衝突が自己の崩壊を促すことを恐れた軍隊は、傍観をきめ込んだ。三日と経たないうちに、ヒズボラは首都の政府・ビジネスの中心である西ベイルートを完全に支配した。政府はたいへん当惑し、湾岸国家カタールの交渉の呼びかけに応えるよりほかの手をまず持たなかった。その結果がドーハ合意で、内閣におけるヒズボラの拒否権要求を基本的に認めた。それ以降、三月八日同盟は内閣の三〇ポスト中の一一をとり、拒否権に必要な三三％を超えた。

ヒズボラはこの成功で元気づいたと感じ、多くの観察者とともに二〇〇九年六月の総選挙の準備段階でその立場が強まったと信じた。実際選挙が近づくにつれて、ヒズボラのより多くのスポークスマンが圧勝を予言した。選挙の一か月未満前のインタビューで、同組織の序列第二位のナイム・カセム師は『フィナンシャル・タイムズ』紙に語った――「私たちは広範に支持されているので、議会選挙で過半数を取ると信じます……そして私たちは、これらの選挙により私たちがこの広範な大衆の支持を得ていることが証明されると信じます。」続けて彼は、将来のヒズボラが優勢の政府が追求する政策を詳説した。(26)西洋のジャーナリストたちはその立場を丸ごとすっかり受け入れ、そして西洋の諸政府は、アメリカ国務省が「テロリスト」と呼んだ組織が率いる政府に対処するのをどう準備すべきか思案し始めた。

アメリカと西洋の政策決定者たちは、眠られない夜をそれほど耐えなくて済んだ。結果が発表されてみると、それは二〇〇五年に表明された投票者の気持ちを再確認した。顕著な親西洋的傾向を持つ三月一四日同盟が、七一議席を集めて決定的勝利を収め、残る五七議席がヒズボラの率いる三月八日同盟に行った。五四％の投票率は一九七五～九〇年の内戦以降最高だったし、外国人監視員は選挙の清潔さ、公正さを証言した。(27)ハッサン・ナスラッラーはテレビに出演して、礼儀正しく敗北を認めた。「私たちは、正々堂々の精神で公式結果を受け入れます」と彼は言った――「私は、［議席を］獲得したすべて［の候補］を祝福します、多数派の人たちも反対派の人たちも。(28)」言葉を別とすれば、以前の政府を悩ませた行詰りの原因である政治勢力間の均衡は大きく変わっていないのが政治的現実だった。三月一四日同盟の支持者は決定的勝利を祝ったかもしれないし、三月八日同盟に従う者は指導者が敗北を認めた礼儀正しさを受け入れたかもしれないが、レバノン人はほとんど誰も、安定と効果的為政の新時代がついにやって来るとは信じなかった。

彼らの悲観主義は、正しいことが証明された。首相に指名されたサアド・ハリリが政府を構成するのに五か月以上かかったし、明らかにヒズボラを優遇する妥協に彼が合意したあとにのみようやく成功できたのだった。その合意は、三〇名からなる内閣の一五名が多数派の三月一四日同盟に属し、一〇名が少数派の三月八日同盟に、そして五名は大統領によって任命されるというものだった。この取決めは、ヒズボラが内閣の決定を拒否する(三分の一プラス一により)ことを容易にした。彼らは、予想されたようにヒズボラ党員がラフィク・ハリリ殺害ゆえに告発されるのを内閣が受け入れないよう強制するために、今一度拒否権を求めて死に物狂いで闘ったのだ。

ハリリの暗殺の調査は、国連レバノン特別法廷（UNSTL）によって実施された。同法廷は二〇〇九年三月に作業を開始し、漏えいや噂が非難をシリア人からヒズボラに移すと見えたなか、サアド・ハリリ内閣での一主要論争点となった。三月八日の閣僚たちからの反対の声はかん高さを増し、同法廷はレバノンに不和の種を蒔こうと決意しているアメリカとイスラエルの情報機関の代理人に他ならないという非難を強めた。二〇一〇年一一月に、漏えいされた証拠が「携帯電話のネットワークが、ラフィク・ハリリを殺した発破の付近から南ベイルートのヒズボラの通信センターにつながっていた[29]」ことを示した際、内閣におけるヒズボラの同盟者たちは戦いの旗を掲げ、レバノンはUNSTLとの協力をやめるよう主張し、提起されようとしているいかなる告発も非難した。サアド・ハリリは予想されたようにその要求を拒否し、内閣は大変な危機に陥ったので、そのご二か月はほとんど会合もできなかった。ヒズボラによる止めの一撃は、二〇一一年一月初めにもたらされた。三月八日同盟からの一〇閣僚と、大統領任命の五名中の一人のシーア派閣僚が一斉に辞表を提出し、内閣は統治する権威をほとんど失った。ハリリにとっての傷に塩をこすり付けるため、その発表はこのレバノン首相がワシントンでバラク・オバマ大統領と会っているときになされた。

政府の崩壊に際し、レバノンの大統領ミシェル・スレイマンは、スンニー派の億万長者でヒズボラと強い絆を持つナジブ・ミカティに次の首相になるよう求めた。ミカティの就任は、ドルーズ派が支配する進歩社会党がヒズボラと三月八日同盟に忠誠の対象を移したことにより、議会で承認された。しかしミカティが政府を構成できるまでには、なおたっぷり六か月はかかった。六月一三日に彼は三〇名からなる内閣を発表したが、その閣僚中一六名は三月八日同盟にあてられた。それはまさにハッサン・ナスラッラーが狙っていたもので、ちょうどよい時期に間に合った。ヒズボラが政府の統制を確保して二週間後、国連の法廷は四名のヒズボラ工作員に逮捕状を発した――もちろん不在を承知で。ナスラッラーはただちに逮捕状に嘲笑を浴びせ、「いかなる大国にも名誉ある兄弟たちを逮捕させない」と誓った。[30] そして実際、告発から一年以上経っても、一人の「名誉ある兄弟」も現実に捕まっていなかった。

こうした陰謀は、レバノン人が他のアラブ諸国で革命の嵐が次第に募るのを見守る最中に起きていた。とりわけ二〇一一年三月に始まったシリアの蜂起は、レバノンの宗派的緊張を激化させた。レバノンのスンニー派は、とりわけ北部の都市トリポリでは、シリアの反政府派の騒がしい支持者だった。実際、シリア政権がホムスとバーバ・アムルを猛攻撃していた頃に、トリポリで同市の多数派のスンニー派と少数派のアラウィー派およびシーア派の共同体との間で激烈な衝突が勃発し、少なくとも三人の命を犠牲にし二三人の負傷者を出した。レバノンのキリスト教徒はほとんど何も言わなかったが、彼らはまったくシリアの統治者の友ではなかった。シーア派だけが、ダマスカスの政府の強い支持者であり続けた。

長きにわたりシリアから軍事面・補給面・政治面での支援を受けてきたので、ヒズボラとその指導者はアラブ世界でもっとも熱心なアサド擁護者だった。二〇一一年五月、ナスラッラーは個人的にシリア国民に、抗議をやめて彼らの大統領を支持するように促した。彼らに、「バシャルは改革を本気で実行する気です」と保証した。[31] 何か月も経ち何千人も死んでなお、ナスラッラーの友人バシャルへの支持は弱まらなかった。このヒズボラの指導者によれば、バシャルは「抵抗政権」を率いており、シリアの反政府派はイスラエルとアメリカのために「シリアを破壊しよう」としているのだった。[32] 内閣におけるヒズボラの影響力により、レバノンはアラブ連盟がシリア政権を非難しアサドに辞任を求める決議をした際、二二のアラブ諸国中棄権したわずか三国の一つとなった（他の二国はイラクとイエメン）。疑いもなくシリアの国内紛争は、レバノンの危うい政治的均衡に対して歓迎されない要因だった。しかしナスラッラーの戯言は別としても、ヒズボラはたしかに受け入れられた外交的限界の内部で行動しており、それを超えた高圧的戦術やレバノン内部での策略を持って脅してはいなかった。

レバノンの民主主義は、イラクのそれ同様活気があるとは言いがたいし、その政治制度は同様に不安定だ。この国の宗派的分裂は十分不健康的だが、一集団が軍事力を見せびらかして国軍を含む他のすべての集団を怯えさせるようでは、安定性は最善の場合でも危うい。しかし、二〇〇八年にベイルートで民兵を解き放ったのを除けば、ヒズボラは全体として政治の領域で仕事をなす方を好んできた。二〇〇八年の事件でさえも、他集団に力で覇権を及ぼそうとする努力というより、むしろ政治的譲歩をゆすり取るための脅迫だった。そして二〇〇九年に、三月八日同盟が選挙で負けたときヒズボラは判定を受け入れた。同様に、二〇〇九～一一年にレバノンを悩ました政府の諸危機は、政府が効率的に機能することを許さなかったが、にも拘わらずそれらは規則と民主的為政の正統的戦術に基づいて闘われた。レバノンのあらゆる勢力は、ヒズボラを含め、隣のシリアの危機が自国に波及するのを防ごうと努めた。要するにレバノンの政治体制は、多くの欠陥や弱点を持ち、ジェファーソン的民主主義のモデルからは遠いけれども、他のアラブ諸国を苦しめた（そして多くの場合に苦しめ続けている）窒息させるような権威主義からも同様に遠いのである。

レバノンとイラクは、モロッコやヨルダンがとった民主主義の道とは違った経路をとった。しかし、機能する民主的政治体制という最終目標は不確かなままである。四事例のすべてで、期待させる兆候があった。モロッコとヨルダンの君主たちは、アラブの冬の不満に反応して改革に手を付けたし、それがすっかり実現されれば両国を民主主義の道に沿って前進させうる。イラクとレバノンは複数回の自由で公正な選挙を行い、いずれも結局連立政権を生み出したが、それらはとくに効率的ではないけれど少なくとも人々の意思によって生まれたのだった。

しかし四事例のいずれにおいても、機能し活発な民主主義に向けてその過程が邪魔されずに継続されることを、私たちは確信はできない。モロッコとヨルダンにおける改革は君主の衝動の産物だったし、とりわけ二人の王がそうとうな政治権力を維持し続ける以上、その勢いが弱まることはないと誰が言おうか？　レバノンとイラクでは、深刻な種族的・宗教的・宗派的混乱が政治エリートの間でも再現されており、二国の危うい平和と安定に対する不断の脅威をなしている。国家の崩壊や崩壊の恐れが、いずれをも政治的解体や必ずしも民主的理想に魅惑されていない個人や機関による乗っ取りへと導きかねないのである。

第8章　民主主義とイスラム主義者の挑戦

二〇一二年三月初め、エジプトの議会選挙で票の二八%を集めたイスラム主義のアル＝ヌール党をミニ・スキャンダルが襲った。この超保守的なサラフィー主義政党の国会議員のアンワル・アル＝バルキミが、真夜中に幹線道路で銃を持った男たちに襲われ、殴られて顔に重傷を負ったこと、その上に一万六五〇〇ドルにあたる現金を奪われたと報告したのだ。バルキミ氏は顔を包帯でぐるぐる巻きにしてテレビに現れ、議会の同僚の多くから同情や憐れみを受けた。警察に責任を負うゆえに恥をかかされた内務省は、遺憾の意を表明し犯人たちを捕え裁きを受けさせるための努力に格別の精励を約束した。

しかし、疑惑がすぐに浮上した。ある病院の医師がその説明を問題とし、バルキミ氏の顔に包帯を巻いたのは自分だが、身体攻撃による裂傷を治療するためではなく、バルキミ氏の鼻への整形外科手術を隠すためだったと主張した。同議員はただちに医師の主張を否定し、仲間の議員たちも彼の肩を持って医師を攻撃し、政治的動機で嘘をついていると非難した。しかし、医師と病院は切札を持っていた。彼らは手術の詳しい不利な証拠を提出し、その手術は襲撃されたと言われる時間に行われたことを明らかにした。バルキミは自分のいる穴がますます深くなったので掘るのをやめることにし、襲撃の主張は悪ふざけだったと認めた。襲撃話をでっち上げたのは麻酔の影響が残っていたからだという彼の弁解は、多くの人を納得させなかったし、アル＝ヌール党のイスラム主義者の仲間はもちろんそうだった。彼らはその偽りが党全体に恥をかかせただけでなく、仲間が整形外科手術を受けた厚かましさゆえに激怒した。こうした行いはサラフィー主義者の間ではひどく非難されるが、それは人間の創造は神の完全さを表しているので、いじくるべきでないと信じているからである。信用を失い今や見捨てられたバルキミ氏は、速やかに辞表を提出するよう強制された。(1)

バルキミ氏の不幸な逸話は、ある点でアラブ世界における民主主義の展望に関する、より大きくはるかにより重要な討議の隠喩として役立つ。一方で、サラフィー主義者やより少ない程度に他のイスラム主義者が代表する教条的政治の硬直性は、穏健な政治や政策を希望する人たち――彼らの第一の要求は、妥協し譲歩する用意を見せることだ――にとって快いものではありえない。二〇一一年と二〇一二年に、エジプトだけでなく他のアラブ諸国における自由選挙でイスラム主義者が大きな民衆的支持を受けたことは、そうとうの実質的な民主的変革にとって良い前兆ではないかもしれない。しかし私たちは以前の、たとえばムバラク、ベン・アリ、カダフィの政権下では、かの良き医師は強力な政治的コネを持つ国会議員の嘘を暴露しようと人前に立つのは、よほど躊躇したかもしれないことを想起する必要がある。そしてもし彼が暴露したならば、治安部隊か政党の暴漢連中によって徹底的な尋問を受けることを免れる保証はなかった。あるブロガーがエジプトの過去を思い出して語ったように、「私たちは、一個人が国民の問題に鼻を突っ込むことはできるといつも知っていました。しかし今回は、国民が初めて一個人の鼻に突っ込んでいるのです。(2)」疑いなくバルキミ氏をひどく悩ませたことに、全事態が公然と行われた。頑固な男たちも、政策決定者たちへの地下の反対派時代から、透明性を求める政治環境においてはその役割が変化するにつれて思慮分別に服従するようになり、彼らの厳しい思想が修正されることがありうるのだろうか?

政治学者たちは、民主的制度の創設は権威主義的態度を変える能力があると論じてきた。この文脈においては、新しいイスラム主義の政治エリートが自由民主主義者にとっての主たる関心事である原則の諸問題、すなわちシャリーア法の押付け、少数派の扱い、女性の自由の制限、銀行の規制への不当介入等にいかに取り組むかを見ることは、とりわけ興味深いだろう。しかしこの議論は、イスラム主義者に限られない。世俗派の政治家たちもまた根深い態度を身に付けていて、多くは汚れなく民主的というわけではない。実際、長きにわたって権威主義的統治のもとで生きてきた社会全体が、権威主義的な規範や慣行の影響を受け易くなっているし、民主主義の政治的議題は問題としなくてもそれに伴う無数の社会的自由を深く懸念している、文化的に保守的な共同体の場合は言うまでもない。

これら諸国の内外の観察者たちは、民主主義への最初の数歩、すなわち暴君を追放して自由で公正な選挙を行うことは大声で情熱的にほめそやし、もてはやしさえした。しかし熱狂のさなかでも、ハンナ・アーレントによる真の革命の定義を忘れないことが重要である。アラブ諸国におけるゆゆしき出来事は真の革命だったのかという質問に対して、ハンナ・アーレントは別の質問によって答えただろう——それらの歴史的事態の結果として、民主主義が生まれましたか、と。

ここに問題がある。観察者にとって、アラブの諸蜂起の成功に肩入れする誘惑は非常に強いので、天使の側に身をおき積極的展開ばかりを見ようとする悩ましい欲求がつねにある。そして実際、これら諸国で起きた良い方向への驚くべき変化——多すぎるほどの政党、自由で公正な選挙、国家による普遍的で無拘束の暴力の削減、国家による新聞の統制の廃止等々――を見れば、楽観的になることは難しくない。しかし、イラクのよろめく民主主義の経験を見るだけで、民主主義の確立には暴君を片付け、政党を結成し、自由選挙を行うだけでなくはるかに多くのものが必要だと分かる。こうした積極的展開に対して、民主的変化の進行を遅らせかねない多数の警戒すべき政治的慣行や傾向が対峙している。アラブ世界の民主主義者は、民主主義への道にあるくぼみを一つか二つ避けたかもしれないが、前途にはまだたくさんあるのだ。

第二のアラブの覚醒は、たしかに印象的な成果を欠いてはいない。四つもの国家――チュニジア、リビア、イエメン、そしてアラブ世界の枢軸国家エジプト――が、長く存した暴君を打倒した。エジプト、チュニジア、リビアでは自由選挙が、何十年も追い回され迫害されてきた新しい政治勢力を政権に就けた。イエメンでは、新しい政治的取決めが国民に代表的政治制度を創設する機会を与えた。そしてシリアでは、アサド一族の中世的野蛮さも自由を求める勇敢な男女を黙らせることができなかった。モロッコとヨルダンの王たちは、自国でのありうる蜂起を予防するために、君主の権力を削減し、憲法を修正し、選挙改革に取り組むための自由化の発議を自ら開始した。モロッコの歴史において初めて、選挙はイスラム主義政党を政権に就けた。

他の諸国も同様に、第二のアラブの覚醒の扇情的な火花を感じた。実際、あのもっともありそうもない舞台であるサウジアラビアにおいてさえ、アブドッラー王は二〇一一年九月に婦人も二〇一五年の地方選挙では選挙権・被選挙権を持つだろうと発表して、多くの人を驚かせた。明らかに、サウジアラビアの女性たちにとって、それは人生を変えるような政令ではなかったろう――女性たちは多くの社会的・政治的束縛を受け続けており、例えば旅行したり商売を始めるにはなお男性の親戚の許可を必要とし、車の運転は認められず、女性弁護士は法廷で弁論できず、少女は公立学校でスポーツ活動に参加することを妨げられている。(3) ある国際会議で、ほかでもないサウジアラビア人権委員会の一委員が、「あらゆる形態の女性差別の撤廃に関する国連規約」をサウジアラビアで実施する可能性を考えると恐怖と心配で身震いすると述べた。(4) サウジアラビアは今も立法院を持たず、アブドッラー王は絶対的権力を少しも手放していない。これらすべてに照らせば、地方選挙で女性が投票し立候補さえできることは、民主主義への道の小さな一歩に見えるかもしれないが、しかし正しい方向への一歩であり、少なくとも部分的にはアラブの諸隣国での勇気付けられる激動によって促されたのだった。

しかしこの砂漠の王国で、政治的自由化のためのより大きくいっそう協調した努力がまもなく開始される見込みはほとんどない。自由民主主義に対するサウジアラビアのアレルギーを説明する、多くの要因がある——国家の部族的な基礎、多くの安楽を国家に負っている穏やかな中間階級、社会の保守的な文化、そしてとりわけ巨大なサウド家ができるだけ長く無制限の権力にしがみつこうとする明白な意向を持つこと。サウジアラビアの統治者たちは、自由民主主義的な制度の必要性を退けるために一貫して宗教を用いている——コーランが国の憲法でアル＝シャリーアが基本法である以上、市民法の憲法などなぜ必要なのか？　この立場は強力な僧たちによって激烈に擁護されており、彼らは通例、改革の発議への反対にサウド家よりもいっそう強硬でさえある。

このような心的態度は、サウジアラビアに限られない。実際イスラム主義政党の政治的台頭への懸念の理由となったのは、まさにこうした態度だった。それゆえ、イスラム主義者がチュニジア、エジプト、モロッコで選挙に勝った——アラブの反乱勃発以降に行われたすべての自由選挙で（リビアを除き）——のを、世俗派や民主主義者がますます恐怖を覚えつつ見守ったのはけっして驚くことではない。ヨルダンでも、もし選挙が本当に公正ならイスラム主義者が勝つ可能性が高いため、アブドッラー王と統治エリートは新しい選挙法を生み出したものの、それは旧法より改善されたとはいえ、イスラム主義者が主たる支持基盤とする人口稠密な都市地域にはなお不利になっていた。アサド政権の二〇一一～一二年の途方もない残虐行為でさえ、多くのシリア人――世俗派、リベラル派、少数派――にとっては急進的イスラム主義者の勝利への恐怖によって相殺されるように思われた。

しかしイスラムの世界は急進主義の一枚岩ではなく、より複雑でその基調はもっと陰影に富んでいる。投票所でのイスラム主義者の勝利に続く数か月は、きわめて明白な結論を指し示した――イスラム主義運動は一つだけではなかったのである。勝利したイスラム主義諸集団は、ただちに志向や政策選好における明瞭な多様さを露わにした。そしてこの多様性は、民主的生活の根本的要素とイスラムの教義が両立するかについて、ムスリム世界内部で高まった激しい討論を反映していた。

イスラムの信仰や命令には、文字通りにとれば民主的観念と折合いを付けにくいものがたしかにある。たとえばムスリムの文字通り派は、民主主義の根本的な信念である国民の主権を、イスラムにおいては主権は全能の神のものであるからまったく冒瀆的な思想だと論じた。コーランや預言者の言葉に基づくシャリーア法は、犯罪、刑罰、家族問題について具体的な指示を出すが、いっそう問題を含んでさえいる。盗みをした者の手を切り落とせとか、不法なセックスをした者を鞭打てとか、姦淫を犯した者を石打にせよといった刑罰は、現代の民主的社会で受け入れられた行動規範に反している。イスラム法はまた、預言者の時代には進歩的だったかもしれないが、現代の民主的社会では厳しく問われるような諸権利を定めている。たとえば相続事項では、イスラム法は娘には息子が得るものの半分しか与えない。

イスラムと民主主義が衝突するように思える争点があることは、両者の和解を不可能にするだろうか？　もしあらゆる時代に当てはまる普遍的主題と、具体的な事案に対応するために与えられる命令が区別されるなら、必ずしもそうではない。この点で、解釈の役割が決定的だ――結局、イスラムはムスリムが作り上げるものなのだ。

アフガニスタンにおけるタリバンの統治は、イスラムの一つのモデルの典型をなした。しかし一つの対極的モデルはトルコのイスラム主義の公正開発党のそれで、世俗的民主主義の教義内でイスラムの諸原則をうまく適応させている。実際トルコのイスラム主義の首相タイイプ・エルドアンは、エジプト、チュニジア、リビアをそれらの独裁者が去ったあとにまとめて訪問し、聴衆にトルコ・モデルを採用するよう強く促してトルコの民主主義、とくに世俗的国家の必要について熱く語った。彼は世俗的憲法を採択することを勧め、聴衆に彼は敬虔なムスリムでイスラム主義政党の指導者であるが、世俗国家の首相でもあることを想起させた。[5]

エルドアンの発言に対する反応は、アラブ世界におけるイスラム主義者の態度の多様性を示した。エジプトの主流派イスラム主義者は、同胞団もサラフィー主義者も同様に世俗主義の観念に冷淡で、トルコの経験はエジプトに移せないと論じた。[6] そして同胞団の一指導者は、トルコが姦淫を犯罪とすることを拒否しているゆえにエルドアンを公然と非難した。[7] しかしチュニジアでは、そのような疑いはなかった。エンナハダの指導者ラシード・ガンヌーシは、一貫してトルコ・モデルへの賞賛と、現代性を忘れた硬直的解釈への軽蔑を表明した。[8] しかしガンヌーシは、自由主義的なイスラム観において孤立していなかった。エジプトの元ムスリム同胞団員でエジプト大統領選挙に出たアブド・アル＝ムニイム・アブル＝フォトゥーフの見解は、ガンヌーシのそれとそう違っていなかった。そしてリビアのイスラム主義者の間にも、影響力ある自由主義的な潮流が存する。

イスラム主義者が政治権力を獲得した諸国において、彼らのエリートは理論的抽象の安楽から踏み出さなければならない——彼らは今や厳しい政治的現実に直面しており、そこでは観念は公共政策に転換され、何百万人の生活に影響を与え、支持を生み出すことも抵抗を引き起こすこともありえるし、ある種の抵抗は活発で暴力的にさえなりうる。一般に認められているように、適切な判断がなされうるまでには多くの年月が経たなければならない。それでも、イスラム主義者が職務に就いてまもなくの行動からいくつか合理的な結論が導かれうる。この点で、チュニジアとモロッコでの選挙の勝者であるエンナハダと公正開発党（ＰＪＤ）は、もっとも柔軟でもっとも妥協の用意があるようだった。しかしエジプトのイスラム主義者は、政治は妥協の芸術だという命題をあまり受け入れたがらないようだった。

イスラム主義者の間のこうした多様性は、婦人の問題に対する彼らの態度においてもっともよく見て取れる。対照がもっともはっきりしているのは、チュニジアとエジプトである。チュニジアでは女性たちは、エンナハダが何度も繰り返した、イスラム主義の同党はアラブ世界でもっとも自由主義的な自国の身分関係法を再考する意図は少しもないという約束によって鼓舞されていた。政府形成後の数か月に、市民社会や人権の諸集団は、新たなイスラム主義者優勢の政治秩序において婦人の自由や社会的地位が危険にさらされているかもしれないと、ひどく心配しているようではなかった。結局のところ、女性は議会の二一七議席中四九を獲得し、そのうち四三はエンナハダ所属だった。エンナハダ率いる政府の初年度を通じて、このイスラム主義政党が女性の権利に対して敵対的だとか無関心だという婦人団体からの不平はほとんどなかった。

対照的にエジプトのイスラム主義者は、女性の市民社会集団の懸念を和らげるためにほとんど何もしなかった。国民議会の議席を得た三六八名のイスラム主義者中四名だけが女性で、その女性たちの一ないし二名の発言は、社会における女性の役割について男性の仲間よりも硬直的でさえある態度を暴露した。こうして、イスラム主義の自由公正党（ＦＪＰ）の婦人問題に関する女性の報道担当者は、女性デモ隊に対する警察の蛮行を、婦人は家にいてデモ行進の仕事は男連中に任せるべきだったと論じて大目に見ようとした。(9) こうした心的態度を忘れてしまうのは容易だが、潜在的にもっと重要なのは、婦人の権利擁護者たちがムバラク政権下で扇動し獲得していた身分に関わる法律や改革への、イスラム主義者の立場だった。ＦＪＰもサラフィー主義のヌール党も、女性器の切除を不法としたり、女性に離婚の権利や子供を男子は七歳以上女子は九歳以上になっても養育する権利を与えたり、夫の許可がなくても旅行することを認めたり、オンブズマン事務所を通じて差別と闘う法的力を与えた既存の法律について、討論を再開するよう主張した[10]。イスラム主義者たちはこうした規制が家族の神聖さを損なったと論じて、これらの法律への敵意を正当化した。

こうした態度は、実は単にイスラム主義者の間だけでなく、エジプト社会全体の内部にある深い保守的な要素を反映していた。あらゆる調査においてエジプトは、離婚、同性愛、両性の平等、姦淫その他の社会的争点や価値に対して、イスラム世界でもっとも硬直的な態度のいくつかを示している[11]。世論調査は、エジプト人の約六〇％がアル＝シャリーアを自国の唯一の法源に望むことを示している[12]。ＦＪＰやアル＝ヌール党の指導者たちは、社会的に保守的な政策を訴える点でエジプト国民と歩調を違えてはいないのだ。ほとんどのエジプト人にとって、国民の望みを妨げようと熱中しているように見えるのはイスラム主義者ではなく、市民社会・人権の活動家たちなのである。「民主主義は多数派の声か？」とあるイスラム主義のデモ参加者が尋ねる。「我々イスラム主義者が多数派だ。彼らはなぜ、少数派、つまりリベラル派や世俗派の意見を我々に押し付けたがるのだ？　それこそ知りたいことだ」と[13]。

ここに、エジプトのイスラム主義者とチュニジア、モロッコのイスラム主義者との違いがある。国民議会における圧倒的多数をもって、ＦＪＰとアル＝ヌール党は保守的な多数派の意見に沿った政策を主張しようとし、また形成しようと努めた。チュニジアのエンナハダとモロッコのＰＪＤは単独多数に足りず、非イスラム主義政党と連立しなければならなかった。それらは、イスラム政治の穏健な解釈に従うよりほかの選択肢をほとんど持たなかった。加えて、両党の指導者たちに公平に言えば、チュニジアのガンヌーシもモロッコのベンキレーンも、以前からイスラム的統治のより啓蒙的な解釈を主張していた。すなわち彼らは支持者の態度に従うだけでなく、それを形成しようとしたのだ。歓喜の瞬間にエンナハダの指導者（で、のちにチュニジアの首相になった）ハマディ・ジェバリが何千人もの喝采する人々を前にして、預言者とそのお仲間の宗教的秩序を再現すると約束したとき、同党はただちに「舌のすべり」を訂正し、「チュニジアは市民的国家を持つ民主的共和国になる」と主張して、一般党員の間にありえたイスラム的国家へのいかなるノスタルジアも否定した。[14][15]

エンナハダの選出に伴ったリベラル派や世俗派の恐れは、同党が政治的取引きに実用主義的な手法をとり、社会的争点についてはきわめて慎重だったために具体化しなかった。二〇一二年七月のフランス国民議会での演説において、チュニジア大統領で世俗派の共和国会議党の指導者であるモンセフ・マルズーキは、チュニジアはイスラム主義者によって乗っ取られてはいないと聴衆に請け合った。「チュニジアは、イスラム主義の手中に落ちたのでしょうか?」と彼は、フランスの立法者にこの質問を投げかけた。「答えは否です、チュニジアは民主主義の手中に落ちたのです」と。[16] 実際二〇一二年中、エンナハダの主たる強敵はリベラル派や世俗派ではなく、選挙に参加しなかったが明らかにイスラム主義の与党からより多くを期待した保守的サラフィー主義者であるように思われた。モロッコのPJDは同様に、世俗的な都市の中間階級の懸念を和らげるのに成功した。それは経済と腐敗撲滅に焦点を合わせ、自国の厳しい堕胎法の緩和を支持すると示唆して多くの人を驚かせた[17]——これは、穏健なイスラム主義政党が論争的な社会問題に関するイスラム的世論を形成しようと努めている、もう一つの例である。

民主的制度はたしかに、妥協と実用主義を促す統治の論理を課す。統治するために、エンナハダとPJDは世俗派政党と連立を組まなければならなかった。それにより、政治的提携者にも自国にもイスラム主義の議題を押し付けないと保証した。エンナハダは、チュニジアの憲法にアル＝シャリーアへの言及を含めようと提案した後、それが不和を生じさせることがひとたび明らかになるや、ただちに提案を撤回した。そしてＰＪＤは権力に就いて一年目、政府は国民の私的生活に介入しないという指導者の約束に忠実に振る舞った。野党時代、エジプトのムスリム同胞団はアルコールの公然たる消費と浜辺での肌の露出を絶え間なく非難した。しかし議会メンバーとなり、エジプト経済にとって観光業がきわめて重要だと認識し、同胞団は彼らの立場を和らげることが必要だと分かった。ＦＪＰのある指導者は、党の優先順位は「経済改革と貧困削減であり……ビキニや酒盛り［と闘うこと］ではない」と述べた[18]。実際サラフィー主義者でさえ、過去には重要な原則的問題での譲歩を絶対受け入れないと自慢していたが、そうした教義上の根本的義務の一つで速やかに妥協した。サラフィー主義者の信仰は、彼らが選挙や議会といった代表制度に参加することを、そうした制度は人間が定めた法律に従うゆえに禁じている。しかしムバラク追放後、サラフィー主義者たちは速やかに彼らの信仰を加減し、選挙に参加する方法を見つけた。

しかし憲法の問題になると、エジプトのイスラム主義者たちはより妥協しにくいことが分かった。何といっても、人口の七〇％が彼らを政権に就けアル＝シャリーアの規則や命令を多く含む憲法を要求したのである。そして憲法の起草に影響を与えられるよう、彼らは一〇〇議席からなる憲法起草会議の六五議席を仲間のイスラム主義者に与えるために力を行使した。それが、彼らが政治的頑固さの軽率さについて大きな教訓を得た最初であった。ただちに会議の二〇名以上の議員が、イスラム主義者の不正工作の努力に抗議して辞任した。そしてイスラム主義者たちは、数の多さにも拘わらず手続きを再開できなかったので、二〇一二年の五月と六月の大統領選挙時までに行詰りをなお解消できなかった――そのため人統領が憲法上の権力を定義されないままに選出されるという、妙な事態を生じた。それに続く政府と議会の業務麻痺を、エジプト人はイスラム主義者のせいだとみなした。イスラム主義者が議会選挙の投票において圧勝してからわずか四か月後、大統領選挙の接戦において彼らのイスラム主義者の候補はかろうじて勝利を収めた。疑いもなくＦＪＰとアル＝ヌール党は、十分な多数を持っていてさえも民主主義のゲームは妥協への同様に十分な意欲を必要とするという、有益な教訓を得た。

憲法会議に関する激論とその結果である行詰りは、悪化する経済状況の影の下で起こった。革命の数か月はエジプトの経済活動の急速な低下をもたらしており、その結果政府は外貨準備を引き出したり国内の銀行から借金をして経済を支えなければならなかった。二〇一二年夏には政府の外貨準備は一五〇億ドル余に減少し、国際的な投資者や融資者は機能する政府の証拠を見るまでは同国に資本を入れるのを躊躇するようになった。[19]

悪化する経済と戦わなければならないのは、エジプトのイスラム主義者だけではなかった――他のアラブ諸国、とりわけ非石油生産諸国のイスラム主義者は、赤字、資本の減少、失業といった巨大な経済問題に直面している。ＩＭＦによれば、アラブの石油輸入国は二〇一二年に弱々しい二・二％の率で成長し、二〇一三年は三・三％とされる。[20] イスラム主義者にとってそれは単なる経済問題ではなく、危険な政治問題である。選挙民の忍耐は、変わりやすいので悪名高い。次の選挙時期には、イスラム主義者は品物を届けたかどうかで評価されるだろう。イスラムの諸価値への忠誠は、たしかに彼らの展望を害しないだろうが、より重要なことに彼らは社会経済的な領域での実績で評価されよう――貧困層の状態を改善し、失業者の恐るべき数を顕著に減らすことができたかによって。政権にとどまり効果的に統治するためには結果を出す必要があるので、経済的困難がイスラム主義者に妥協を求め、譲歩するよう迫るはずだから、結果として民主主義者の利益に役立つかもしれないことは実に興味深い。

アラブの諸革命に伴った当初の誇大表現が去り、暴君の追放は民主的将来に向けた最初の駆出しの一歩に過ぎないことが今や明らかである。独裁は、まったく同じくらい容易に別の独裁に取って代わられうるもので、それは場合によっては民衆の一部あるいはほとんどの黙認を得てだということを、歴史は昔から示してきた。結局のところ、それが最初のアラブの覚醒において起きたことだった。しかし第一と第二のアラブの覚醒の間には、重要な相違がある。政治環境の性質が、明白に異なっている。権威主義的民族主義はもはや欠かせないものでなく、透明で代表性に基づく統治こそが欠かせないものとされる。そして未来はけっして確実ではないが、少なくとも民衆は、長年の間断ない権威主義を経て、彼らの政治的将来を決定する際に発言する機会をもう一度与えられたのである。

その将来において、真のかつ本当の民主主義が少しでも現れるかどうかは、アラブ世界の新しい黒幕たちの意図、傾向と振舞いにかかっている。ほとんどがイスラム主義者である新しい政治エリートが、最終的には第二のアラブの覚醒の運命を決めるだろう。民主主義の事業が成功するためには、イスラム主義者はゲームの民主的規則のなかで作業する必要があるし、その規則は単に自由で公正な選挙で勝つことに限られない。民主主義は自由主義的な気質、少数派の権利や見方への寛容、交渉し妥協する用意、そして必要なら政治過程が進行するよう譲歩することを要求するのだ。

そしてこの点については、陪審員はなお外で協議中である。いくぶん皮肉なことに、革命の成功を民主主義の確立と結び付けたハンナ・アーレントの単純で優雅な公式を究極的に実現することは、リベラル派や世俗派の手中にではなく、民主主義との両立性が争われている諸原則への忠誠を誓う人たちの後見の下におかれるだろう。

[注]

●第1章

(1) Council on Foreign Relations, *Obama's Speech on the Middle East and North Africa, May 2011*; http://www.cfr.org/middle-east/obamas-speech-middle-east-north-africa-may-2011/p25049.

(2) *Voice of America*, "Gates Says Bahraini Leaders Serious About Reforms," March 12, 2011.

(3) Toby C. Jones, "Bahrain, Kingdom of Silence," *Arab Reform Bulletin*, Carnegie Endowment for International Peace, May 4, 2011.

(4) Council on Foreign Relations, *Obama's Speech on the Middle East and North Africa, May 2011*.

(5) CNN News, June 24, 2006.

(6) Al-Arabiya Satellite Television, February 22, 2011; CNN News, February 22, 2011.

(7) *The Economist*, May 21, 2011, p. 51.

(8) *Wall Street Journal*, January 31, 2011, http://online.wsj.com/SB100014240527487038332C.

(9) Simon Tisdall, "Iran helping Syrian regime crack down on protestors, say diplomats," *The Guardian* (London), May 10, 2011, p. 6.

(10) Liam Stack and Katherine Zoepf, "Syria Tries to Placate Sunnis and Kurds," *New York Times*, April 7, 2011, p. A7.

(11) *Yahoo News*, March 30, 2011, http://news.yahoo.com/s/nm/20110330/wl_nm_syria/; 以下も参照── *The Economist*, April 2, 2011, p. 43.

(12) http://wikileaks.org/cable/2008/01/08DAMASCUS54.html

(13) Anthony Shadid, "Syrian Elite to Fight Protests to "the End," *New York Times*, May 10, 2011, p. A1.

(14) *Yahoo News*, May 24, 2011, http://www.news.yahoo.com/s/nm/20110524/wl_nm/us_syria. *The Economist*, May 14, 2011, p. 60. *Yahoo News*, May 26, 2011, http://www.news.yahoo.com/s/afp/20110526/wl_mideast_afp/syrianpoliticsunrest/.

(15) *Yahoo News*, May 26, 2011, http://www.news.yahoo.com/s/afp/20110526/wl_mideast_afp/syrianpoliticsunrest/.

(16) イバディ派に属するオマーンのスルタンを除いて。

(17) Hazem Beblawi, "The Rentier State in the Arab World," in Giacomo Luciani, ed., *The Arab State* (London: Routledge,

1990).

(18) 以下を参照—— Michael L. Ross, "Does Oil Hinder Democracy?" *World Politics* (April 2001), pp. 332-33.

(19) 以下を参照—— Adeed Dawisha and Karen Dawisha, "How to Build a Democratic Iraq," *Foreign Affairs* (May-June 2003), pp. 47-48.

(20) *The Economist*, March 5, 2011, pp. 52-54; *The Economist*, March 12, 2011, p. 32.

(21) Fareed Zakaria, *The Future of Freedom: Illiberal Democracy at Home and Abroad* (New York: W. W. Norton & Company, 2003), p. 156.

(22) *The Economist*, April 23, 2011, p. 50; Carnegie Endowment for International Peace, *Arab Reform Bulletin*, March 16, 2011.

(23) ここで言及しているのは、アラブの中核をなす一七の主権国家である——アラビア半島の湾岸協力会議の六国及びイエメン、肥沃な三日月地帯のイラク、ヨルダン、シリア、レバノン、そしてアフリカの諸国であるエジプト、スーダン、リビア、チュニジア、アルジェリア、モロッコ。

第Ⅰ部

◉第2章

(1) Robert Stephens, *Nasser* (London: Penguin Press, 1971), p. 78.

(2) Gamal Abdél Nasser, *Egypt's Liberation: The Philosophy of the Revolution* (Washington DC: Public Affairs Press, 1955), pp. 21-23.

(3) Nasser's interview with the *Sunday Times* (London), June 24, 1962.

(4) *Al-Ahram* (Cairo), January 10, 1970.

(5) *Al-Ahram*, December 19, 1961.

(6) His Majesty King Hussein 1, *Uneasy Lies the Head* (New York: Bernard Geis Associates, 1962), pp. 110-12.

(7) Patrick Seale, *The Struggle for Syria: A Study of Post War Arab Politics, 1945-1958* (New Haven, CT: Yale University Press, 1986), p. 323.

(8) 次の部分は以下からの引用である—— Adeed Dawisha, *Arab Nationalism in the Twentieth Century: From Triumph to Despair* (Princeton, NJ: Princeton University Press, 2003), pp. 201-3.

（9） Anwar Sadat, *In Search of Identity: An Autobiography* (New York: Harper & Row, 1977), p. 152.〔邦訳あり——アンワル・エル・サダト（朝日新聞社訳）『サダト自伝——エジプトの夜明けを』朝日イブニングニュース社、一九七八年〕

（10） R. Hrair Dekmejian, *Egypt Under Nasir: A Study in Political Dynamics* (London: University of London Press, 1971), p. 123.

（11） Charles Tripp, *A History of Iraq* (Cambridge: Cambridge University Press, 2000), p. 155.〔邦訳あり——チャールズ・トリップ（大野元裕訳）『イラクの歴史』明石書店、二〇〇四年〕

（12） Adeed Dawisha, *Iraq: A Political History from Independence to Occupation* (Princeton, NJ: Princeton University Press, 2009), p. 181.

（13） Adeed Dawisha, *Egypt in the Arab World: The Elements of Foreign Policy* (London: Macmillan, 1976), p. 82.

（14） Phebe Marr, *The Modern History of Iraq* (Boulder, CO: Westview Press, 1985), p. 262.

（15） Dawisha, *Egypt in the Arab World*, p. 137.

（16） Hannah Arendt, *On Revolution* (New York: The Viking Press, 1963), pp. 21-22.〔邦訳あり——ハンナ・アーレント（志水速雄訳）『革命について』ちくま学芸文庫、一九九五年〕

（17） Ibid., p. 21.

（18） Ibid., p. 55.

（19） 以下に引用されている—— Hans Kohn, *The Ideas of Nationalism: A Study in its Origins and Background* (New York: Macmillan, 1944), p. 582.

（20） Hans Kohn, *Prelude to Nation-States: The French and German Experience, 1789-1815* (London: D. Van Nostrand Co., 1967), p. 254.

（21） Abu Khaldun Sati al-Husri, *Safahat min al-Madhi al-Qarib* (*Pages from Recent History*) (Beirut: Markaz Dirasat al-Wuhda al-Arabiya, 1984), p. 42.

（22） Ali Karim Said, *Iraq 8 February 1963: Min Hiwar al-Mafahim ila Hiwar al-Damm* (*Iraq 8 February 1963, From a Dialogue Over Norms to a Dialogue of Blood*) (Beirut: Dar al-Kunuz al-Arabiya, 1999), p. 213, n. 1.

（23） *Egyptian Gazette* (Cairo), May 9, 1966, quoted in Dawisha, *Egypt in the Arab World*, p. 119.

（24） 以下に引用されている—— Roger Owen, *State, Power and Politics in the Making of the Modern Middle East*, 2nd ed.

（London: Routledge, 2000）, p. 149.

（25）以下を参照—— Dekmejian, *Egypt under Nasir*, p. 147.

◉第3章

（1）以下を参照—— *The Economist*, February 5, 2011, p. 34.

（2）サダム・フセインの権威主義的統治の諸制度に関する次の段落は、以下からの引用である—— Adeed Dawisha, *Iraq: A Political History from Independence to Occupation*（Princeton, NJ: Princeton University Press, 2009）, pp. 209-41.

（3）Ibid., p. 211.

（4）British Broadcasting Corporation, *Summary of World Broadcasts, ME/4882/A/3*, April 19, 1975, quoted in Adeed Dawisha, *Syria and the Lebanese Crisis*（London: Macmillan, 1980）, pp. 50-51.

（5）Europa Publications, *The Middle East and North Africa, 1973-1974*, p. 625, and *1980*, p. 607.

（6）Moshe Maoz in an interview with the *Observer Foreign News Service*（London）, November 28, 1975, quoted in Dawisha, *Syria and the Lebanese Crisis*, p. 45.

（7）Patrick Seale, *Asad of Syria: The Struggle for the Middle East*（Berkeley: University of California Press, 1988）, p. 333.〔邦訳あり——パトリック・シール（佐藤紀久夫訳）『アサド——中東の謀略戦』時事通信社、一九九三年〕

（8）以下に引用されている——Kanan Makiya, *Republic of Fear: The Politics of Modern Iraq*, updated ed.（Berkeley: University of California Press, 1998）, p. 206.

（9）Human Rights Watch, "A Wasted Decade: Human Rights in Syria During Bashar al-Asad's First Ten Years in Power"（July 2010）, p. 2.

（10）Europa Publications, *The Middle East and North Africa, 1973-1974*, p. 496, and *1980*, p. 490.

（11）John Wright, *A History of Libya*（New York: Columbia University Press, 2010）, pp. 199-200.

（12）M. L. Gathafi, *The Green Book*（Reading, UK: Ithaca Press, 2001）, p. 65.〔邦訳あり——ムアンマル・アルカッザーフィ（藤田進訳）『緑の書』第三書館、増補新訳、一九九三年〕

（13）以下を参照—— Adeed Dawisha, *The Arab Radicals*（New York: Council on Foreign Relations, 1986）, p. 35.

（14）Mahmood Mamdani, "Libya Explained," *Huffington Post*, April 12, 2011, http://hufingtonpostunionofbloggers.org/2011/04

/12/libya-explained/.

（15） Wright, *A History of Libya*, p. 219.

（16） *The Guardian*, February 2, 2011, from http://www.guardian.co.uk/media/2011/feb/02/wikileaks-exclusive-book-extract.

（17） 以下に引用されている——Jeffrey A. Coupe, "Tunisia," in Ellen Lust, ed., *The Middle East*, 12th ed.（Washington, DC: CQ Press, 2011）, p. 711.

（18） 電報の全文は、以下を参照——http://middleeast.about.com/od/tunisia/a/tunisia-corruption-wikileaks.

（19） Tarek Masoud, "Egypt," in Lust, ed., *The Middel East*, p. 399.

（20） このことは、ＮＤＰの情報部長アリ・エッディン・ヒラルの、二〇一〇年一〇月二一日のアル＝フッラ・テレビ局とのインタビューにおいて確認された。

（21） David S. Sorenson, *An Introduction to the Modern Middle East*（Boulder, CO: Westview Press, 2008）, p. 240.

（22） Hannah Arendt, *On Revolution*（New York: Viking Press, 1963）, p. 21.

第Ⅱ部

◉第４章

（１） *Al-Ahram Weekly*, October 20-26, 2011, http://ahramweekly.ahram.org.eg/2011/1069/ref112.htm.

（２） *Financial Times*, September 15, 2011, http://www.ft.com/cms/s/0/582db2a2-def0-11e00-9af3.00144feabdc0.html.

（３） *The Economist*, October 15, 2011, p. 29.

（４） Anthony Shadid, "A Veteran Islamist Imagines a Democratic Future for the New Tunisia," *New York Times*, October 20, 2011, p. A10.

（５） Ibid.

（６） *Tunisia Live*, October 27, 2011, www.tunisia-live.net/2011/10/27/aridha.chabiya-popular-petition-shocks-tunisian-politics/.

（７） *Al-Ahram Weekly*, October 27-November 2, 2011, http://weekly.ahram.org.eg/2011/1070/re4.htm.

（８） CNN News, October 24, 2011, http://edition.cnn.com/2011/10/24/world/africa/tunisia-elections.

（９） *Tunisia Live*, November 19, 2011, www.tunisia-live.net/2011/11/19/opposition-parties-reactions-towards-talks/.

（10） *Tunisia Live*, January 11, 2012, www.tunisia-live.net/2012/01/11/major-tunisian-secular-parties-announce-merger/.

(11) *The Economist*, November 26, 2011, p. 58.
(12) Rory McCarthy, "Islamism and Secularism in Tunisia," *Open Democracy*, January 14, 2012, www.opendemocracy.net/63668.
(13) これは、チュニジアの立憲議会のエンナハダ党議員であるオサマ・アル＝サギルが、カーネギー国際平和基金によって二〇一二年四月五日にワシントンＤＣで開かれた会議において行った発言である。
(14) Ibid.
(15) Ali Metwaly, "Tunisian universities face pressure from Salafists," *al-Ahram Weekly*, January 4, 2012, http://english.ahram.org.eg/Newscontent/2/0/30911/world/0/Tunisian-universities.html.
(16) David Ottaway, "Tunisia's Islamists Struggle to Rule," Middle East Program Occasional Paper, Woodrow Wilson International Center for Scholars, Washington, DC, April 2012, http://www.wilsoncenter.org/sites/default/files/Tunisia's% 20Islamists% 20Struggle% 20to% 20Rule_1pdf.
(17) Carolyn Lamboley, "Tunisia's Leading Party Reaffirms Commitment to Arab-Muslim Identity," *Tunisia Live*, March 26, 2012, www.tunisialive.net/2012/03/26/tunisians-leading-party-reaffirms-commitment-to-arab-muslim-identity.
(18) Tarek Masoud, "The Road to (and from) Liberation Square," *Journal of Democracy* (July 2011) p. 23.
(19) *The Economist*, November 12, 2011, p. 55.
(20) Neil MacFarquhar, "Questions Arise on Clout of New Parliament," *New York Times*, November 10, 2011, p. A5.
(21) *Ahram Online*, December 9, 2011, http://english.ahram.org.eg/News Content/1/0/28834/Egypt/0/Muslim-Brotherhood.html.
(22) *Al-Ahram Weekly*, December 15-21, http://weekly.ahram.org.eg/2011/1076/eg1.htm.
(23) *The Economist*, November 26, 2011, p. 57.
(24) *Al-Ahram Weekly*, September 15-21, 2011, http://weekly.ahram.org.eg/2011/1064/eg11.htm.
(25) 主要な政党の目標や信念を分析した次の諸段落は、以下の「ジャダリーヤ」に見られる、エジプトの革命後の全政党に関する詳しい（そして優れた）説明の要約である―― http://www.jadaliyya.com/pages/index3154/freedom-and-justice-party.
(26) *Ahram Online*, December 30, 2011, http://english.ahram.org.eg/newscontent/1/0/30446/Egypt/0/html.
(27) Ibid.
(28) *Al-Ahram Weekly*, July 6-12, http://weekly.ahram.org.eg/2011/1054/eg6.htm.

(29) *Ahram Online*, December 30, 2011, http://english.ahram.org.eg/newscontent/1/0/30446/Egypt/0/html.
(30) *Al-Masry al-Youm*, September 23, 2011, www.almasryalyoum.com/node/498598.
(31) *Daily Star* (Beirut), November 15, 2011,www.dailystar.com/article.aspx?id/154079.html.
(32) Kevin Connolly, "Egypt Vote: The Weird and Wonderful Party Logos," BBC News, November 28, 2011, www.bbc.co.uk/news/magazine-15917630.html.
(33) Noha el-Hannawy, "Egypt's new People's Assembly swears in today, but powers are dubious," *al-Masry al-Youm*, January 23, 2012, www.almasryalyoum.com/en/print/614861.
(34) *Jadaliyya*, January 25, 2011, www.jadaliyya.com/pages/index/4160/welcome-to-the-new-egyptian-parliament.
(35) 以下の優れた記事を参照せよ――Hania Sholkamy, "Why women are at the heart of Egypt's political trials and tribulations," *Open Democracy*, January 24, 2012, www.opendemocracy.net/print/63808.
(36) http://bikymasr.com/67991/egypt-womens-ngo-takes-pro-fgm-parliamentarian-to-court/.
(37) *Daily Star*, May 18, 2012, www.dailystar.com.lb/ArticlePrint.aspx?id=173789&mode=print; *New York Times*, April 26, 2012, p. 9.
(38) http://english.ahram.org.eg/newsContentPrint/36/0/44806/Presidential-elections-/0/Mursi-holds-last-pre-election-presser-reiterates-pledges-to-public.

◉第5章

(1) *The Economist*, June 18, 2011, p. 53.
(2) *The Economist*, August 20, 2011, p. 43.
(3) *The Economist*, August 27, 2011, p. 22.
(4) http://tripolipost.com/articledetail.asp?c=1&i=7348.
(5) http://uk.reuters.com/assets/print?aid=UKTRE7AR0QL20111128.
(6) *The Economist*, January 28, 2012, p. 49.
(7) www.investmentu.com/2012/January/chart-2012-fastest-growing-nations-html.
(8) *Washington Post*, February 28, 2012, www.washingtonpost.com/business/industries/libya-boosts-oil-production.

(9) http://www.reuters.com/assets/print?aid=USTRE7A94_W20111110.
(10) http://english.ahram.org.eg/NewsContentPrint/3/0/35371/Business/0/Libya-amending-bank-law-to-attract-foreigners.
(11) たとえば以下を参照せよ—— www.huffingtonpost.com/rajan-menon/libya-post-gaddafi-_b_1397289.html; www.aljazeera.com/indepth/opinion/2012/06/2012614115342445476.html; www.magharebia.com/cocoon/awi/xhtml1/en_GB/features/awi/features/2012/04/15/feature-01.
(12) Gamal Nkrumah, "Tripoli's Testing Questions," *al-Ahram Weekly*, July 25-31, 2012, http://weekly.ahram.org/print/2012/1108/re11.htm.
(13) *The Economist*, July 30, 2012, www.economist.com/node/21557808/print.
(14) *The Economist*, September 24, 2011, p. 57.
(15) *Al-Masry al-Youm*, July 4, 2011, www.almasryalyoum.com/en/print/473969.
(16) *The Economist*, February 25, 2012, p. 59.
(17) Laura Kasinof, "Protestors Set New Goal: Fixing Yemen's Military," *New York Times*, February 28, 2012, p. A8.
(18) データは以下より得ている—— the CIA *World Fact Book*, www.theodora.com/wfbcurrent/yemen/yemen_economy.html.
(19) *Al-Ahram Weekly*, February 2-8, 2012, http://weekly.ahram.eg/print/2012/1083/re11.htm.
(20) www.pbs.org/wgbh/pages/frontline/foreign-affairs-defense/al-qaeda-in-yemen/yemen-army-recaptures-two-cities-from-al-qaeda.
(21) *Ahram Online*, February 25, 2012, http://english.org.eg/NewsContentPrint/2/0/3539/World/0/Deadly-blast-overshadows-yemen-leader-swearing-in.
(22) Anthony Shadid, "Bahrain Boils Under the Lid of Repression," *New York Times*, September 16, 2011, p. A1.
(23) Scheherezade Farmarzi, "Clampdown in Bahrain," *The Nation*, September 12, 2011, p. 42.
(24) *The Economist*, August 13, 2011, p. 45.
(25) 報告書の要約は、以下を参照—— BBC News, November 23, 2011, www.bbc.co.uk/news/world-middle-east-15861353?print.
(26) BBC News, November 23, 2011, www.bbc.co.uk/news/world-middle-east-15850509?print.
(27) この点やこの段落の他の情報は以下より得ている—— *Open Democracy*, January 19, 2012, www.opendemocracy.net/print/63711.

◉第6章

(1) Patrick Seale, *Asad of Syria: The Struggle for the Middle East*(Berkeley: University of California Press, 1988), pp. 3-6.〔邦訳あり——パトリック・シール(佐藤紀久夫訳)『アサド——中東の謀略戦』時事通信社、一九九三年〕

(2) Ibid., p. 6.

(3) 報告書の著者の一人は、「拷問の説明は……恐ろしかった……私たちは、シリア政府が自国民を大規模に、組織的に処刑しつつあると信じる」と述べた。以下を参照——Nada Bakri, "Syria Hunts for Leaders of Protests in Hama," *New York Times*, September 1, 2011, p. A10.

(4) 以下を参照——*The Economist*, July 9, 2011, p. 45; *The Economist*, August 20, 2011, p. 44; and the *New York Times*, September 1, 2011, p. A10.

(5) *Daily Telegraph* (London), March 7, 2012, www.telegraph.co.uk/news/worldnews/middleeast/syria/9129521. See also *New York Times*, October 27, 2011, p. A9.

(6) Andrew Gilligan, "Syria's President Assad: 'I live a normal life—it's why I'm popular,'" *Daily Telegraph*, October 30, 2011, www.telegraph.co.uk/news/worldnews/middleeast/8857883/Syrias-President-Assad-I-live-a-normal-life-its-why-Im-popular.html.

(7) Ian Black, "Syrian President Asad Blames 'Foreign Conspiracies' for Crisis," *The Guardian*, January 10, 2012, www.guardian.co.uk/world/2012/jan/10/syrian-president-asad-foreign-conspiracies/.

(8) *ABC News Nightline*, December 7, 2011.

(9) Andrew Gilligan, "Syria: The two sides of President Assad," www.telegraph.co.uk/news/worldnews/middleeast/syria/9105638/Syria-the-two-sides-of-President-Assad.html.

(10) *The Economist*, August 13, 2011, p. 43.

(11) *New York Times*, November 15, 2011, p. A10.

(12) *New York Times*, August 29, 2011, p. A8.

(13) Bassem Mroue, "Turkey says Syria regime will fall as deaths mount," *Yahoo News*, September 16, 2011, http://old.news.yahoo.com/s/ap/20110916/ap_on_re_mi_ea/ml_syria_22/print.

(14) Australian Broadcasting Corporation, March 7, 2012, www.abc.net.au/news/2012-03-07/un-has-video-of-syrian-hospital-

torture/387362.

(15) BBC News, February 29, 2012, www.bbc.co.uk/new/world-middle-east-17212781?print=true.

(16) これは、アマル・ハナノによって電子マガジンのジャダリーヤに投稿され、二〇一二年二月一〇日に掲載された感動的なブログの一つだった。以下を参照――www.jadaliyya.com/pages/index/4306/while-you-were-sleeping-again.

(17) BBC News, March 3, 2012, www.bbc.co.uk/news/world-middle-east-17243779?print=true.

(18) この情報は、二〇一二年二月七日にジャダリーヤに掲載されたサルマ・イディルビによるアラビア語のブログ「ラハダ」(「瞬間」)から得ている。以下を参照――www.jadaliyya.com/pages/index/4272/bitawqeet-bab-amro (in Arabic).

(19) Neil MacFarquhar and Alan Cowell, "Syria Says 90 Percent Approved Constitution," *New York Times*, February 28, 2012, p. A4.

(20) *The Economist*, March 3, 2012, p. 60.

(21) Nayla Razzouk and Emre Peker, "Syria Shells Protestors' Towns as Assad Enacts Constitution," *San Francisco Chronicle*, February 29, 2012, www.sfgate.com/cgi_bin/article.cgi?f=/g/a/2012/02/28/bloomberg_articlesM02LWJ6.

(22) Security Council, Department of Public Information, Document SC/10536, www.un.org/News/Press/docs/2012/sc10536.doc.htm.

(23) *The Economist*, March 10, 2012, p. A60.

(24) Alistair Lyon, "Syrian rebels leave embattled Homs stronghold," www.reuters.com/assets/print?aid=USL5E8DB0BH20120301.

(25) Fox News, March 14, 2012, www.foxnews.com/world/2012/03/14/2-Syrian-dissidnets-quit-opposition-council.

(26) Liz Sly, "Syrians Vote in Elections Boycotted by Opposition," *Washington Post*, May 8, 2012, A 9.

(27) Annas Zarzar and Tamam Abdallah, "Syrian Parliamentary Elections: Cynicism Wins The Day," *Jadaliyya*, May 8, 2012, www.jadaliyya.com/pages/index/5443/syrian-parliamentary-elections-cynicism-wins-the-day.

(28) *Al-Akhbar*, May 15, 2012, http://english.al-akhbar.com/print/7372.

(29) *Al-Akhbar*, May 21, 2012, http://english.al-akhbar.com/print/7502.

(30) www.foxnews.com/world/2012/03/14/2-syrian-dissidents-quit-opposition-council/.

(31) *The Economist*, March 10, 2012, p. 60.

(32) http://thedailynewsegypt.com/2012/06/28/assad-syria-state-war/.
(33) Paul Rogers, "Syria and the Cost of Failure," *Open Democracy*, March 8, 2012, www.opendemocracy.net/print/64597.
(34) Bassam Haddad, "The Syrian Regime's Business Backbone," *Jordan Vista News*, March 16, 2012, http://vista.sahafi.jo/art.php?id=2030fb062fbf8cc24b5f201b87411337752fac7.
(35) *The Economist*, February 11, 2012, p.26; see also Paul Rogers, "Syria and the Cost of Failure," *Open Democracy*, March 8, 2012, www.opendemcoracy.net/print/64597.

◉第7章

(1) 以下に引用されている——Aidan Lewis, "Why has Morocco's King survived the Arab Spring?" BBC News, November 24, 2011, www.bbc.co.uk/news/world-middle-east-1585989.
(2) Ahmed Benchemsi, "Morocco: Outfoxing the Opposition," *Journal of Democracy* (January 2012), p. 59.
(3) Laila Lalami, "The Moroccan Exception: The king says his realm is a beacon of liberalism, but the people demand bread, and roses too," *The Nation*, September 12, 2011, pp. 30-31.
(4) *The Economist*, July 9, 2011, p. 46.
(5) Valentina Bartolucci, "Morocco's Silent Revolution," *Open Democracy*, January 17, 2012, www.opendemocracy.net/print/63696.
(6) *Al-Ahram Weekly*, December 1-7, 2011, http://weekly.ahram.org.eg/print/2011/1074/re4.htm.
(7) *The Guardian*, November 25, 2011, www.guardian.co.uk/world/2011/nov/25/morocco-election-low-turnout/.
(8) Suham Ali, "The Moroccan government pledges to respect its promise for providing job opportunities" (in Arabic), *al-Magharebia*, February 6, 2012, http://www.Magharebia.com/cocoon/awi/print/ar/features/awi/features/2012/02/06/feature-01.
(9) 次の詳細は、以下から得ている——*Ahram Online*, February 15, 2012, see. http://english.ahram.org.eg/NewsContentPrint/3/0/34640/Business/0.
(10) 次の詳細は、以下から得ている——Ellen Lust and Sami Hourani, "Jordan Votes: Election or Selection?" *Journal of Democracy* (April 2011) pp. 119-29.

(11) *The Economist*, February 5, 2011, p. 32.

(12) Al-Jazeera News, February 18, 2011, www.aljazeera.com/news/middleeast/2011/02/201121821116689870.html.

(13) www.jordanembassyus.org/new/jib/speeches/hmka/hmka06142011.htm.

(14) Ranya Kadri and Ethan Bronner, "Government of Jordan Is Dismissed by the King," *New York Times*, October 18, 2011, p. A6.

(15) *Jordan Times*, October 18, 2011, www.jordantimes.com/?news=42382.

(16) *Ahram Online*, April 26, 2012, http://english.ahram.org.eg/NewsContentPrint/2/0/40264/World/0/Jordan-king-accuses-outgoing-PM-of-delaying-reform.

(17) Robert Saltoff, "Jordanian Premier's Sudden Resignation Points to New Political Strategy," www.washingtoninstitute.org/print.php?template=CO5&CID=3484.

(18) Rod Nordland, "The Iraqi Voter Rewrites the Rulebook," *New York Times*, April 4, 2010, p. A1.

(19) Dahr Jamali, "Rivals say Maliki leading Iraq to civil war," *al-Jazeera News*, December 28, 2011, www.aljazeera.com/indepth/features/2011/12/2011122881820637664.html.

(20) *Al-Ahram Weekly*, Janaury 5-11, 2012, http://weekly.ahram.org.eg/print/2011/1079/re7.htm.

(21) BBC News, December 21, 2011, www.bbc.co.uk/news/world-middle-east-16283562.

(22) Michael S. Schmidt, "From a Few Iraqis, a Word to Libyans on Liberation," *New York Times*, August 30, 2011, p. A6.

(23) Tim Arango, "Iraqi Youths' Political Rise is Stunted by Elites," *New York Times*, April 13, 2011, www.nytimes.com/2011/04/14/world/middleeast/14iraq.html.

(24) http://newsvote.bbc.co.uk/mpapps/pagetools/print/news.bbc.co.uk/2/hi/middle_east/738138.

(25) http://newsvote.bbc.co.uk/mpapps/pagetools/print/news.bbc.co.uk/2/hi/middle_east/739160.

(26) *Financial Times*, May 12, 2009, www.ft.com/intl/cms/s/0/44f42b66-3ec6-11de-ae4f-00144feabdc0.html.

(27) 元大統領のジミー・カーターは、そのカーター大統領センターが選挙監視に招かれたのだが、「選挙当局は、国民がその意思を表明する権利を成功裏に発揮するよう、合法的かつ適切に任務を果たした」と称えた。— BBC News, June 8, 2009 http://newsvote.bbc.co.uk/mpapps/pagetools/print/news.bbc.co.uk/2/hi/middle-east/808928.

(28) Al-Jazeera Satellite Television, June 9, 2009, www.aljazeera.com/news/middleeast/2009/06/2009681835910848.html.

(29) BBC News, January 12, 2011, www.bbc.co.uk/news/world-middle-east-12170608.
(30) BBC News, July 2, 2011, www.bbc.co.uk/news/world-middle-east-14004096.
(31) Al-Jazeera News, May 25, 2011, www.aljazeera.com/news/middleeast/2011/05/2011525174748827942.html.
(32) Nada Bakri, "Hezbollah Leader Backs Syrian President in Public," *New York Times*, December 7, 2011, p. A8.

●第八章

(1) David D. Kirkpatrick, "Egyptian Lawmaker Forced to Resign Over Nose Job," *New York Times*, March 6, 2012, p. A4; see also Muhammad al-Khawly, "Nose Job Scandal Topples Egyptian Salafi MP," *al-Akhbar*, March 6, 2012, http://english.al-akhbar.com/content/nose-job-scandal-topples-egyptian-salafi-mp.
(2) Kirkpatrick, "Egyptian Lawmaker Forced to Resign Over Nose Job," *New York Times*, March 6, 2012, p. A4.
(3) Neil Macfarquhar, "Saudi Monarch Grants Women Right To Vote," *New York Times*, September 26, 2011, p. A1; see also Joshua Jacobs, "The Quiet War in Saudi Arabia," *Open Democracy*, January 15, 2012, www.opendemocracy.net/print/63673.
(4) Eman al-Nafjan, "Saudi Arabia turns a deaf ear to Olympic women," *Open Democracy*, April 18, 2012, www.opendemocracy.net/print/65383.
(5) *Hurrieyet Daily News*, September 15, 2011, www.hurrietdailynews.com/default.aspx?pageid=438&n=pm=erdogan8217.
(6) Ibid.
(7) Anthony Shadid and David D. Kirkpatrick, "Activists in the Arab World Vie to Define Islamic State," *New York Times*, September 30, 2011, p. A.1.
(8) Ibid.
(9) Hania Sholkamy, "Why women are at the heart of Egypt's political trials and tribulations," *Open Democracy*, January 24, 2012, www.opendemocracy.net/print/63808.
(10) Hania Sholkamy, "Egypt: Will there be a place for women's human rights?" *Open Democracy*, March 14, 2012, www.opendemocracy.net/print/64718.
(11) たとえば以下を参照――Ronald Inglehart and Pippa Norris, "The True Clash of Civilization," *Foreign Policy*(March-April

2003), pp. 62-70; and "Muslim Publics Divided on Hamas and Hezbollah, Most Embrace a Role for Islam in Politics," *Pew Global Attitudes Project*, December 2, 2010, http://pewglobal.org/2010/12/02/muslims-around-the-world-divided-on-hamas-and-hezbollah/.

(12) *The Economist*, October 15, 2011, p. 32.

(13) Shadid and Kirkpatrick, "Activists in the Arab World Vie to Define Islamic State," *New York Times*, September 30, 2011, p. A1.

(14) *The Economist*, November 26, 2011, p. 58.

(15) Sana Ajmi, "Ennahdha Discourse: The Sixth Caliphate or a misunderstanding?" *Tunisia Live*, November 16, 2011, www.tunisia-live.net/2011/11/16/ennahdha-flipflopping-the-sixth-caliphate-a-misunderstanding/.

(16) *Ahram Online*, July 18, 2012, http://english.ahram.org.eg/NesContentPrint/2/0/48078/World/0/Tunisia-has-not-fallen-into-hands-of-Islamists-marzouki.

(17) Martin Jay, "New Prime Minister Surprises Moroccans with Support for Abortion," *New York Times*, January 11, 2012, www.nytimes.com/2012/01/12/world/africa/new-prime-minister-surprises-moroccans-with-support-for-abortion/.

(18) Khalil al-Anani, "Egypt: The New Puritans," in Robin Wright, ed., *The Islamists Are Coming: Who They Really Are* (Washington, DC, The Woodrow Wilson Center Press, 2012), p. 35.

(19) Patrick Werr, "Egypt's Brotherhood raises stakes by excluding IMF," *Yahoo News*, April 11, 2012, http://news.yahoo.com/analysis-egypts-brotherhood-raises-stakes-excluding-imf-18445323.

(20) Niveen Wahish, "MENA Stalled," *al-Ahram Weekly*, April 19-25, 2012, http://weekly.ahram.org.eg/print/2012/1094/ec2.htm.

日本語版への結語

二〇一三年七月三日、エジプトの軍部はムハンマド・ムルシ大統領を解任して軟禁し、憲法を停止した。彼らは、イスラム主義者の大統領を追放せよと要求する大規模なデモに応えたのだ。この出来事は、国を親ムルシと反ムルシの両勢力に厳しく分断した。それに続く混沌と激化する暴力は、二〇一一年春の栄光の革命が何に変わってしまったのかを悲しくも思い起こさせた。第二のアラブの覚醒は、輝く民主的模範となってアラブ世界全体に広がるだろうという、多くの人に抱かれた期待は実現しなかった。

あるレベルでは、これらの革命の影響はすでに感じられているというのは事実である。本書で描いたように、二〇一一年の諸革命はすでに多くの国でかなりの政治改革に貢献している。モロッコとヨルダンでは新憲法が導入され、両国の君主は彼らの権力のいくらかを新議会に委譲した。民主主義にとってもっとも不適切な地域においてさえも、いくらかの変化が生じそうだ。アラブの春へのサウジアラビアの当初の反応は、国民を買収しようとすることだった。サウジアラビアのアブドッラー王は、王国の市民に対して三七〇億ドル相当の昇給や失業補助金その他の手当てを措置するとただちに発表した。しかし絶対主義者の君主は、まもなくそれでは不十分なことが分かった。それで彼は多くの人を驚かせる動きに出て、自国の二〇一五年の地方自治体選挙では婦人が投票したり立候補する権利を与えられると発表した。一五か月のちの二〇一三年一月には、王国の諮問評議会である

「マジュリス・アル＝シューラ」に、三〇名の婦人が初の女性議員として席を占めた。

それゆえ、アラブの春の他国への主たる脅威は理念の領域にあった。アラブの諸政府が取り組んだいかなる改革も、自由の理念への恐れから生まれたのであり、最近その理念が過去に比べてはるかに扇情的でずっと悪影響を及ぼすものになっていた――衛星テレビ、インターネット、社会的メディアの急速な普及、大量の携帯電話のような通信・情報テクノロジー分野における驚異的進歩のために――からだ。

しかし理念は、それだけでは現状維持諸国――二〇一一年の革命的変革を経験せず、全体として権威主義的政治構造を維持し続けている諸国――の安定性を破壊するには不十分かも知れない。ある時点で、こうした理念は現実の具体的な条件や状況における気概や効能を実証しなければならないだろう。言い換えれば、それらは現実にたしかに有効であることを示さなければならないのだ。東欧諸国が全体主義的共産主義からスムースに離れて民主主義的制度を採用したことは、繁栄する西欧民主主義諸国のイメージ（と生きた模範）に少なからず負っていたと言える。それゆえ権威主義的アラブ諸国家（なおアラブ世界のそうとうな部分）が意味ある政治改革を実現するチャンスは、もし「アラブの春」諸国が民主的成功の外見を、なるべくはそれを目に見える経済成長によって強化して示すことができるならば増大しよう。

これまでのあらゆる兆候は、現状維持諸国の指導者たちが安心していられることを示している――積極的なデモンストレーション効果として実質的に特徴付けられうる革命的結果を、一つたりとも見つけることが困難だからだ。実際、これまでの総体的効果は明らかに否定的だと論じることが可能だ。最初の犠牲者は、湾岸国家のバハレーンだった。そこでは、本書で跡付けたように、多数派のシーア派による政治的に優勢な少数派のスンニー派に対する蜂起が、権威主義的思想の執念深い擁護者である隣国のサウジアラビア人から決定的な支援を受けたバハレーン王によって、速やかに窒息させられた。バハレーン王は、革命をイラン人に支援されたシーア派の単なる宗派的蜂起だと表現したが、これはひどい誇張ではあるけれど蜂起の宗派的性格はけっして錯覚ではなかった。

イエメンとリビアでは、両国を何十年も統治した両独裁者が、人命のそうとうな損失と多くの犠牲を払った上で成功裏に追放されたが、最終結果は大いに問題含みだった――部族的・地域的忠誠が政治的妥協を妨害し、どちらの場合も生まれつつある国家機関が武装して言うことをきかない集団に政治的統制を及ぼすことができずにいる。イエメンの新たに選ばれた大統領のアブド・ラッボ・マンスール・アル＝ハディは、経済的に衰えて混沌とした国家を統轄しており、そこでは慢性的に分裂している軍隊が、アル＝カイダに刺激された宗教的反乱は言うまでもなく、国の北部と南部の分離主義勢力と対決すると想定されている。そして国民的対話が何か月も行われている間に、国は治安の見せかけのために闘争し続けている。

リビアでは、新たに選出された国民議会と政府は、国の多様な地域を代表しその権力はリビアの未熟な軍隊を小さく見せるような重武装の民兵たちによって麻痺させられている。その結果国家機関は、民兵たちによる不断の脅迫や迫害に直面して機能できずにいる。二〇一三年六月、民兵たちは国民議会を包囲し、カダフィ政権のために働いたいかなる者も公職に就くことを禁じる法律を通すよう議員たちに強要した。

そして次はシリアの悲劇的事例で、そこでは市民的人間行動についてのいかなる観念にもアレルギーを持つ殺し屋的政権が、平和的蜂起を流血の内戦に変えて無数の男女・子供に言いがたい残虐行為を犯している。およそ一〇万人が殺され、さらに一〇〇万人以上が隣接諸国の難民キャンプに収容されている。昔から活気にあふれていた諸都市が、地上から空から猛撃されて今や破壊されてしまった。シリアはかつて中東の枢要な国家であったが、今や野蛮な政権とますます情け容赦のない反政府派によって引き裂かれつつある。

これらすべての実現されなかった約束の事例にもかかわらず、アラブの春は少なくともエジプトとチュニジアの革命に結び付いた政治的業績を誇ることができた。両事例においては、私たちが見たように、自由で公正な選挙が行われ、選挙された議会が形成され新憲法の起草を課されたし、それに続く政府は民衆の意思から生まれたのだった。

チュニジアは、この新しいアラブの覚醒の生誕地としてつねに思い出されるであろうが、現状維持諸国の専制支配者たちの間で最大の恐怖を生み出すのは民主的エジプトという展望であった。なぜなら、一世紀以上にわたりエジプトはアラブ世界の心臓をなしていたからだ——そのもっとも人口が多く、強力で文化的に優勢な国として。エジプトで何かが起こると、他のアラブ人は目に留めた。そして民主主義の溢れ出しを期待する者には、エジプトで良いことが起こっているように思われた。

しかし、革命の初期にエジプト内外の民主主義者が感じた上機嫌は、イスラム主義者が立憲議会と大統領職の最初の諸選挙で勝利するという異常な光景によって、やがて抑制された。

現状維持諸国の指導者たちが感じたいかなる懸念も、エジプトのイスラム主義の新しい統治者たちが初期に採った政策によって消えたに違いない。ムルシ大統領自身が、権威主義的傾向に感染しやすいように見えたのだ。二〇一二年一一月、彼は自分自身に新しい権力を与える命令を一方的に発してエジプト人を驚かせ、一か月後には新しく異論のある憲法を即座の国民投票に付し、公衆の論争に少しの時間も与えなかった。

実際、この憲法とその条文の起草のエピソード全体が、エジプトのイスラム主義者たちの、彼らの理想を完全に共有しない者たちを会話に含めないという絶対的決意を明らかにした。憲法起草委員会の非イスラム主義者のメンバーはほとんどすべて、彼らの意見や反論は確実に一貫して拒否されたという不満を述べて辞任した。イスラム主義者たちは、彼らの政治的・文化的理想像をエジプトに刻印しようと決意しているように見えた。彼らは選挙で大多数を得たことで強化され、非イスラム主義者と妥協する理由をほとんど認めなかった。民主主義のもとも基本的な金言である民衆の意思は、イスラム主義者によって多数派の意思と翻訳された。エジプトのイスラム主義者にとって、民主主義は政治権力への扉の錠を開ける能力においてのみ価値があることが明らかになった。そのような人々は、強固な民主主義者ではない。

エジプトのイスラム主義者たちの政策や観念化傾向は、現状維持諸国間の、エジプトが謀反を起こす民主的「他者」になるという初期の恐れを打ち消したに違いない。そしてもし民主主義がイスラム主義者による統治の下ですでにぐらついていたとすれば、軍の将校たちが大統領官邸に突撃し、民主的に選挙された大統領を執務室から追い立てて軟禁状態においたとき、それはおそらく止めの一撃を受けたのだった。たとえ軍事クーデタが何百万人もの民衆によるムルシ追放要求を背景として実行されたとしても、それはなお不法行為をなした。二〇一二年五月のムハンマド・ムルシの選挙から二〇一三年七月までにわたる全期間を、現状維持諸国の王や大統領たちは、大きな喜びを持って眺めていたに違いない。

そして専制的支配者たちの恐怖は、エジプトの統治者たちが国の悪化する経済を救えないことからさらに静められた。二〇一一年一月に約三六〇億ドルあった外貨準備高は、政治的混乱と管理失敗の二年間で一五〇億ドル以下に低下してしまった。同期間に、エジプトのポンドはアメリカのドルに対する価値を二二％失った。失業、とくに若者の失業は、もとからはびこっていたが悪化してインフレが高まった。デモ参加者が、彼らの生活の永続的な惨めさを表すためにパンを振りかざすのがよく見られた。民衆の経済的難儀を軽減すると約束して政権に就いてから一年以上経って、イスラム主義者たちが示すことができたのは、回復不能ならせん状降下の瀬戸際にあるように見える経済だけだった。国の新エリートの経済実績を判断するにはもちろんまだ早過ぎたが、政治的騒動と暴力が衰えずに続いていて、見通しはとてもバラ色と言えない。

実際、国の経済が生き残っている唯一の理由は現状維持諸国の気前良さのおかげであり、エジプトの統治者たちがイスラム主義者も非イスラム主義者も同様に、それら諸国に緊急財政支援を求めて何度も恐慌状態の訴えを行い、概して積極的反応を得たのだ。ムルシの統治の一四か月余の間に、エジプトはカタールから八〇億ドル受け取り、それがなければ国の準備金は一ケタの数字〔数ビリオン・ドル〕に減っていただろう。国のイスラム主義者後の統治者たちも二〇一三年七月に同じ道を辿り、今回はサウジアラビア、アラブ首長国連邦（UAE）とクウェートからおよそ一二〇億ドルを受け取った。国の経済がこれらの断固たる現状維持の諸国の類にこれほど依存していては、エジプトの統治者たちはイデオロギー的志向がどうであれ、たとえ革命的熱意に満ちていたとしてさえ、彼らに食べ物を与える手に噛みつくことはまずありそうもなかったし、引き続きそうであろう。

もし二〇一一年の諸事件が地政学的な均衡を革命的諸国家の方に傾け、それによって現状維持諸国と「アラブの春」諸国との間に亀裂を生み出し、それが地域的権力の再配分をもたらすという恐れがいくらかでもあったとしても、その懸念は二〇一三年秋までにそうとう収まったに違いない。革命的激動を経験した諸国の間における政治的変化は、政治改革ではなく内戦や宗派的紛争、そして軍事クーデタを参照項目にしない限り、扇動的なデモンストレーション効果を提供したとはまず言えない。

モロッコ、ヨルダン、そしてサウジアラビアのような国で生じた政治改革は、「アラブの春」の革命的爆発に直接関わっていたが、これらの改革は最善でも限定的で、地域の政治的・制度的風景をほとんど変えるものではない。さらに、革命的諸国の経済構造は存在しないか、アラビア半島の諸国であるカタール、クウェート、サウジアラビア、UAEのような断固たる現状維持諸国から提供される施しに存続がかかっている。エジプトはもちろんその古典的かつ最重要な例だが、多くの点でシリアやイエメンの類よりは経済的に恵まれている。石油の豊かなリビアでさえ地域的・部族的争いで引き裂かれ、よく言っても停滞している。これらすべてに照らして見ると、「プリュ・サ・シャンジュ、プリュ・セ・ラ・メム・ショーズ」〔変われば変わるほど、同じまま〕という〔フランスの〕格言が、今日のアラブ世界の地政学的力学をまさに適切に言い表しているのである。

訳者後書き

訳者は金沢大学で三〇年余国際関係論を教え、その前から中東政治、とりわけエジプトとそれを巡る国際政治を主たる研究対象としてきた。その三〇余年に、日本の中東研究は長足の進歩を遂げて、最近は多くの研究者が対象地域住民の言語を駆使して現地調査を行い、国際的水準の研究成果をあげている。しかし専門化の進展は研究テーマの細分化をもたらし、現地住民には重要でも国際社会や日本にとってどれだけ意味があるか疑問なしとしないテーマを研究する人が多くなったように思う。他方で、「中東地域には、イスラエルを除いて民主主義国が一つもないのはなぜか?」といった大問題を正面から論じる人はまずいなかった。そこで訳者は「中東諸国の政治体制——類型論的考察に向けて」(『金沢法学』第五三巻二号、二〇一一年)という小論においてこの問題を取り上げたが、ちょうど刊行時期にチュニジアやエジプトで民主化革命、いわゆる「アラブの春」の諸事件が起きてしまった。中東諸国の多数派をなすアラブ諸国が続々と民主化すれば、拙論の論点は的外れだったということになったはずで、それは訳者にとってうれしい誤算であったろう。しかし、それから二年半たち、エジプトでは軍部が再びクーデタを起こして民主的に選ばれた政権を倒し、シリアでは内戦に政権側が勝利しかねず、他のアラブ諸国でもあまり民主化は進んでいない。むしろ訳者の論点が妥当であったことが証明されつつあるようで非常に残念であるが、訳者は前掲論文の続編というべき「北アフリカのアラブ諸国はいずこへ?——国内変革と外交への影響」(『金沢法学』第五五巻二号、二〇一三年)で、チュニジア、エジプト、リビアについてそうした懸念を指摘して（チュニジアが民主化の成功モデルになることへの期待を表明しつつ）、金沢大学を定年退職した。

この間、少なくとも言論の自由化を得た一部のアラブ諸国はもちろん、欧米や日本でも「アラブの春」関連の論文や書物が多数刊行されてきた。現地諸国では自国を扱うものが圧倒的と思われるが、欧米（と言っても訳者は主として米英を見ている）や日本では、研究者やジャーナリストが自分のよく知る国について論じたもの、もしくはそうした論文を集めて編集した書物がほとんどである。最初の一年間（つまり二〇一二年夏頃まで）は、革命がなぜ、どのように起き、民主化がいかに達成されつつあるかを論じる、喜びで高揚し楽観的なものが多かった。しかし民主化後の諸選挙で多くの場合にイスラム主義者が勝利し、エジプトやリビアでは新政権による統治が機能せず、シリアでは内戦が激化するなど、民主化の困難さが明らかになるにつれて、より冷静で現実的な分析が増えている。訳者が取り上げた本書は、米英の「アラブの春」関連書物のなかでもそうした点で優れている。それは二〇一三年四月刊行という、事態の推移をより長く見きわめてから書かれたものであることにもよるが、著者のダウィシャ教授が長年アラブ諸国を研究し、とりわけ一九五〇〜六〇年代の「最初のアラブの覚醒」と呼ばれる（エジプトから始まった）諸革命が、民主主義より民族主義を重視して権威主義体制と独裁者を生んでしまったことを強く意識しているからである。今回の「第二のアラブの覚醒」が、民主主義を実現するという意味で真の革命となるかどうか、著者は期待しつつもイスラム主義の保守的思想、そしてそれがアラブ民衆の多数派を捉えていることを警戒している。もう一つ本書の優れている点は、単独の著者による「アラブの春」関連書物のほとんどが一国かせいぜい数か国を扱っているのに対して、ダウィシャ教授はチュニジア、エジプト、リビア、イエメン、バハレーン、シリア、モロッコ、ヨルダン、イラク、レバノンの一〇か国をそれぞれかなり詳しく、歴史的文脈を説明しながら論じていることである。日本では、山内昌之著『中東　新秩序の形成――「アラブの春」を超えて』（NHKブックス、二〇一二年）が中東諸国のほとんどを取り上げているが、これは最近の諸事件を広く浅く概説してその国際的影響を予想したものであり、右の一〇か国の変化を歴史的文脈のなかで理解するには物足りない。では、ダウィシャ教授はなぜこのような書物を著すことができたのだろうか。

教授は一九四四年にイラクのバグダードで生まれ、一六歳でイギリスに移住してさらに教育を受け、まず土木建築の学士号をとって技師として働いた。そのごランカスター大学に入り直して政治学を学び、さらにロンドン・スクール・オブ・エコノミクスで国際関係論の博士号をとった。そしてまずランカスター大学で教え始め、一九八三年にアメリカのジョンズ・ホプキンス大学の客員教授、ついでプリンストン大学でのフェローとなったあと、ランカスター大学での学生時代に出会ったアメリカ女性と結婚したためもあってアメリカで職を求め、ヴァージニア州のジョージ・メーソン大学で終身教授職を得た。一九九〇年にはアメリカ国籍を取得、二〇〇〇年からはオハイオ州のマイアミ大学の政治学教授を務めている。研究者としては、中東の比較政治・国際政治分野で多くの論文や共著のほか一〇冊の単著を刊行しており、本書が一一冊目である（それゆえ訳者は、本書以前にもダウィシャ教授の一部の著書、たとえば *Arab Nationalism in the Twentieth Century: From Triumph to Despair* (Princeton University Press, 2003) 等を読んでいた）。米英の他のさまざまな研究機関でのフェローシップやヨーロッパ・中東の大学での講演、米英の新聞への寄稿やテレビ・ラジオへの出演もしばしば行っている由である。なお、夫人のカレン・ダウィシャもロンドン・スクール・オブ・エコノミクスで国際関係論の博士号をとり、現在マイアミ大学の政治学教授を務めている（専門は著者の前書きにあるように、ロシア・旧ソ連政治）。このように、彼はイラク出身と言っても英米ですでに半世紀以上を過ごしており、しかもムスリムではなくカトリックであるそうなので（本人に確認済み）、ものの見方や価値観は西洋人に近いと言えそうだし、本書でもそれがうかがわれる。とはいえアラビア語を母国語とし、アラブ人としてアラブ社会で育った彼は、アラブ研究に関しては欧米や日本の非アラブ系研究者にはない強みを持っているのは明らかだし、実際に多くのアラブ諸国を研究してきたので、本書のような包括的研究を短期間になすことができたのである。

原著が刊行されてからまもないのであまり書評は目にしないが、*truthdig* というウェブサイトに四月一一日に掲載されたラッヤン・アル＝シャワフというベイルートの作家・書評家の批評を紹介しておこう。彼は本書の内容を概観し、個々の国の分析ではなんら独創的なところはないが、最初のアラブの覚醒において民主主義がなぜ実現しなかったかを説明し、第二の覚醒においてイスラム主義者が現在および潜在的に将来果たしうる役割を考察する点で大きな成果をあげたとする。イスラム主義者と一口に言っても実際は多様で、その点を各国について的確に指摘しているが、いずれにせよ彼らが世俗化の展望を脅かしていることを著者は強調していないと批判する。[1]たしかに著者は、エジプトやチュニジアのイスラム主義政権は、アル＝シャワフも指摘しているように悪化する経済問題にうまく対処して国民の支持を保つため、現実的政策を採るだろうと期待していたと思われる。しかし、訳者の求めに応じて著者が日本語版に寄せた結語においては、最近のエジプトでの軍事クーデタを受けて、ムルシ政権がイスラム化を急ぐばかりで経済の悪化を食い止められず、国民の抗議デモ激化を口実とする軍部の介入を招いてしまったこと等に大きな失望を表明している。

もう一つ、短い書評を紹介すると、*Times Higher Education* の五月二日号に載ったクリスティナ・ヘルミク（レディング大学准教授）の「アラブ世界を再構成しつつある複雑な力学について」という小文では、「『第二のアラブの覚醒』〔本書の原題〕は、アラブ世界の急速に変化しつつある政治的風景の陰影ある評価を提供している。」そして「アラブ世界を再構成しつつある複雑な力学について理解しやすい概説を求める人には、本書を強くお勧めする」と高く評価されている。[2]

訳者もこれらの書評にほぼ同感するが、アル＝シャワフは個々の国の分析ではなんら独創的なところはないと言うけれども、前述のように一〇か国の事例を統一的視点から分析したことは他の研究者がなしがたい大きな貢献であるし、それゆえにヘルミクも高く評価しているのだと考える。「アラブの春」に関心を持つ日本人はぜひ本書を読むべきだ（そして日本人もこの国際的大事件に興味を持つべきだ）と信じるゆえに、大学退職後もこの翻訳で忙しい日々を送った次第である。

なお、原題を直訳すれば「第二のアラブの覚醒――チュニスからダマスカスに至る革命、民主主義、そしてイスラム主義者の挑戦」となろうが、これではいささか長すぎるし、日本の読者により分かりやすいように（著者の了解を得て）、本訳書の題は『民主化かイスラム化か――アラブ革命の潮流』とした。また、原書には多くの写真や風刺画が載せられているが、版権の問題で割愛せざるをえなかった。

二〇一三年八月　金沢にて

鹿島正裕

（1）http://www.truthdig.com/arts_culture/print/the_second_arab_awakening_20130411/
（2）http://www.timeshighereducation.co.uk/books/the-second-arab-awakening-revolution-democracy-and-the-islamist-challenge-from-tunis-to-damascus-by-adeed-dawisha/2003524.article

[索　引]

【か行】

【さ行】

【た行】

【な行】

【は行】

【ま行】

【や行】

【ら行】

【わ行】

【著者略歴】

アディード・ダウィシャ（Adeed Dawisha）

1944年イラクのバグダードに生まれる。16歳でイギリスに移り、ランカスター大学やロンドン・スクール・オブ・エコノミクスで政治学・国際関係論（博士）を学ぶ。ランカスター大学で教え始めたが1983年に渡米し、ジョージ・メーソン大学を経てマイアミ大学（オハイオ州）で政治学教授を務めている。中東の比較政治・国際政治分野で *Iraq: A Political History*（Princeton Univ. Press, 2009）, *Arab Nationalism in the Twentieth Century: From Triumph to Despair*（Princeton Univ. Press, 2003）等多くの著書を持つ。

【訳者略歴】

鹿島正裕（かしま　まさひろ）

1948年新潟市に生まれる。東京大学教養学部、同大学院社会学研究科で国際関係論を学ぶ（2001年同大学院総合文化研究科より学術博士号を取得）。1980－82年にエジプト・カイロ大学で客員助教授を務めた後1982年から2013年まで金沢大学の法学部、ついで人間社会学域国際学類で国際関係論を教え、定年退職後は同大学名誉教授、非常勤講師。主要著作に『中東戦争と米国』（御茶の水書房、2003年）、『21世紀の世界と日本（改訂版）』（編著、風行社、2004年）、『国際学への扉（改訂版）』（共編著、風行社、2012年）、『アラブ・イスラエル和平交渉』（アイゼンバーグとキャプランの共著の翻訳、御茶の水書房、2004年）、『中東政治入門（増補新版）』（第三書館、2013年）等がある。

民主化かイスラム化か――アラブ革命の潮流

2013年10月20日　初版第1刷発行

著　者　アディード・ダウィシャ
訳　者　鹿　島　正　裕
発行者　犬　塚　　満
発行所　株式会社 風　行　社
〒101-0052 東京都千代田区神田小川町3－26－20
Tel. & Fax. 03-6672-4001
振替 00190-1-537252
印刷・製本　モリモト印刷

ISBN978-4-86258-078-8